MARTIN AYLWARD

Erwache genau dort, wo du bist

MARTIN AYLWARD

Erwache genau dort, wo du bist

Die Praxis des verkörperten Gewahrseins

Aus dem Englischen übersetzt von Pascal Frank

arbor
Arbor Verlag
Freiburg im Breisgau

Die Originalausgabe erschien 2021 unter dem Titel: *Awake Where You Are. The Art of Embodied Awareness* bei Wisdom Publishing, USA.

Deutsche Erstausgabe
1. Auflage 2022

Lektorat: Usha Swamy
Titelgrafik: ©DragonTiger/istockphoto.com
Umschlaggestaltung und Satz: mediengenossen.de
Druck und Bindung: Memminger MedienCentrum AG, Memmingen

Dieses Buch wurde auf 100 % Altpapier gedruckt und ist alterungsbeständig. Weitere Informationen über unser Umweltengagement finden Sie unter www.arbor-verlag.de/umwelt

www.arbor-verlag.de

ISBN 978-3-86781-390-7

Inhalt

EINLEITUNG

Eine Reise nach innen

Slow down, you move too fast
You got to make the morning last

SIMON AND GARFUNKEL: *The 59th Street Bridge Song (Feelin' Groovy)*

Dreißig Jahre sind vergangen, seitdem ich in meinem ersten Meditationsretreat saß, das die kontemplative Praxis einleitete, die mein ganzes Erwachsenenleben seitdem prägt. In dieser Zeit habe ich erlebt, wie das Interesse an Meditation in Europa, wo ich lebe, und in den Vereinigten Staaten, wo ich häufig lehre, wuchs und gedieh. Das Interesse, sich auf innere Erfahrungen einzulassen und zu lernen, mit ihnen umzugehen, ist gewaltig gestiegen, popularisiert durch säkulare Achtsamkeitsprogramme ebenso wie buddhistische Schweige-Retreats. Es ist ermutigend, zu sehen, sowohl für unsere persönliche als auch unsere kulturelle Evolution, dass immer mehr Menschen das Bedürfnis, den Wunsch und – entscheidender – die *Hingabe* entdecken, ihren Geist zu schulen und ihr Herz zu befreien.

Meditation ist eine intime Verabredung mit unserem Leben, nicht etwas, was zu *tun* ist – sie ist ein tiefes Vertrautwerden mit Erfahrungen, das nicht auf bloße Technik reduziert werden kann. All das Gerede von *geistiger Schulung* und *Achtsamkeit des Geistes* kann Meditation ein wenig geistesorientiert klingen lassen – das heißt ein wenig übergeschnappt! All die Wörter und Beschreibungen wie »mit dem Geist arbeiten« können unsere bereits bestehende Tendenz verstärken, unsere Erfahrung zu mentalisieren oder zu abstrahieren, obwohl wir tatsächlich unsere Aufmerksamkeit in unserer unmittelbaren, instinktiven, *körperlichen* Erfahrung sammeln müssen – in diesem Sinneskörper, in dem alle Erfahrung tatsächlich geschieht.

Dieses Buch wird dich in die ganze Fülle deines Lebens hineinführen, mittels verkörperter *Präsenz* (die meditative Qualität, die wir gewöhnlich »Achtsamkeit« nennen, insbesondere bezogen auf den Geist, die wir hier aber besser als eine Art »körperliche Achtsamkeit« fassen). So sehr du auch deinen Geist schulst, Meditation ist eher ein instinktiver, aus dem Bauch kommender Prozess als eine mentale Übung – wenn sie nicht im Körper geerdet ist, gibt es keine Integration. Wenn du nicht *hier* bist, hast du dich verirrt.

Jedes Kapitel behandelt Aspekte dieser körperorientierten Praxis. Zusammen erklären und erforschen sie Buddhas erlesene und doch anfänglich mysteriöse Aussage, dass »das ganze Universum genau hier in diesem Körper entsteht und vergeht«. Von unserer Sinneserfahrung über unsere instinktiven Triebe bis zu unserer mentalen Verarbeitung, emotionalen Reaktivität und unseren Beziehungsmustern werden wir erforschen, wie wir freier leben und vollständiger lieben können – wie du in deinem Körper und deinem Leben *leben* kannst.

Dieses Buch ist kein weiteres in der wachsenden Sammlung darüber, »wie man meditiert«. Es ist eine Anleitung für ein verkörpertes Leben – eine Einladung, bei dir selbst unter dem Mikroskop des meditativen Gewahrseins zu sein, dem Leben zu begegnen und es an sich herankommen zu lassen. Es ist eine Einladung, sich auf das instinktive Schauspiel des Hier und Jetzt einzulassen, genau dort, wo dein Leben sich abspielt.

Wir werden auch die gewohnheitsmäßigen Hindernisse bei diesem Prozess erkunden: die Ansprüche auf, die Verteidigungen gegen und die Ablenkungen von unserem unmittelbaren, sensorischen Leben. Wir werden unsere Geschäftigkeit untersuchen, – unsere Bildschirme und Geräte – unser übermäßig zielorientiertes Leben, unsere Abhängigkeit von Stimulation und Unterhaltung, Konsum und Komfort, unsere unzähligen Strategien, uns selbst zu vermeiden, und in unnötiges und nicht hilfreiches Drama und Unverbundenheit zu flüchten.

Dieses Buch wird dich regelmäßig einladen, *nach innen und unten* zu gehen – zurück in die verkörperte Präsenz. Absichtlich und *aufmerksam* in deiner gefühlten Erfahrung zu sein nimmt dich mit nach innen, wie »unter deine Haut«, unter die Beschreibungen, Interpretationen und Reaktionen, die gewöhnlich den Geist verwirren. Eine tiefgehend verkörperte meditative Praxis ist gänzlich transformativ, jenseits von nüchternen Achtsamkeitsmethoden – jenseits von Stressmanagement, besserem Schlaf und »mehr im Moment sein«. Es geht um eine Vision und die tatsächliche Möglichkeit, ein befreites Leben zu führen.

Ich habe versucht, so zu schreiben, wie ich unterrichte. Dabei habe ich immer zwei Ziele. Ich möchte dich, meinen Leser und meine Leserin, erstens dort treffen, wo du gerade bist. Das mache ich, indem ich mich auf Erfahrungen und Situationen beziehe, die du kennst und in denen du dich wiederfindest – Muster, die nur allzu menschlich und gewöhnlich sind, der Stoff deines Alltagslebens und -geists. Weiter möchte ich zweitens – und ich weiß, dass das widersprüchlich klingt in Bezug auf das eben Gesagte, aber das ist die Kunst des Lehrens – dich gleichzeitig auf das hinweisen, was *jenseits* (möglicherweise *unvorstellbar jenseits*) von dem liegt, wo du bereits bist. Die Lehren und Übungen, die ich anbiete und die mir wiederum von meinen Lehrern angeboten wurden, weisen auf eine vollständig freie menschliche Existenz hin – frei von Reaktivität, frei von Angst, frei von Kleinlichkeit – frei zu leben, zu lieben und deine Freiheit des Seins unerschütterlich zu *wissen*. Wenn du nur das erforschst, was du schon kennst, führt das dazu, dass du deine eigenen mentalen Inhalte nur verstärkst. Wenn ich nur auf das deute, was jenseits von dem liegt, wo du bist, wird Transzendenz Vermeidung oder zu einem *spirituellen Bypass*. Wirklich transformative Arbeit geschieht, wenn du beides gleichzeitig tust. Du triffst auf dich selbst, um direkt durch *dich* hindurchzusehen – und du erforschst dein Material, um es loszulassen.

Mein Ziel ist es, dich in dein eigenes Leben zu führen – direkt in deinen physischen Körper, wo all das geschieht – in eine Intimität, die du vielleicht gelegentlich gekostet oder die du vielleicht noch nie gekannt hast. In eine Qualität des Zuhörens statt Wissens, des Spürens statt Reagierens – in die Umarmung des ganzen Universums, das sich hier in diesem Körper entfaltet.

Spüre dich hier sitzend, nur für einen Augenblick.

Deine Füße und Beine fühlend.

Die sanfte Bewegung deiner Atmung.

Komm herein und lass uns gemeinsam beginnen zu erforschen.

KAPITEL 1

Dieser menschliche Körper

Who feels it knows it, Lord.

BOB MARLEY

Unsere menschliche Existenz

Leben ist unsicher. Schmerz ist unvermeidbar. Alles, was wir anhäufen, werden wir verlieren, und all jene, die wir lieben, werden uns enttäuschen und aus unserem Leben verschwinden – wenn wir nicht zuerst gehen. Uns fehlt auf frustrierende Weise die Kontrolle darüber, welche Erfahrungen auf uns zukommen und wie wir auf sie reagieren. Es ist nicht einfach, dieses menschliche Leben.

Und dennoch spüren wir, dass es einfacher sein sollte.

Wir unterliegen der Täuschung, dass andere es einfach haben, und stellen uns vor, dass unsere Freunde oder Kollegen irgendwie etwas herausgefunden haben, was uns entgangen ist. Ich erinnere mich so gut daran, wie es war, mich unsicher oder verwirrt zu fühlen – und dass ich anders sein sollte. Als ob mein Leben perfekt sein könnte, wenn nur *ich* perfekt wäre. (Kein Druck!) Und natürlich hat niemand irgendwo das jemals geschafft – und doch versuchen wir es weiter, als ob es möglich wäre, und erschöpfen uns dabei.

Diese Wahrheit zu erkennen ist ziemlich erleichternd. Die ganze Zeit über, während ich mir vorstelle, dass ich alle Probleme lösen, erfolgreicher, attraktiver und intelligenter sein sollte, komme ich nicht umhin zu fühlen, dass etwas mit mir nicht stimmt. Und natürlich muss es jemand geben, dem man die Schuld in die Schuhe schieben kann. Ganz gewiss hat jemand Schuld daran, dass mein Leben nicht meiner idealisierten Version davon entspricht. (Meine Schuld? Die Schuld meiner Eltern? Von Gott? Dies sind letzten Endes die üblichen Verdächtigen.) Aber das menschliche Leben ist komplex und unvorhersagbar. Wenn wir erkennen, dass das Leben unmöglich genau unseren Wünschen und Präferenzen entsprechen kann, entspannen wir uns. Wir fangen an, unseren menschlichen Schwächen und Mängeln zu vergeben und sanfter mit uns selbst umzugehen.

Wir gestatten uns, weniger als vollkommen zu sein.

In dieser Erleichterung stellen wir fest, dass unvollkommen zu sein ganz natürlich ist – dass es einem menschlichen Leben inhärent ist. Wir hören auf, nach Perfektion zu streben, und baden in der Erleichterung der Unvollkommenheit. Die Küchenchefin des Moulin de Chaves, des Meditations- und Retreatzentrums im Südwesten Frankreichs, in dem ich lebe und unterrichte, schrieb einmal Folgendes an die Tür des Kühlschranks, wobei sie aus einer Unterweisung zitierte, die ich gerade gegeben hatte: »Die Freiheit des Seins ist die Abwesenheit der Angst vor Unvollkommenheit.« Sie dachte, sie hätte einen abwischbaren Stift genommen, doch es stellte sich heraus, dass er unlöschbar war und das Geschriebene für mehrere Jahre hielt. Schließlich jedoch fällt sogar »permanente« Tinte der Vergänglichkeit anheim.

In Gedanken verloren

Ein Journalist, der das Kloster meines frühen Lehrers Ajahn Buddhadasa besuchte, fragte ihn, wie er den Zustand der Menschheit beschreiben würde. Ajahns Antwort war: »In Gedanken verloren.«

Dies ist der Grundzustand für die meisten von uns, die meiste Zeit über. Bei James Joyces gibt es Mr. Duffy, der »eine kurze Distanz von seinem Körper entfernt lebte«, und so sind wir gefangen in Abstraktionen, Reaktionen und Interpretationen – verloren in Ideen, statt in die Unmittelbarkeit des Lebens eingetaucht zu sein. Wir erzählen uns selbst und anderen Geschichten über unsere Erfahrungen (zunehmend dokumentiert auf Instagram und Facebook), statt sie tatsächlich zu leben. Wir sind angespannt und nehmen es kaum wahr – wir verlassen uns und verlieren uns, bis wir es nicht mehr anders kennen.

Verkörpertes Gewahrsein ist der Weg zurück nach Hause: Intimität damit, wo und wie wir gerade jetzt sind, und mit dem, was gerade geschieht und wie wir darauf reagieren. Innere Ruhe und Intimität mit uns selbst ist nicht nur möglich, sondern unser natürlichster Zustand. Da wir jedoch Jahrzehnte damit verbracht haben, unseren inneren Diskurs zu entwickeln, haften wir diesem sehr an. Wir könnten die Schuld für diesen gewohnheitsmäßigen abgelenkten Zustand auf das »moderne Leben« schieben, und vielleicht besonders auf das Internet und die Bildschirme, die in zunehmendem Maße unser Arbeitsleben und unsere Freizeit bestimmen. Wir könnten darüber spekulieren, wie Entkörperung ein Beiprodukt von zunehmend urbanem Leben und unserer Entfremdung von der natürlichen Welt ist. Aber Abkopplung ist nichts Neues. Die Gewohnheit, uns in Drama und Details zu verlieren, ist so alt wie die Menschheit. Sie entwickelte sich, als sich Sprache und Kultur entwickelten, und wuchs, als die menschliche Fähigkeit zu denken und zu abstrahieren selbst wuchs.

Wir sind *Homo sapiens sapiens*, Wesen, die wissen, dass sie wissen, Wesen, die nicht nur das Leben erfahren können, sondern auch ihre Erfahrungen beschreiben, sich auf sie beziehen – und sie abstrahieren können.

Also wie kommst du zurück zu dir selbst und wirst heimisch in deiner Erfahrung? Wie begegnest du der Welt, ohne dich selbst zu verlassen?

Entspannen ... und aufmerksam sein

Vor mehr als 25 Jahrhunderten wies Buddha bereits darauf hin, dass wir uns in Gedanken verlieren, und lud uns ein zurückzukehren. Nach Jahren der Askese, während der er versuchte, seinen Körper zu »transzendieren«, und ihn dabei eher schwächte und schlecht behandelte, änderte er seinen Ansatz. Er erinnerte sich daran, wie er sich als Jugendlicher im Schatten eines Baums ausgeruht hatte, und erinnerte sich dabei sowohl an die innere Ruhe und Entspannung, im eigenen Körper zu Hause zu sein, als auch an die Wachheit, mit der er seine Umgebung mit seinen Sinnen wahrnahm. Diese beiden Qualitäten ließen ihn die Essenz der weisen Aufmerksamkeit erfahren: sich in die körperliche Erfahrung hinein zu entspannen und aufmerksam für das zu sein, was auftaucht.

Die meisten Wege, die wir kennen, um zu entspannen, führen eher dazu, unbewusst zu werden (Alkohol trinken, Fernsehen, ein Schläfchen machen). Und die meisten üblichen Methoden, sich zu fokussieren oder zu konzentrieren, bewirken ein Gefühl der Belastung. Wir runzeln unsere Stirn, verziehen angestrengt unser Gesicht und konzentrieren uns »schwer« auf etwas, was wir tun. Entspannung und Fokus scheinen Gegensätze zu sein – wenn wir entspannen, sind wir unfokussiert. Wenn wir fokussiert sind, sind wir nicht entspannt.

Dennoch können (und im meditativen Gewahrsein: müssen) Entspannung und Fokus Hand in Hand gehen. Beim Sport nennen wir es, ganz »in seinem Element zu sein«. Es hat etwas sehr Verlockendes, Athlet:innen zuzusehen, die vollständige Hingabe an ihre Tätigkeit zeigen und ganz von ihr absorbiert sind, und zugleich entspannt, anmutig und mühelos. Roger Federer ist ein gutes Beispiel. Auch Musiker:innen zeigen uns das: Sie sind auf die Melodie, den Rhythmus, die Technik fokussiert, während sie zugleich vollständig von der Stimmung und dem Genuss der Musik eingenommen sind.

Sport und Musik verdeutlichen uns die Möglichkeit von gleichzeitiger Entspannung und Fokus. Allerdings unterscheidet sich meditatives Gewahrsein hiervon in einigen Punkten.

Erstens gibt es weder eine Handlung noch ein Ziel, auf welche diese Qualitäten ausgerichtet werden. In der Meditation fokussieren wir uns einfach darauf, hier zu sein, und entspannen uns darin – wir fokussieren uns auf das, was von allein erscheint, statt auf das, was wir tun oder erschaffen. Es gibt nichts zu erreichen, nichts, was passieren sollte. Wir treten ein in das, was *ist*, und versuchen nicht, irgendwohin zu gelangen. Daraus folgt das klassische Meditationssprichwort: Nothing to do, nowhere to go, no one to be. Also: Es gibt nichts zu tun, wir müssen nirgendwohin gehen und niemand sein.

Zweitens wird die Aufmerksamkeit von Athleten und Musikern von starken Reizen aufrechterhalten (dem Laufen, dem Tennisspiel, dem Lied, das gesungen oder gespielt wird). Intensität zieht leicht Aufmerksamkeit auf sich (Menschen im Kino fällt es leicht, sich hinzusetzen und einige Stunden lang zu fokussieren). Aber in der Meditation öffnen wir uns für ganz gewöhnliche und unaufgeregte Erfahrungen – den atmenden Körper, Empfindungen und Geräusche. Sich mit diesen nicht reizenden Elementen zu befassen schult die Aufmerksamkeit: Sie wird fester, subtiler und durchdringender.

Ein dritter Unterschied ist der, dass wir Erfahrungen erforschen, um weiser zu werden. Wir meditieren, um für das Wesen der Erfahrung offen zu sein, die Realität klar zu sehen, uns selbst zu verstehen und auf eine Weise zu leben, die befreiend ist. Das unterscheidet die Meditation eindeutig von anderen Tätigkeiten, in denen wir aufgehen. Einige werden sagen »Tanzen ist meine Meditation« oder »Malen ist meine Meditation, weil ich davon eingenommen werde. Ich vergesse mich selbst dabei und fühle mich eins mit der Musik, dem Bild, der Welt.« Das ist großartig – aber keine transformierende Meditation. Das wesentliche Merkmal einer transformativen meditativen Praxis besteht nicht darin, einen Zustand der Absorption zu erreichen – das wesentliche Merkmal ist Weisheit. Wir begegnen Erfahrungen in der Tiefe, nicht nur, um sie zu fühlen, sondern um unsere Beziehung zu ihr zu verstehen, und dies hilft uns, das Drama und die Anspannung loszulassen, die wir gewohnheitsmäßig erschaffen.

Wir sind so daran gewöhnt, bestimmte Anspannungsmuster zu halten, dass wir sie nicht bemerken. Eine Freundin von mir massierte jemanden, und als sie den Arm der Person anhob, blieb er einfach dort, ganz steif. »Entspann dich«, sagte sie. »Ich bin entspannt«, antwortete er (steif!). »Was ist mit deinem Arm?«, fragte sie. Daraufhin konnte er ihn natürlich fühlen und die Muskeln im Arm entspannen. Wenn die Aufmerksamkeit sich irgendwohin richtet, nehmen wir die Empfindung dort wahr. Wenn wir erst einmal die Anspannung spüren und verstehen, dann können wir sie lösen.

Vielleicht möchtest du das gleich überprüfen, während du das liest?

Wie ist der Zustand deiner Gesichtsmuskeln? Deiner Schultern?

Wenn dort Anspannungen bestehen, schau, ob es möglich ist, sie zu lösen. Und während du weiterliest, sieh, ob du das tun kannst, während du deine körperlichen Empfindungen spürst.

In der Meditation verstärken sich Entspannung und Fokus gegenseitig. Je mehr wir uns fokussieren, desto besser spüren wir Anspannungen und können diese lösen. Je mehr wir uns entspannen, desto bewusster sind wir und desto mehr nehmen wir wahr. Wir werden subtiler Anspannungen gewahr und können sie lösen, wobei wir die Entspannung und den Kontakt zu unserer Erfahrung vertiefen. Das wiederum ermöglicht uns, andere »nicht entspannte« Zonen zu finden. Neben muskulären Anspannungen beginnen wir, energetische Knoten, psychologische Blockaden, emotionale Anteile und mehr zu finden. Es scheint geradezu keine Grenze für unsere Fähigkeit zu geben, sowohl fokussiert als auch entspannt zu sein. Und unsere körperliche Erfahrung ist das Fundament für diese ganze Erforschung.

Indem wir sowohl Fokus als auch Entspannung kultivieren, begegnen wir der Erfahrung vollständiger. Wir beginnen, die Wahrheit zu verstehen, die in der folgenden Aussage des Buddhas steckt. Sie ist eine meiner liebsten und bildet in gewisser Hinsicht den roten Faden des ganzen Buchs:

Das ganze Universum
entsteht und vergeht
genau hier
in diesem Körper.

Verkörperte Aufmerksamkeit

Wie wichtig es also ist, dass wir lernen, genau hier in diesem Körper zu sein! Wenn sich das ganze Universum genau hier offenbart, was ist es dann für eine Tragödie, wenn wir es durch unsere endlose Verstrickung in unser eigenes Drama verpassen. Verkörpertes Gewahrsein ist die Essenz der Meditation. Körper und Geist können nicht getrennt werden – ein menschlicher Körper ist ein bewusster Körper. Nimm das Bewusstsein weg und du hast … eine Leiche, einen Haufen verwesendes Fleisch. Kein Bewusstsein, kein Körper.

Wenn du wirklich in deinem Körper zu Hause sein willst, musst du deine Erfahrung verkörpern. Du musst nicht nur mit deinen Ohren zuhören, sondern mit deinem ganzen Sein, mit deinen Zellen. Lausche deinem Leben mit all den Sinnen, sorgfältig, als ob es eine neue Sprache wäre – eine der Empfindung, der Energie, der Dichte und des Raums, der Stimmung und des Gefühls, der Anspannung und der Entspannung.

Wie wäre das wohl in diesem Augenblick? Während du diese Seiten liest, wie ist es, hier zu sitzen? Lass deine Aufmerksamkeit für einen Moment in die gefühlte Wahrnehmung deiner Erfahrung sinken, so wie sie ist. Spüre deinen Unterkörper und die Dichte der Empfindung, die vom Druck deines Gesäßes und deiner Oberschenkel auf der Sitzunterlage, dem Kissen, Stuhl oder Fußboden verursacht wird.

Nimm dir dabei Zeit. Entspann dich hinein. Spüre deine Arme entlang. Fühle, wie deine Hände dieses Buch halten. Wie viel Anspannung ist notwendig, um es zu halten? Offensichtlich ein bisschen, denn sonst würde es aus deinem Griff rutschen. Aber sind irgendwelche zusätzlichen, unnötigen Anspannungen beteiligt? Gibt es eine gewohnheitsmäßige Tendenz, dich ein wenig mehr anzuspannen als nötig? Dich in den vertrauten Knoten des Selbst zu verwickeln? Und falls dem so ist, könnte er sich lösen, wenigstens ein bisschen?

Kannst du spüren, wie sich die Anspannung löst? Kannst du fühlen, wie leicht es ist, unnötige Anspannung loszulassen? Kannst du Fokus und Entspannung aufeinandertreffen lassen, genau jetzt? Nimm deine Erfahrung wahr, spüre, wie es sich anfühlt – dir selbst zu gestatten, dich zu entspannen.

Was ist mit deinem Gesicht? Wir halten häufig Anspannung um unsere Augen herum und in unserem Kiefer. Während du dies erforschst, spüre von innen. Lade alles ein, sich zu entspannen, aber ohne es zu fordern, ohne ein bestimmtes Ergebnis zu erwarten.

Sieh, ob du dich ein bisschen mehr auf die gefühlte Wahrnehmung, hier zu sitzen, einlassen kannst, während du diese Worte liest und dem Leben aus einer inneren Erfahrung begegnest.

Im Inneren der Erfahrung

In den alten buddhistischen Texten weist uns eine lebendige Sprache klar auf die Intimität des meditativen Gewahrseins hin. Die Texte unterscheiden klar zwischen verkörperter *(yoniso)* und entkörperter *(ayoniso)* Aufmerksamkeit *(manisikara)*.

Wenn du mit der yogischen Tradition und Sprache vertraut bist, kennst du *yoni*[1] vielleicht mit der Bedeutung »Vagina«, obwohl es hier präziser »Gebärmutter« bedeutet. Verkörperte Aufmerksamkeit kommt dann wortwörtlich »aus der Gebärmutter« – das heißt sie ist im unteren Bauch geerdet. Während unsere Aufmerksamkeit großteils entkörpert, unverbunden, von der instinktiven Unmittelbarkeit unseres Lebens abgeschnitten ist, werden wir hier aufgefordert, in unserem Zentrum der Schwerkraft zu leben, in unserer Gebärmutter wach zu sein. All die ohne das besagte weibliche Organ könnten sich hier ausgeschlossen fühlen, aber wir sprechen von einer energetischen Gebärmutter, keiner biologischen – die als der tiefste Ort in uns gespürt wird. Die Gebärmutter ist die Quelle des Lebens, sowohl im wörtlichen Sinne (wir alle kommen direkt aus der Gebärmutter) als auch energetisch. Dies ist das Zentrum verkörperter – oder wir könnten sagen: *vergebärmutterter* – Aufmerksamkeit.

Kürzlich war eine etwa 35-jährige Frau, eine erfolgreiche Akademikerin mit wachem Geist, bei mir auf einem Retreat. Wir erforschten gemeinsam, wie sie ihre Aufmerksamkeit in ihren Unterkörper sinken lassen könnte, wobei sie ihre Atmung nutzte, um ihre Aufmerksamkeit auf ihren Bauch zu richten. Anfangs spürte sie nichts, also ermutigte ich sie, ihre Hände sanft auf ihren Bauch zu legen, während sie saß. Die Berührung rief dort eine warme Empfindung hervor. Als das Retreat voranschritt, begann sie, eine tiefe Präsenz in ihrer Gebärmutter zu spüren. Unvertraut mit dem, was sie als »meine zu mir sprechende Gebärmutter« bezeichnete, dachte sie, dass dies eine bisher verdrängte Sehnsucht nach einem Kind sein müsse, die jetzt in ihr aufkam. Aber als sie bei der Empfindung blieb, erkannte sie, dass ihr Bauch energetisch »lebendig wurde«. Zum ersten Mal war sie fähig, genau in ihrer körperlichen Erfahrung präsent zu sein. Sie fing an, ein starkes Gefühl der Zuversicht zu spüren, und man sah,

1 Im Sanskrit kann *yoni* in Bezug auf jeden Teil des weiblichen Fortpflanzungssystems genutzt werden.

wie sie aufrechter stand und anmutiger ging. Sie begann, in ihrem Körper zu leben, mit ihrem Bauch zu führen, das Leben zu erfahren, ohne sich selbst zu verlassen.

Übe nicht »Achtsamkeit im Hinblick auf ...«

Meditation ist heutzutage ziemlich weitverbreitet. Insbesondere Achtsamkeit hat unterschiedliche Praktiken und Lehren breitflächig zugänglich gemacht, und viele Menschen sind damit vertraut, »auf ihren Atem zu achten«, »die Empfindung zu beobachten« und im Hinblick auf die sich von Augenblick zu Augenblick entfaltende Erfahrung »Achtsamkeit zu üben«. Wörter wie *Geist, Aufmerksamkeit, Bewusstsein, Achtsamkeit* haben sogar entkörperte Konnotationen und können eine übermäßig verstandesmäßige Art und Weise des Praktizierens verstärken: Ich »beobachte« meine Erfahrung wie aus einiger Distanz. Wenn ich auf meinen Atem »achte«, bin ich außerhalb von ihm. Wenn ich »achtsam bin« in Bezug auf meine Erfahrung, wer oder was steht dann außerhalb der Erfahrung, achtsam zu sein? Die Sprache verstärkt das Gefühl einer vornehmlich verstandesmäßigen Übung. Vielleicht ist das unvermeidbar. Tatsächlich schulen wir unseren Geist, indem wir unsere Aufmerksamkeit auf etwas richten und unser Bewusstsein erforschen. Aber wir müssen die Lücke zwischen dem Beobachter und dem Beobachteten, zwischen dem Seher und Gesehenen schließen. Wir müssen unsere Aufmerksamkeit nach innen und unten richten und unserer normalen Gewohnheit, sie hoch und hinaus zu lenken, entgegenwirken.

Die alten Texte enthüllen, wie entscheidend der verkörperte Ansatz für eine erfolgreiche Meditationspraxis ist. Die Standardübersetzung, die sich für den Pali-Begriff *sati* durchgesetzt hat, lautet »Achtsamkeit«. Es ist nun viel zu spät zu versuchen, das zu ändern, aber ich persönlich finde diese Übersetzung ein wenig unbeholfen. Ich bevorzuge den Begriff »Präsenz«, der etymologisch näher ist. (*Sati* bedeutet wortwörtlich, seine

Aufmerksamkeit abzurufen oder zu sammeln, sich daran zu erinnern, wo man ist, und inmitten der eigenen Erfahrung präsent zu sein). Es ist wichtig anzumerken, dass es in den Texten kein Äquivalent dafür gibt, »achtsam zu sein« in Bezug auf das, was gerade geschieht. Die Grammatik ist wie folgt, dass man *sati* (Präsenz, Achtsamkeit) entweder »betritt« oder »sich selbst darin einrichtet«.

Wie könnte das die Art und Weise beeinflussen, wie du praktizierst? Wenn ich versuche, in Bezug auf meine Erfahrung »Achtsamkeit zu üben«, bleibe ich »der Beobachter«, derjenige, der achtsam ist. Ich ziehe mich selbst aus der Erfahrung heraus. Was wäre, wenn wir diesen ermüdenden Beobachter, Kontrolleur und Kommentator verließen? Was wäre, wenn du genau jetzt probieren würdest, nicht *achtsam zu sein* in Bezug auf das, was geschieht, sondern stattdessen direkt in die Erfahrung hineinzugehen? Dich auf deine Weise in das, was geschieht, einzufühlen, statt zu versuchen, es aus der Perspektive eines Beobachtenden zu sehen? Wenn ich Meditationsanweisungen gebe, nutze ich eine Sprache, die die Menschen dazu ermutigt, mit ihrer Erfahrung vertraut zu werden, in sie hinein zu spüren, in ihr zu leben – all dies sind Wege, ein »Wissen aus dem Inneren heraus«, ein weiterer wichtiger Ausdruck aus den traditionellen Texten, auszudrücken.

Die Grundlagen der buddhistischen Meditation stammen aus dem *Satipatthana Sutta (Der Diskurs über die Kultivierung der Präsenz)*. Darin skizziert Buddha tiefgehend und detailliert die vier spezifischen Erfahrungsbereiche, die zu betrachten sind:

- *Kayanupassana:* körperliche Erfahrung
- *Vedananupassana:* das Gefühl oder die Tönung der Erfahrung (angenehm, unangenehm oder neutral)
- *Cittanupassana:* die vorübergehende Färbung der mentalen/emotionalen Erfahrung
- *Dhammanupassana:* das Wesen der Erfahrung

Die vier Bereiche bauen aufeinander auf. Wir bewegen uns nicht von der körperlichen Erfahrung zu einem anderen Aspekt. Wir etablieren Präsenz in der körperlichen Erfahrung als Grundlage dafür, jeder Erfahrung zu begegnen. Oder anders gesagt: Jede Erfahrung ist eine verkörperte Erfahrung. Dies wird durchgehend bei allen vier Aspekten unterstrichen, wo am Ende jedes Abschnitts wiederholt wird, die Erfahrung von innen zu kennen. Der Körper soll nicht durch eine Idee oder ein Bild »meines Körpers, dieses Körpers« gekannt werden – sondern der Körper soll im Körper, die Atmung in der Atmung, das Gefühl der Erfahrung in der Erfahrung gekannt werden. Diese klare Betonung ist die Grundlage der verkörperten Praxis – daher ermutige ich dich wiederholt, dort hineinzuspüren, wo du bist, und in deine Erfahrung zu spüren, so wie sie ist. Denn auf diese Weise wird sich eine genuin lebendige, verkörperte Praxis entwickeln.

Auf diese Weise wird Weisheit wachsen und gedeihen.

Auf diese Weise wirst du innere Ruhe und Weiträumigkeit genau dort finden, wo du bist.

Verkörperte Präsenz

Wenn du ganz in der Erfahrung lebst, nimmst du wahr, wenn Anspannung oder Reaktivität aufkommt und kannst ihr begegnen, ohne dich in unnötiges Drama hineinzusteigern. Verkörperte Präsenz fühlt sich entspannt und offen an, leicht zufriedenzustellen. Ich lernte das durch das Beispiel meiner Lehrer.

Im Jahr 1990, kurz nachdem ich die buddhistische Praxis für mich entdeckte und mich mit ihr beschäftigte, traf ich einen Einsiedler, der im Himalaja lebte und Sukhanta Giri hieß. Die meisten Menschen nannten ihn einfach Babaji. Ich war 19 Jahre alt. Ich war mit einem einfachen Ticket ohne Gepäck nach Indien gekommen, nach Tiefe und Sinn suchend, inspiriert von den Bildern und Fantasievorstellungen eines mystischen Indiens. Angetrieben wurde ich von jugendlicher Wanderlust und existenzieller Angst.

Ich hatte gerade einen zehntägigen Meditationskurs in Dharamsala beendet, der Gebirgsstadt im nordindischen Himalaja, die das Zuhause für Seine Heiligkeit den Dalai Lama und die tibetische Exilregierung ist. Die Unterweisungen und Übungen im Laufe des Kurses beeinflussten mich tiefgehend. Nach etwa 20 Minuten in der ersten Unterweisung am ersten Abend spürte ich in einem Moment großer Heiterkeit ganz klar, dass ich mein ganzes Leben nach diesen Lehren gesucht hatte. Dies war ein Weg, das Bewusstsein zu erforschen – ein Weg, aus meinen Gewohnheiten und Überzeugungen zu erwachen, mir selbst aus dem Weg zu gehen und das Leben hereinzulassen! Dies war ein Weg, sich mit Generationen anderer Menschen in Einklang zu bringen, die ebenso rastlos und unzufrieden mit den üblichen Konventionen von Schule-Ausbildung-Karriere-Heirat-Rente-Tod waren, ein Weg, meinen Geist zu schulen und mein Herz zu befreien, aufzuwachen und vollständiger zu leben, fließender und freier.

Es war, als würde man Wasser in der Wüste finden, und am Ende des Kurses beschloss ich, es wie ein Yogi zu machen und eine Höhle zu finden. Das war die wahre Art zu meditieren, nicht wahr? Ich hatte keine Decke, keinen Herd zum Kochen oder Topf. Ich wusste nicht, wie ich essen oder mich warmhalten würde. Aber ich wusste, dass Yogis, die es ernst meinen, in die Berge gingen. Also zog ich, obwohl mich die Vorstellung ängstigte, am Tag nach dem Retreat los, auf der Suche nach meiner »Höhle im Schnee«, oder wenigstens im Wald unterhalb der Schneegrenze.

Um eine etwas melodramatische Geschichte abzukürzen: Ich schaffte es niemals in die Höhle. Ich traf auf der Straße, die aus der Stadt hinausführte, auf einen alten Sadhu (einen hinduistischen umher wandernden Mönch), mit dem ich einige Monate früher einige Zeit in der Thar-Wüste in Rajasthan verbracht hatte, ein paar Tausend Kilometer entfernt. Wir begrüßten uns, und er fragte mich, wohin ich gehe.

»In eine Höhle, zum Meditieren«, antwortete ich hochtrabend. Ich glaube, er rollte tatsächlich nicht mit den Augen, ein Zeugnis für sein großes Mitgefühl. Ich stelle mir gern vor, dass er meinen jugendlichen Enthusiasmus würdigte, ihn aber zweifellos zugleich als Torheit ansah. Er selbst war mit 19 Jahren von Fidschi nach Indien gekommen und nie wieder zurückgekehrt. Er führte einen langen weißen Stab mit sich, an den viele Stoffstücke gebunden waren, und als ich einmal fragte, welchen Zweck diese erfüllten, antwortete er: »Jedes ist eine Telefonnummer für Gott. Ich wähle immer wieder. Jeder Augenblick – Gottes Antwort!«

Seinen Kopf väterlich schüttelnd, sagte mir Fiji Baba, ich solle nicht nach einer Höhle suchen. Stattdessen wies er mich an, den Hügel hinaufzugehen und über den Fluss zu wechseln, bis ich zu einem kleinen Tal käme, wo ein »bengalischer Baba« leben würde. Dieser habe eine Hütte und einen *dhuni*, einen Feuerplatz, den Sadhus als Teil ihrer Praxis pflegen. Wahrscheinlich könne ich bei ihm bleiben. Er schrieb mir auf Hindi einen Vorstellungszettel, wahrscheinlich »Bitte schau nach diesem verblendeten Jungen« – und ich folgte seinen Anweisungen durch ein schönes, von Zederndurft erfülltes Tal, bis ich zu einem kleinen orangenen Tor kam, über dem das OM-Zeichen geschrieben war. Ich fand Babaji an seiner Feuerstelle sitzend auf, grüßte ihn mit meinen aneinandergelegten Handflächen und reichte ihm den Zettel. Er nickte, deutete auf einen leeren Raum und sagte, ich könne drei Tage bleiben. Ich setzte meine kleine Tasche ab – und blieb fast drei Jahre bei ihm.

Babaji und ich sprachen nicht viel miteinander. Sein Englisch war begrenzt und mein Hindi war zu dieser Zeit noch nicht gut. Er ermutigte mich, die Meditationspraxis, die ich bereits aufgenommen hatte, weiterzuentwickeln und zu vertiefen. Wir saßen zusammen am Feuer, arbeiteten im Garten, sammelten Feuerholz. Er kochte und ich wusch das Geschirr ab. Andere kamen und gingen, mal kürzer oder länger bleibend. Die Menschen fragten häufig, was er mich lehre. Ich antwortete, dass er überhaupt nichts lehrte, ich aber viel lernte.

Tatsächlich lehrte Babaji überhaupt nichts – aber er gab jeder Geste, die er machte, jeder Aufgabe, der er nachging, und jedem, den er im Ashram empfing, eine sanfte, anmutige und großzügige Aufmerksamkeit. Die Art und Weise, wie er die Teedose öffnete, war eine Unterweisung. Wie er Chapatiteig knetete und das Holz in der Feuerstelle wendete – seine Art, den Spinat zu waschen, den Reis auf Steinchen zu kontrollieren, Essensreste an die hiesigen Hunde zu verfüttern – all diese Dinge kommunizierten eine Qualität der Präsenz, der Sorge, der Intimität mit dem Leben. Die Art und Weise, wie er zuhörte, lachte und Dorfbewohner schalt, die gekommen waren, um einen Streit zu beenden – er korrigierte, beriet und ermahnte sie, ohne sie dabei jemals herabzusetzen oder zu beschämen.

Babaji brachte mir überhaupt nichts bei, aber zeigte mir, wie man sich der Erfahrung widmet. Meine buddhistischen Lehrer zeigten mir, wie man meditiert, aber Babaji zeigte mir, wie man lebt. Meine buddhistischen Lehrer lehrten mich Achtsamkeit; Babaji zeigte mir, was Präsenz ist. Und was er mir zeigte, war vor allem, dass sie möglich ist. Dass Präsenz nichts ist, was »zu erreichen« ist – wie irgendein erhabenes Plateau. Dass sie nicht von einer bestimmten Tiefe der Meditation oder einer besonderen Erfahrung abhängt, sondern einfach von der Qualität der Aufmerksamkeit, von Moment zu Moment. Von einer Aufmerksamkeit, die intim, großzügig und entspannt ist – kurz: verkörpert.

Fenster können sich selbst streichen

Einmal beschloss ich, die Fenster des Ashrams neu zu streichen. Ich nahm einen Bus in die Stadt und kaufte Farbe, Pinsel und Sandpapier. Die alte rote Farbe war sonnengebleicht, stumpf und löste sich ab, und ich arbeitete eifrig und in doppelter Erwartung: einmal auf glänzende neue Fenster und auf die Wertschätzung meines Lehrers.

Babaji schüttelte seinen Kopf. »Dein Problem ist«, sagte er, »dass du damit beschäftigt bist, die Fenster zu streichen.« Äh, ja. Das war die Idee. Aber das, wozu er mich einlud, war, zu mir selbst zurückzukehren. Zu der Unmittelbarkeit des Streichens selbst zurückzukehren und aufzuhören, auf das Resultats zu schauen. Meine Aufgabe, wie ich herausfand, bestand nicht darin, die Fenster zu streichen, sondern vielmehr darin, das Holz zu sehen. Den Pinsel in meiner Hand zu spüren. Wahrzunehmen, wenn ich mir selbst zuvorkomme, und zurückzukehren. Einfach jeden Pinselstrich sorgfältig auszuführen. Und in dieser Hinsicht sagte Babaji: »Die Fenster können sich selbst streichen.«

Dieses Buch zu schreiben ist auch ein wenig so. Mein sehr freundlicher und überaus geduldiger Verlag hatte mich einige Jahre lang ermutigt, aber ich fand lange weder die Zeit dazu noch eine wirkliche Motivation. Nun, da ich schließlich einen Vertrag unterschrieben habe, schreckt es mich auch ab, ein ganzes Buch zu schreiben. Aber das ist natürlich nicht meine Aufgabe. Ich muss mich nur um diesen Abschnitt kümmern und einen Weg finden, das auszudrücken, was ich genau an dieser Stelle sagen möchte. Und gewiss (zumindest baue ich darauf, da ich bereits 20 Prozent geschrieben habe) wird sich das Buch letzten Endes von selbst geschrieben haben.

Verlass dich nicht

Ajahn Mun, ein weiterer berühmter thailändischer Meditationsmeister, gab häufig die Anweisung: »Lass deinen Geist niemals deinen Körper verlassen.« Wenn es den Anschein hat, dass dies zu viel verlangt ist, wie wäre es damit: Nimm es jedes Mal, wenn du bemerkst, dass dein Geist deinen Körper verlassen hat, wirklich wahr. Nimm das Gefühl wahr, nicht mehr in dir selbst zu sein, da du aus dir »hoch und hinaus« gefahren bist und dich in irgendeiner Zerstreutheit verfangen hast. Spüre in die unvermeidbaren Anspannungen hinein, die dadurch entstanden sind, dass deine Aufmerksamkeit gekapert worden ist … und lass all das los. Du kehrst zurück, indem du »nach innen und unten« kommst, indem du deine Erfahrung wieder verkörperst.

Wo ist deine Aufmerksamkeit gerade? Sie könnte auf der Seite, die du liest, »hoch und hinaus« gegangen sein. Das ist das, was wir normalerweise tun. Wir spüren, dass wir, um uns mit etwas zu verbinden, dorthin »nach draußen« gehen müssen. Aber grundsätzlich gibt es kein »nach draußen«. Das Buch, die Seite, das Lesen, das Verstehen (hoffentlich) – es geschieht alles hier. Hier im Gewahrsein. Hier in der Erfahrung. Also nochmals (und bitte mach dir wegen der Wiederholung keine Sorgen, du musst das einige Milliarden Male machen): Wie wäre es, nach innen und unten zu kommen? Es widerspricht der Intuition eines Geistes (deines Geists, meines Geists, jedermanns Geist), der dazu konditioniert wurde, sich nach außen zu wenden, um einer Erfahrung zu begegnen. Aber tatsächlich brauchst du nirgendwohin zu gehen. Niemals.

Komme nach innen und unten. Fühle deine Arme und Beine. Das Gewicht deiner Beine auf deinem Sitz. Bleib, wo du bist. Lass dich in deine direkte, instinktive Erfahrung sinken. Und nimm wahr, dass du immer noch »die Welt um dich herum« sehen kannst. Dass du immer noch diese Worte lesen kannst. Du kannst die Welt zu dir kommen lassen, statt sie zu verfolgen. Du kannst die Erfahrung aufsteigen lassen, um dich dort anzutreffen, wo du bist, statt dich zu verlieren, indem du nach ihr strebst.

Du bist bereits hier

Wenn wir damit beginnen, wirklich wahrzunehmen, ist es erstaunlich zu sehen, wohin der Geist wandert – wie oft und wie unwiderstehlich wir uns in allen möglichen Dingen verfangen und wie das meiste davon im Grunde genommen Müll ist. Wie ein automatischer Inhaltsgenerator spucken wir einen endlosen Strom von gewohnheitsmäßigem Denken aus: Erinnerungen an das, was zuvor geschehen ist, vage Erwartungen an das, was wir erhoffen oder befürchten, was als Nächstes geschehen wird, habituelle Kommentare zu dem, was gerade geschieht. Es kann unermesslich schwer erscheinen, als ob es ein unvorstellbares Maß an Achtsamkeit benötigte, ständig präsent zu sein, angesichts all dieser Dinge, die an unserer Aufmerksamkeit zerren.

Aber übe nichtsdestotrotz und du wirst etwas entscheidend Wichtiges bemerken: *Nicht* das Präsentsein ist so schwer, sondern all die Abfahrten – die endlosen Forderungen, Verteidigungen und Ablenkungen –, die so viel Energie kosten. Wir sind so sehr an all diese mentale Aktivitäten gewöhnt, dass sie sich normal anfühlen. Doch wenn du jedes Mal, sobald du bemerkst, dass deine Aufmerksamkeit irgendwohin gewandert ist, spürst, was in deinem Körper geschieht, dann wirst du anfangen, die subtilen Anspannungen wahrzunehmen, die dadurch entstehen, dass du dich von dir selbst entfernst. Du wirst spüren, wie stressig es ist, sich in Gedanken zu verlieren, indem du die unvermeidliche körperliche Anspannung wahrnimmst, die entsteht, wenn ein aufgetauchter Reiz genährt und auf ihn reagiert wird, welcher Reiz das auch immer sein mag. Dann wirst du sehen, dass du nicht durch einen Willensakt zur Präsenz zurückkehrst, nicht indem du deine Aufmerksamkeit zu einem trügerischen »gegenwärtigen Moment« zurückbringst, sondern indem du deine Anspannungen erkennst und löst. Bei dem Zurückkehren in die Präsenz geht es, anders ausgedrückt, hauptsächlich darum, sich einfach zu entspannen.

Die Unmittelbarkeit des Lebens ist viel mächtiger als all deine kleinen Fixierungen. Wie weit du dich auch im Labyrinth deines eigenen Denkens verläufst, früher oder später weckt das Leben dich auf und macht dir klar, dass du *hier* bist. Einer meiner Schüler bemerkte dies auf einprägsame Weise, als er sehr angestrengt versuchte, präsent zu sein, seine Gedanken loszulassen und zu seinem Atem zurückzukehren und sich zunehmend müde und frustriert fühlte. Schließlich wurde ihm alles zu viel und er gab einfach auf. Er öffnete seine Augen und sah, wie die Regentropfen das nahe Fenster herabliefen. Und wie bei der Erinnerung Buddhas daran, unter dem Baum zu liegen, erkannte er, dass er hier war. Bewusst. Er beobachtete die Regentropfen statt seines Atems, war aber zugleich in seinem Körper präsent. Plötzlich war offensichtlich, dass er *überhaupt nichts tun* musste, um da zu sein.

Musst du in diesem Augenblick irgendetwas tun, um da zu sein? Wohin auch immer du deine Aufmerksamkeit richtest, hier ist deine Erfahrung. Du kannst sehen und wissen, dass du siehst. Atmen und fühlen, dass du atmest. Lesen und diese Worte verstehen, und innerhalb der Erfahrung sein, während sie geschieht.

Gewahrsein ist nichts, was du *tust.* Statt der Mühe, präsent zu sein, entsteht jedes Mal, wenn du deine angespannte, fixierte Aufmerksamkeit entspannst, mühelose Präsenz.

Mit ein wenig Aufrichtigkeit und Einsatz (Praxis genannt), kann dies dein beständiges, nahezu andauerndes Zuhause werden.

KAPITEL 2

Der unbehagliche Körper

In Stille leiden

Still zu sitzen (häufig Meditation genannt) kann eine äußerst erhabene, friedvolle Erfahrung sein. Es bietet die raffinierteste Möglichkeit an, im Nichttun zur Ruhe zu kommen – eine Gelegenheit, nicht nur die Muskeln wirklich zu entspannen, sondern auch dein Nervensystem, deine Atmung und deine Gedankenwelt.

Und … (für gewöhnlich) kann Meditation mit Ruhelosigkeit und Erregung, Langeweile und Eintönigkeit gefüllt sein – endlosen, fruchtlosen wandernden Gedanken – und nach einer Weile mit zunehmendem körperlichem Unbehagen.

Ich litt viel, als ich zu meditieren begann.

Ich war sehr idealistisch. Ich dachte, da ich jung bin – immer noch ein Teenager – müsste ich gelenkig sein und es müsste mir leicht fallen wie Buddha mit übereinandergeschlagenen Beinen und für lange Sitzperioden zu sitzen. Ich konnte es nicht. Es schmerzte fürchterlich, aber ich dachte, dass ich *dazu fähig sein müsste*, also litt ich wie gesagt viel. Ich litt unter dem Schmerz meiner armen zusammengepressten Beine. Ich litt darunter, wie Buddha auszusehen, statt einfach den Anweisungen zu folgen. Ich litt unter der Idee, dass ich nicht leiden sollte, und ich litt darunter, mich selbst dafür zu verurteilen, dass es mir schwerfiel, still zu sitzen. Ich Armer!

Irgendjemand ging einmal am Ende eine Retreats zur Lehrerin, um ihr zu danken und um eine Frage zu stellen: »Ich habe das Retreat wirklich geschätzt, aber meine Beine schmerzen so sehr, wenn ich so lange in der Meditation sitze. Wenn ich fortfahre zu praktizieren, wird es weniger wehtun?« Die Lehrerin lächelte strahlend. »Wahrscheinlich nicht«, antwortete sie. »Aber nach einer Weile wird es dir nicht mehr so viel ausmachen.«

Tatsächlich übertrieb sie ein bisschen. Wenn wir uns daran gewöhnen, in Meditation zu sitzen, ob auf dem Boden oder einem Stuhl, beginnen die Dinge, leichter und nachgiebiger zu werden und sich zu öffnen. Aber die weitaus wichtigere Veränderung ist die unserer Beziehung mit dem Unwohlsein. Wir lernen, uns da hinein zu entspannen – aufzuhören, darüber zu jammern, es zu bekämpfen oder deswegen aus der Haut zu fahren. Und das ist es, wo die wirkliche Erleichterung herrührt. Wenn wir in unser körperliches Unwohlsein *(Schmerz!)* hineinspüren, finden wir heraus, dass es gewöhnlich hauptsächlich aus Hitze und Dichte besteht. Es sind Empfindungen, die kribbelnd, warm, unter Druck stehend, intensiv, eng sind. Ein Großteil unseres Unwohlseins ist durchaus erträglich, wenn wir uns mit den Empfindungen selbst befassen. Aber es wird zu viel für uns, wenn wir uns von unserer Reaktivität auf sie davontragen lassen.

Im Feuer sitzen

Als ich in Wat Suan Mokh war, Ajahn Buddhadasas Kloster in Thailand, gab es ein riesiges Wandbild eines großen Feuers, das von einem der Mönche gemalt worden war. Auf dem Bild war eine wilde, grüne, zusammengerollte Schlange zu sehen, die mit lodernden gelben Augen, blitzenden Fängen und einer gespaltenen, aggressiv hervorschnellenden Zunge den Betrachtenden entgegenstarrte. Auf die Zungenspitze – inmitten all der Hitze, der Gefahr und Intensität – war ein Mönch gemalt, der meditierend dasaß – mit sanft geschlossen Augen, ein leichtes Lächeln auf seinem Gesicht.

Dieses Bild war mir eine große Unterstützung und Mahnung. Gewiss spürte ich das Feuer in meinen Beinen, und mein eigener Geist fühlte sich häufig wie diese Schlange an. Ich lernte, mich in meine Erfahrung hineinzulehnen, dem Unwohlsein zuzuhören, ohne ihm etwas hinzuzufügen, im Feuer zu sitzen und im Angesicht der Intensität sanft zu sein.

Als ich mich mit der Meditationspraxis vertraut machte, lernte ich, mich um meine Erfahrung zu kümmern, ohne ein Drama daraus zu machen. Was wir Gewahrsein nennen, ist mehr als bloße Aufmerksamkeit. Es ist eine innere Haltung, die großzügig und sanft ist, die dem, was aufsteigt, erlaubt, tatsächlich gefühlt zu werden. Die Wahrnehmung ist wie folgt: Falls es das ist, was das Leben mir gerade präsentiert, lass mich respektvoll genug sein, um mich damit zu befassen und mich ausreichend darum zu kümmern, sodass ich herausfinden kann, was gebraucht wird und wie zu reagieren ist.

Widme dich deiner Verfassung auf diese Weise und du wirst zu deiner Überraschung feststellen, dass das Unwohlsein, das du so sehr abgelehnt und gegen das du dich gewehrt hast, tatsächlich dein Freund ist – und deine Lehrerin.

Kein Wachstum ohne Schmerz

Ich denke, ich hörte den Ausspruch »Kein Wachstum ohne Schmerz« zum ersten Mal in *Fame*, der TV-Sendung aus den 80er-Jahren. Diese Phrase kann genutzt werden, um all die Formen von wenig hilfreichem Masochismus zu rechtfertigen, aber es ist ein Funken Wahrheit darin. Keine authentisch transformative Praxis kommt ohne Vermeidung von Schmerz aus. Ich weiß, das klingt nicht sehr glamourös. Es ist nicht das, was wir schreiben, wenn wir ein einwöchiges Meditationsretreat bewerben:

✣ **Eine Woche voller Schmerzen** ✣

SIEBEN QUALVOLLE TAGE DES SITZENS

mit deinem unbehaglichen Körper

und unkooperativen Geist.

Hier geht's zur Anmeldung.

☛

Und natürlich ist das nicht die ganze Geschichte. Da sind Freude und Liebe, Weite und Frieden, tiefe Entspannung und Einsicht. Aber nichtsdestotrotz ist es in einem signifikanten Ausmaß der Schmelztiegel der Arbeit mit unseren Schwierigkeiten, der unsere Praxis Wurzeln schlagen und sie aufblühen lässt. Niemand hat jemals eine transformative Reise unternommen, weil alles vollkommen wundervoll in seinem Leben war. Nein, wir kommen *wegen* der Schwierigkeiten, die wir erfahren, und weil wir intuitiv wissen, dass es nicht so sein muss. Etwas in uns erkennt die Möglichkeit einer fließenderen Existenz und weiß, dass wir uns nahekommen und wirklich zuhören müssen.

Nur eine Sache?

Es gibt eine Schlüsselaussage des Buddha, die sich auf den ersten Blick erstaunlich anhört: »Ich lehre eine Sache und nur eine Sache: Leiden und das Ende des Leidens.«

Wir können uns berechtigterweise fragen (insbesondere, da er betont hat, dass es sich um eine Sache und nur eine Sache handelt), wieso er dann fortfährt, zwei Dinge zu nennen: Leiden und dessen Ende.

Ist es, weil beide *am selben Ort* gefunden werden? Wir flüchten nicht vor dem Schmerz. Wir erheben uns nicht aus ihm und schweben davon in das Reine Land, ebenso wenig wie es wahrscheinlich ist, dass wir von unserem Meditationskissen levitieren.

Wir begegnen ihm. Wir wenden uns ihm zu. Dies ist der Ort, wo es zur Sache geht – wo dein Gewahrsein deinem Leben begegnet. Wir alle verbringen Zeit, zumindest einige Jahrzehnte, mit dem Versuch, vor unseren Beschwerden und Verteidigungen davonzulaufen. Aber es gibt einen Punkt, an dem wir erkennen, dass wir »hier schon einmal waren«. Und es ist eine Einbahnstraße. Dann wenden wir der Präsenz unser Gesicht zu und begegnen uns selbst – unseren Gewohnheiten, unseren Ängsten, unserem Widerstand.

Zwei Arten des Schmerzes

Es gibt zwei Arten von Schmerz, und gegen die erste kannst du wenig unternehmen.

Der Körper altert. Wir werden krank, fühlen uns unwohl und verschleißen auf unterschiedlich unangenehme und unglamouröse Art und Weise, erheblich schneller, als uns lieb ist. Wir können noch so viel Feuchtigkeitscreme nehmen, die Schwerkraft wird gewinnen. Das Positive ist, dass es besser als heute, genau jetzt, nicht wird. Von hier aus ist es ein unwiderrufbarer Niedergang, also mach das Beste aus dem heutigen Tag – du wirst nie wieder so jung sein.

Die zweite Art des Schmerzes sind die Extraschichten, die wir offensichtlich so gerne hinzufügen. Die Beschwerden, das Selbstmitleid, die Schuld. *Ich Armer, wieso ich, wieso jetzt, wieso das?* Der Kampf und der Widerstand, das Kämpfen und Flüchten, die unzähligen Arten, auf die wir gegen die Realität kämpfen und uns krümmen. Und das ist das, womit es *wirklich schwer* ist zu sein. Das ist die Stelle, an der wir emsig werden, die Reibung zu erzeugen.

»Schmerz ist unvermeidbar«, lautet der klassische buddhistische Aphorismus, »Leiden ist optional.« Was diese zweite Art des Schmerzes betrifft, können wir also *viel* unternehmen, aber wir müssen es machen, indem wir es uns auf der Seite des Unwohlseins bequem machen – indem wir in ihm *leben*. In einer Geschichte über den »weisen Narr« Mullah Nasruddin wird dieser eines Tages von seinem Freund beim Suchen unter der Straßenlampe vor seinem Haus aufgefunden. Er erklärt ihm, dass er seine Schlüssel verloren habe. Sie suchen eine Weile zusammen, aber die Schlüssel bleiben verschwunden. »Mullah, bist du sicher, dass du sie hier verloren hast?«, fragt ihn sein Freund. »Nein, ich habe sie im Garten verloren«, antwortet Nasruddin. »Aber es ist so viel einfacher, hier im Licht zu suchen.«

So verhält es sich mit unangenehmen Erfahrungen, seien sie körperlich, emotional oder situativ. Wir wollen einfach, dass es anders ist. Ich möchte bei meiner Erfahrung sein – aber nicht bei *dieser* Erfahrung! Wir würden vorziehen zu sehen, wo es angenehmer ist, aber deshalb werden wir daran erinnert: *Leiden und sein Ende: eine Sache und nur eine Sache.*

Du musst der einen Sache begegnen, um die andere zu kennen.

Lass die Glocke läuten

In buddhistischen Klöstern wird man ermutigt, sich dem Schmerz zuzuwenden. Ajahn Chah pflegte anscheinend mit einem großen Lächeln die Menschen Folgendes zu fragen: »Also, wie leidest du heute?« Mein Lehrer Ajahn Poh saß unbeweglich für Stunden am Stück. Während ich mich hin und her schob und wand, nach draußen zur Gehmeditation ging, zurückkam, um wieder zu sitzen, war er einfach da – kontinuierlich, gleichmäßig, friedvoll. Ihn wie einen Berg sitzen zu sehen ermutigte mich sehr. Sein Beispiel zeigte mir, dass es möglich ist, mich tatsächlich meinem eigenen Unwohlsein zuzuwenden – nicht nur meinen Knie-, Rücken- und Schulterschmerzen, sondern auch allen Extraschichten, die ich zusätzlich hinzufügte – das Drama und die Verleugnung, das Jammern und Kämpfen.

Ich begann zu spüren, wie sehr ich mich meiner Erfahrung widersetzte. Ich wartete darauf, dass die Glocke das Sitzen beendete – und betete dafür. Aber indem ich mir die Glocke als Friedensbringerin vorstellte, machte ich meine gegenwärtige Erfahrung unerträglich. Und erstaunlicherweise spürte ich, als sie dann schließlich ertönte, häufig eine große Erleichterung, *selbst bevor ich meine Haltung änderte*. Besaß die Glocke magische Kräfte, um alles Leiden zu lindern? Nein, aber sobald ich sie läuten hörte, ließ ich los. Ich gab den Widerstand auf. Als ich damit aufhörte, mich gegen mein Unwohlsein zu wehren, war es plötzlich in Ordnung, dort zu sein.

Aus diesem Grund fing ich an, mir selbst zu erlauben, die Glocke innerlich läuten zu lassen, jederzeit. Wieder und wieder und wieder. Okay, es ist vorbei. Du kannst stoppen. Hör auf, dich zu widersetzen. Hör auf zu meditieren. Hör auf zu ziehen und zu drücken. Hör auf, die Erfahrung zu managen und spür sie, einfach wie sie ist. Fühle und werde nachgiebiger. Fühle und erlaube. Fühle und bleib dort. Und meine Beziehung zu diesem Unwohlsein fing an, sich zu verändern.

Meditation lehrt uns, dass es in Ordnung ist zu fühlen, was hier ist – und nicht nur in Ordnung, sondern auf tiefgehende Weise erleichternd. Ansonsten ist es, als ob wir gegen eine Sprungfeder drückten. Und je stärker du drückst, umso mehr scheint es, als ob die Feder zurückdrücken würde. Und wir drücken schon so lange, dass wir kaum wahrnehmen, dass wir es tun oder wie viel Energie es verbraucht. Und also drückst du besser weiter, weil du fühlen kannst, wie viel Anspannung da ist, und du würdest nicht wollen, dass diese freigesetzt wird, weil …

Weil? Was würde passieren, wenn du aufhören würdest, der Feder zu widerstehen? *Boing!* Sie würde all ihre Energie freisetzen … und fertig. Während der ganzen Zeit, in der wir drücken, bleiben wir überzeugt, dass wir weiterdrücken müssen. Aber sobald wir damit aufhören: Erleichterung.

Das Leben gibt uns viele Gelegenheiten, das Drücken zu beenden. Und jedes Mal, wenn wir es tun, haben wir die Möglichkeit, *einen Geschmack* der Erleichterung zu bekommen. Die Möglichkeit, ihn auszukosten, damit unsere Zellen mit der Leichtigkeit des Loslassens vertraut werden können. Damit es so klar wie möglich wird, dass es nicht wert ist, gegen die Sprungfeder zu drücken. Sie wird nur weiter zurückdrücken.

Wenn du bemerkst, dass du um deine Augen herum angespannt bist, lass sie sich entspannen. Wenn du erkennst, dass du dich ein wenig schneller bewegst als nötig ist, dann werde langsamer. Wenn du ungeduldig bist zu sprechen, dann übe dich, die Ungeduld zu spüren, und lass sie los. Wenn du gegen die Wirklichkeit kämpfst und gegen die Feder drückst … hör auf.

Und wiederhole das eben Gesagte, etwa einige Millionen Male.

Präsenz ist angenehm

Weicher und langsamer werden und mehr in den Körper kommen. Sich auf diese Weise wieder zu verbinden ist ein direkter Weg, nicht nur, um verkörperte Präsenz zu kultivieren, sondern sich auch an ihr zu *erfreuen*. Der Körper muss keine Quelle des Unwohlseins, der Ungeduld, Zittrigkeit und Taubheit sein. Im Wesentlichen ist Präsenz angenehm. Für ein konkretes Beispiel dafür, was ich meine, spann deine Muskeln einen Augenblick an. Spann deine Arme und Beine an, hebe dein Perineum und verziehe leicht dein Gesicht.

Ich werde dich nicht zu lange in diesem Zustand lassen, aber spüre, wie es sich anfühlt.

Nimm nicht nur wahr, wie unangenehm es ist, sondern auch wie anstrengend und wie dicht du dich fühlst – wie fest und getrennt von der Welt um dich herum.

Und nun … entspann dich. Lass deine Muskeln weich werden, und *fühle es*. Nimm die Qualität der Entspannung wahr. Die Erleichterung – wie es auf einmal leicht und mühelos ist, hier zu sein, wie angenehm es ist, in deiner Haut zu stecken.

Und das ist nur die grobe, muskuläre Form der Entspannung. Wenn wir stärker in den Körper kommen, werden wir auch subtilere Formen der Entspannung finden: energetisch, emotional, psychologisch und existenziell.

Ich selbst war so über diesen Geschmack des körperlichen Freiseins erstaunt, dass ich ihm nicht ganz traute. Ich mochte ihn, ich genoss ihn, ich liebte ihn. Aber ich war auch ziemlich voll von buddhistischen Vorstellungen in Hinsicht auf Leid, und ich spürte irgendwie, dass all diese Annehmlichkeit eine Schummelei war. Dann stieß ich auf eine Textpassage, in der Buddha von einem erfahrenen kontemplativen Wesen als einem spricht, das (wie das Sutra sagt) »seinen eigenen Genuss durch die Verzückung und Freude des verkörperten Gewahrseins erzeugt, das diesen Körper durchströmt, einweicht, erfüllt und durchdringt«.

Du kannst genuin entspannt in deinem Körper sein – in deiner Erfahrung ruhend und mit einem von Freude durchströmten Nervensystem.

Das ist das Versprechen des verkörperten Gewahrseins, eine sehr reale Möglichkeit für uns alle.

KAPITEL 3

Der instinktive Körper

Wessen Leben ist das überhaupt?

Wir haben uns nicht selbst für dieses Leben entschieden. Wir haben unser Geschlecht, unsere Nationalität oder unsere Familie nicht gewählt. Wir erinnern uns nicht an unseren Anfang oder haben eine Ahnung davon, wie oder wann dieses Leben enden wird – und doch nennen wir es »mein Leben«, was einen Besitz und eine Kontrolle anzeigt, die wir einfach nicht haben. Wie Bilder auf einer Kinoleinwand zieht ein Strom an Eindrücken durch unser Bewusstsein, aus dem wir Erinnerungen, Pläne und eine passende Geschichte konstruieren. Und genauso wie wir uns in der Handlung der Kinoleinwand verfangen, erscheint das Drama sehr real und persönlich, bis wir unsere Aufmerksamkeit wenden und dahin sehen, wo die Projektionen herkommen.

Wir verfügen über sehr viel Material, aus dem wir projizierte Inhalte generieren können. Unser Menschsein basiert auf einem Säugetiergehirn und einer -biologie, die sich wiederum aus einer grundlegenderen Reptilienform entwickelt haben. Und schlussendlich sind wir hier. Millionen und Abermillionen Jahre der Evolution, um *dich* hervorzubringen!

Da unsere Menschlichkeit unsere evolutionäre Vergangenheit einschließt, haben wir dieselben Instinkte wie alle Lebewesen: zu überleben, uns zu reproduzieren und mit anderen eine Bindung einzugehen. Der Überlebensinstinkt, der Geschlechtstrieb und der soziale Trieb sind uns biologisch in all unsere evolutionären Schichten einprogrammiert. Wir streben danach, häufig unbewusst, sie auszuagieren und sie zu befriedigen. Aber es ist niemals genug. Wie ein Hamster in seinem Rad, der ernsthaft überzeugt ist, dass er irgendwohin gelangt, wird die endlose, kreisförmige Verfolgung der Wunscherfüllung von der Idee angetrieben, dass wir uns auf eine Art von Zufriedenheit zubewegen. Aber wo ist sie? Niemand wurde jemals so zufrieden gestellt, dass er sich in andauernder Befriedigung zur Ruhe gesetzt hätte. Wir sind aufgefordert, den Trieb nach Befriedigung zu erforschen und zu verstehen, statt ihm endlos nachzujagen.

Die religiösen Traditionen haben traditionell den gegenteiligen Ansatz verfolgt: vor unserem instinktiven Verlangen zu flüchten, es zu unterdrücken, zu leugnen, zu verstecken und zu transzendieren. Aber du kannst deine Biologie nicht transzendieren, und wir sehen das Ergebnis hiervon in der Pädophilie katholischer Priester und im Missbrauch von Geld, Sex und Macht einer deprimierend langen Liste von Gurus.

Wenn wir uns nicht dieser primitiven und mächtigen Triebe bewusst sind, lenken sie unsere Aufmerksamkeit, stimulieren unsere Physiologie und *treiben* uns im wörtlichen Sinne um. Also, was finden wir, wenn wir unser instinktives Leben betreten und sie erforschen?

Die instinktiven Triebe

Die nachfolgende Tabelle zeigt verschiedene Aspekte der Instinkte. Sie alle sind uns vertraut, dennoch können wir eine dominante Orientierung ausmachen. Jeder ist wie eine bestimmte, sich unablässig weiterdrehende Schleife, die sein Gefühl für Wichtigkeit wie ein Wirbel verstärkt. Je mehr wir uns in unserer Schleife drehen, umso stärker wird das Muster.

Der Überlebenstrieb zeigt sich am häufigsten als eine grundlegende

Angst, dass die eigenen Bedürfnisse nicht gestillt werden. Ein »Überlebenstyp« mag es, wenn die Regale gut gefüllt sind, und möchte auf alle Eventualitäten vorbereitet sein. Er ist hauptsächlich auf sich selbst fixiert. Was brauche ich, damit ich mich okay fühle? Um sicher und gefahrlos zu sein und mich wohlzufühlen? Die beherrschende Schleife ist eine des Selbstinteresses und des Selbstschutzes. Das erhoffte Ziel ist Selbstgenügsamkeit: »Wenn ich die Dinge sicher und angenehm für mich gestalten kann, *dann fühle ich mich okay.*«

Ein »sexueller Typ« ist vornehmlich mit Beziehungen beschäftigt. Auf *die Besondere bzw. den Besonderen* fokussiert sind Beziehungen, wenn der Geschlechtstrieb dominiert, intensiv und die wichtigste Sache im Leben ist. Bei der Angst geht es nur um dich und mich: Wirst du mich sicher halten? Wirst du mich immer lieben? Wirst du mir geben, was ich will? Hey, warum hörst du mir nicht zu? Die Schleife verläuft zwischen einem selbst und dem Partner. Die Hoffnung/Illusion ist: »Wenn ich dich gut lieben kann und schaffe, dass du mich vollkommen liebst, *dann fühle ich mich okay.*«

Der »soziale Typ« spannt sein Netz ein wenig weiter auf. Netzwerker, Prominente, Geschichtenerzähler – wenn der soziale Trieb dominiert, ist man vornehmlich mit der Welt im Allgemeinen beschäftigt. *Welchen Eindruck mache ich auf sie? Können sie mich sehen? Sind sie von mir beeindruckt? Was muss ich tun, damit ich ihre Aufmerksamkeit auf mich ziehe?* Die aussichtslose Hoffnung ist in diesem Fall: »Wenn ich irgendwie ausreichend Anerkennung und Bewunderung von anderen erfahre, *dann fühle ich mich okay.*«

Wir sind stark darauf konditioniert, diese unterschiedlichen Triebe auszuleben, persönlich wie auch kulturell. Die Werbung bezieht sich ständig auf sie und aktiviert ihren primitiven Sog, indem sie Visionen davon verspricht, sich wohler zu fühlen (Überlebenstrieb), attraktiver (Sexualtrieb) und erfolgreicher (sozialer Trieb) zu sein.

Übersicht über die instinktiven Triebe:
Ich werde überleben, ich will dich und ich muss erfolgreich sein

Instinkt	***Überleben***	***Sex***	***Sozial***
Beherrschende Schleife / innere Beziehung	Selbst zu selbst	Selbst zu anderen	Selbst zu Welt
Neurotische Version (ego-defizitär)	Ist genug für mich da?	Bin ich genug für dich?	Mache ich genug in der Welt?
Narzisstische Version (ego-aufgebläht)	Ich verdiene mehr als genug. Es sollte genug für mich da sein.	Bist du genug für mich?	Würdigt mich die Welt genug?
Fixierung	Sicherheit, Komfort	Intimität, Liebeserlebnis	Erfolg, Anerkennung
Verbreitete Fixierungsbereiche	Geld, Essen, Dinge auf meine Weise tun, »Meinen Raum haben«, Sicherheit, Schutz, Habgier	Emotionales Drama, intensive Beziehungen, Schuld, Idealisierung / Dämonisierung, komplexes Verhältnis mit Autoritätsfiguren	Ambition, Sorge um das Selbstbild, Bedürfnis zu beeindrucken, Sorge darüber, das Zentrum der Aufmerksamkeit zu sein, entweder zurückscheuend vor (neurotisch) oder suchend nach (narzisstisch)
Beständiger Zweifel	Bin ich okay?	Wirst du bewirken, dass ich mich okay fühle?	Denken sie, dass ich okay bin?
Pathologische Fixierung (Missbrauchsbereich / Versuch zu kontrollieren)	Geld: Kontrolle über Bedingungen	Sex: Kontrolle über jemand anderen	Macht: Kontrolle über eine Gruppe

Die Instinkte treiben viele kulturelle Kräfte an. Der Überlebenstrieb, der auf Bedrohungen abgestimmt ist und sich vor Wandel ängstigt, steht hinter der reaktionären Angst vor dem »gefährlichen anderen«. Aus diesem Grund haben Homophobie, Xenophobie und Rassismus etc. immer etwas – außer, dass sie aggressiv (und regressiv) sind – Pathetisches und Unsicheres an sich. Der kulturelle Ausdruck des Geschlechtstriebs gab uns alles von Robotersexpuppen bis zum »Und sie lebten glücklich miteinander bis ans Ende ihrer Tage«-Motiv romantischer Erfüllung, das in so vielen Filmen und Liedern zum Ausdruck kommt. Und der soziale Trieb spielt sich klar in den sozialen Medien ab, mit dem Bedürfnis danach, gesehen und anerkannt zu werden. Er wird zunehmend in Likes, geteilten Inhalten und der Anzahl der Follower gemessen. (Ich bin übrigens @martinaylward auf Instagram!)

Wer sitzt am Steuer?

Wenn du langsamer machst und einen Augenblick lang davon ablässt, deine Instinkte auszuagieren, werden zwei Dinge möglich. Erstens kannst du beginnen, tatsächlich deine gewohnheitsmäßigen Reaktionsmechanismen zu fühlen. Du kannst das Gefühl des Mangels oder des Bedürfnisses spüren, das dadurch entsteht, dass du dich hungrig (Überlebenstrieb), geil (Sexualtrieb) oder einsam (sozialer Trieb) fühlst. Du kannst das Zerren an deiner Aufmerksamkeit spüren, den Versuch, irgendwohin zu gehen, etwas zu bekommen (oder irgendjemand) und den Trieb kurzzeitig zu befriedigen. Zweitens ermöglicht dir das Verlangsamen, einen Raum zwischen dem Aufsteigen des Verlangens und deiner üblichen Reaktion zu finden. Hier in dieser Lücke können Weisheit und Gewahrsein intervenieren.

In einem Meditationsretreat wird diese Lücke durch die Umgebung erschaffen. Indem wenig Möglichkeiten bestehen, unsere Triebe zu befriedigen, fordert uns die Situation auf, sie stattdessen zu erforschen. Unsere grundlegenden Bedürfnisse des Überlebens sind gut umsorgt, dennoch bemerken wir vielleicht, dass wir hoffen, uns wohler zu fühlen, uns wegen unseres Schlafes zu sorgen oder darum, ob es genug zum Mittagessen gibt. Das Retreat kümmert sich auch um den Geschlechtstrieb durch die Abmachung, jedem seinen eigenen Raum und sein Alleinsein zuzugestehen. Und dies wird ein Spiegel für jede Fantasie und Sexualenergie, die aufsteigt. Der soziale Trieb wird durch die Stille geklärt. Das kann sich durchaus für manche herausfordernd und isolierend anfühlen. Das zeigt uns, wie häufig wir soziale Kontakte nutzen, um nach Anerkennung oder Bestätigung durch andere zu suchen.

Der Überlebenstrieb

Für viele Menschen aus aller Welt stellt sich jeden Tag die Frage, tatsächlich zu überleben – genug zu essen und ein Dach über dem Kopf zu haben und sicher vor Angriffen zu sein. Aber selbst wenn wir unter glücklichen materiellen Umständen leben, wird der Trieb sich dennoch zeigen, indem wir uns beispielweise zwanghaft mit unserer Annehmlichkeit oder Sicherheit befassen. Je weiter wir tatsächlich von genuinen Überlebensnotwendigkeiten entfernt sind, desto neurotischer und kleinlicher können wir in Hinsicht auf diesen Trieb werden. Das kann man klar am Essen sehen – je wohlhabender die Wohngegend ist, umso obsessiver sind die diätetischen Launen und Fixierungen.

Das spielt sich auch in Meditationszentren ab. Je »perfekter« der Ort ist und je hilfreicher und freundlicher das Personal auf die Bitten der Gäste eingeht …, umso mehr Bitten gehen ein. Man kann sie an der Zahl der Notizen auf der Pinnwand sehen.

Ganz einfache Gegebenheiten zeigen uns manchmal die Weisheit des Loslassens. Achtzehn Jahre lang, von 1991 bis 2009, verbrachte ich jeden Januar auf einem Retreat im Thai-Kloster in Bodhgaya, Indien. Die ersten neun Jahre verbrachte ich als Schüler auf dem Retreat, die nächsten neun als Lehrer. Diese Retreats waren der Höhepunkt meines Jahres, ich meditierte genau an der Stelle, wo Buddha unter dem Bodhibaum saß. Aber nichts an dem Kloster könnte als angenehm beschrieben werden. Sechzig Mann schliefen, schnarchten und furzten gemeinsam auf Strohmatten, die auf dem Tempelboden lagen. Gelegentlich wachten wir auf, um Ratten zu entdecken, die unsere Seife fraßen oder Stroh aus unseren Matten zogen oder in einem Fall an der abgestorbenen Haut eines Zehs von einem der Typen zu nagen. Die Frauen hatten es nicht besser – sie waren zu acht in jedem kleinen Raum und weitere zwanzig auf dem Boden der langen Veranda. Die Meditationshalle war beengt, die wenigen Kissen waren alt und klumpig und der ganze Ort war klamm und von Moskitos verseucht. Einmal in der Woche leerte Anil, der »Latrinen-*Wallah*«, die Klärgrube, die sich vor der Tür der Meditationshalle befand. Dann meditierten wir zum Geräusch und Gestank des Eimers, der in die Grube platschte, voller Exkremente hinaufgezogen und in die offene Abflussgrube gekippt wurde, um wegzufließen … wer weiß wohin.

Manche kamen direkt aus den USA oder Europa zum Retreat, von Christopher Titmuss, der die Retreats leitete, ermutigt, zur Quelle von Buddhas Lehre zu kommen und dabei in Indiens einzigartige Atmosphäre einzutauchen. Im Angesicht solch einfacher Gegebenheiten geschah etwas Interessantes mit den üblichen Sorgen in Hinsicht auf Unbequemlichkeit oder Unannehmlichkeiten: Nach dem anfänglichen Schock gab es sehr wenige Notizen oder Bitten. Wenn es sehr offensichtlich für uns ist, dass keine Chance besteht, die Konditionen angenehm zu gestalten, kann etwas in uns freier werden. Wir entdecken vielleicht, dass unsere Fähigkeit loszulassen größer ist, als wir dachten: Unsere Kontrolle loszulassen bedeutet, unsere Komfortzone zu erweitern und herauszufinden, dass man frei verweilen kann, ob es annehmlich ist oder nicht. Wenn eine Wahlmöglichkeit besteht, klagen wir und wählen. Wenn nicht, akzeptieren wir, was angeboten wird. Kloster nutzen die Kunstmittel der Einfachheit und Entbehrung, um unser endloses Bevorzugen abzubauen.

In Hermann Hesses *Siddhartha* fällt ein schöner Satz, als der namensgebende Held seine asketischen yogischen Praktiken aufgibt und in die Stadt kommt, um sich nach einem Job umzusehen. Als er nach seinen Fertigkeiten gefragt wird, sagt er: »Ich kann denken. Ich kann warten. Ich kann fasten.« Dies beschreibt ein freies Verhältnis zum Überlebenstrieb. Du möchtest dich wohlfühlen und du kannst spüren, dass du hungrig wirst, aber du kannst denken, du kannst fasten und du kannst warten. Du bist weder ein Gefangener deiner Instinkte noch versuchst du, sie zu »transzendieren« (schlussendlich transzendierst du niemals deine Biologie), du kannst sie einfach kennen in ihrem Aufsteigen und Vergehen.

Der Geschlechtstrieb

Offensichtlich wenden wir viel Energie für Sex auf. Ich meine nicht nur den Akt (der auch Energie kostet!), sondern den gesamten Komplex der Attraktion, des Näherkommens, Fantasierens, Flirtens, Verführens und der Intimität. Es ist eine mächtige Praxis festzustellen – selbst nur einen Tag lang –, wie oft deine Gedanken, deine Rede oder dein Handeln von dem Versuch diktiert werden, jemand anderen anzuziehen, zu verführen oder mit ihm zu verschmelzen – geliebt, akzeptiert, gepriesen oder beruhigt zu werden, als ob dein Leben, oder zumindest dein Wohlbefinden in diesem Augenblick, davon abhingen.

Von den drei Trieben ist der Geschlechtstrieb am leichtesten wahrzunehmen, zum Teil wegen der starken körperlichen Empfindungen, die unsere Aufmerksamkeit auf sich ziehen, aber auch, weil ein klarer Fokus besteht. Er ist wie eine Art Tunnelblick, bei dem alles andere im Universum verschwindet und das Liebesobjekt unsere Aufmerksamkeit in einen Strudel der Obsession und der Bedürftigkeit zieht.

Dichtung und Kunst, Lust und Verlangen gehen allesamt aus dem Sexualtrieb hervor. Betrug, gebrochene Herzen, Schuld und Missbrauch ebenso – wie auch große Intimität, Liebe und Heilung. Ein großes Stück menschlicher Erfahrung ist darin enthalten. Aus diesem Grund ist das romantische Ideal das Leitmotiv der Populärkultur. Und zum großen Teil wirkt dieser mächtige, primitive Drang mehr oder minder blind in uns. Kein Wunder, dass es chaotisch werden kann.

In spirituellen Lehren wird Sex oftmals auf frustrierende und nicht hilfreiche Weise ausgelassen. Der Buddhismus tendiert, ebenso wie die meisten anderen religiösen Traditionen, zu folgender Botschaft: »Äh, das Zölibat ist das Ideal. Scheitert es, dann lebenslange Monogamie. Lass uns nun aufhören, über Sex zu sprechen.« Einige von uns wachsen mit der machtvollen Botschaft auf, dass Sex schamhaft und schlecht ist. Butch Hancock beschreibt ironisch, dass er von seiner christlichen Erziehung in Texas Folgendes gelernt hat: »Sex ist die allerschlimmste, schmutzigste Sache auf der Erde, und du solltest ihn für jemand aufheben, den du liebst.«

Meditatives Nachforschen öffnet den Raum, wo wir weder einen sexuellen Drang ausagieren noch unterdrücken müssen. Wir heißen ihn willkommen. Wir erlauben, dass sich die Hitze und das Verlangen, die lebhaften Vorstellungen in uns abspielen. Und wir bleiben neugierig, sodass wir den Trieb spüren und sehen können, wohin er uns weist.

Ich erinnere mich an ein Meditationsretreat, in dem ich mich wirklich vor sexuellem Verlangen verzehrte. Einerseits war da der Frust, keine Möglichkeit zu haben, all meine grellen Fantasien in die Tat umzusetzen, andererseits der erfolglose Versuch, sich von der Lust abzuwenden und Stille im Geist zu schaffen. Ich hatte mir einen Monat vorher mein Bein gebrochen, und mein Lehrer deutete an, dass es eine Verbindung zwischen der Lust und der Verletzung gab. Als ich mich die Energie hinter den Fantasien spüren ließ, erkannte ich den Versuch, meine Situation zu kompensieren. Die Fantasie war ein Versuch, mich kraftvoll, viril und in Kontrolle zu fühlen, während meine Umstände tatsächlich das Gegenteil davon waren: Ich war körperlich geschwächt, auf Krücken und die Hilfe von anderen angewiesen.

Ich lernte eine wichtige Lektion: Wenn etwas Obsessives in der Art ist, wie wir mit anderen in Kontakt treten, ist das ein sicheres Zeichen, dass wir damit eine Unsicherheit kompensieren. Die Kontaktaufnahme könnte für Sex, Bestätigung oder Validierung sein, aber wenn ich sage »Ich brauche dich, um mich okay zu fühlen«, dann ist das, weil ich nicht glaube, diese Qualität selbst zu besitzen. Dies wird zu einer selbsterfüllenden Projektion, denn je mehr ich hoffe, dass der andere mich rettet, desto mehr blicke ich auf die Qualitäten der anderen statt auf meine eigenen. Wenn wir erforschen, statt auszuagieren, lassen wir das Objekt unseres Verlangens los und wenden uns dem Verlangen selbst zu. Die Ideen und Bilder sind alle nach außen fokussiert, aber das Verlangen selbst geschieht *hier*, im Gewahrsein.

In Fantasien zu schwelgen, so verlockend es ist, wird schnell frustrierend und erschöpfend, da so viel Energie in etwas gesteckt wird, das ganz grundlegend unwirklich ist. Wende dich stattdessen der verkörperten Erfahrung zu, und plötzlich spürst du eine gewaltige Menge an *Energie* im Sexualtrieb. Die Energie selbst ist absolut »antreffbar« und spürbar – sie ist belebend, köstlich und erotisch.

Die »Erotik« ist wichtig, wenn wir frei leben wollen. Alles, was gefühlt, geschmeckt und berührt wird, hat etwas Intimes und Zartes. Wir werden laufend von der Erfahrung geküsst und sind in einer erotischen Beziehung mit allem sinnlichen Leben: dem Gesang der Vögel, dem Tau auf dem Gras, der sanften Bewegung des Atmens. Im Kern des Geschlechtstriebs ist die Sehnsucht nach Intimität – sich mit etwas außerhalb von uns selbst zu vereinigen und damit zu verschmelzen. Und das ist die Essenz der meditativen Praxis: uns selbst ins Leben zu ergießen und das Leben sich in uns ergießen zu lassen. In dieser Dimension ist alles Leben Sex. Alles Leben durchdringt sich gegenseitig. Alles – um Thich Nhat Hanhs Ausdruck zu benutzen – ist *Inter-sein*. Wir sind mit dem Himmel, der Erde und jeglicher Existenz intim.

Dies zu erkennen und auf sich wirken zu lassen bedeutet, den Geschlechtstrieb zu »erleuchten«. Intimität wird im zunehmenden Maße verfügbar und verfeinert, indem wir dieses Tor innerhalb des Instinkts öffnen.

Wenn du sexuelle Lust spürst, gestatte dir, die Hitze und Vitalität der sexuellen Ladung zu spüren, die Schönheit der tiefen Sehnsucht, die da ist. Sie kann als sexuelle Fantasie erscheinen – ein Verlangen nach einer realen oder imaginären Person – oder gleichermaßen als eine andere Form der Sehnsucht: danach zuzuhören, gehalten zu werden, Zuwendung zu erfahren. Sie kann hinter deiner Liebe für Schokolade oder Musik oder allem anderen stecken, indem du dich selbst absorbieren möchtest. Der Sehnsucht zu ermöglichen, gespürt zu werden, ist der Weg zu deiner eigenen Erfahrung und zum Intersein mit allen Dingen.

Der soziale Trieb

Wir alle möchten wertgeschätzt werden. Das ist ganz natürlich. Wir wollen, dass die Welt uns spiegelt,und wir uns bestätigt fühlen. Wenn wir aufmerksam schauen, dann erkennen wir, dass wir im Wesentlichen vollständig dazugehören wollen, um uns zu entspannen – unser Schild senken zu können, im Wissen, dass wir ein Teil des Lebensstoffes sind. Dies *ist* unsere wahre Natur: Wir »*inter-sind*« mit allen Dingen. Aber wenn wir das nicht wirklich wissen, wenden wir unausweichlich viel Mühe dafür auf, unsere Beziehung mit der Welt zu verhandeln. Wir versuchen, die Lücke zwischen dem Leben, das dem Anschein nach dort draußen ist, und unserem altbekannten, kleinen Ich hier drin aufzulösen.

Also posieren und präsentieren wir uns, bewerten unsere Leistung, messen uns an unseren Kollegen oder unserer Familie oder an allem und jedem, der die vertraute Beziehung aufrechterhalten wird.

Wie ich bereits erwähnt habe, begann ich in Klöstern und Meditationsretreats, die vom modernen Leben weit entfernt scheinen könnten, die Instinkte zu erforschen. Doch trotz der Stille und der »spirituellen Atmosphäre« spielt sich das Gleich ab, denn: »Wo du auch hingehst … dort bist du.« Wie auch immer die Umwelt beschaffen ist – wir sind mit unserem eigenen Geist und seinen Tendenzen konfrontiert.

Wir können unsere Sorge um soziale Anerkennung in Momenten der Befangenheit und Peinlichkeit oder genauso in Momenten erkennen, in denen wir aktiv die Aufmerksamkeit von Menschen auf uns ziehen möchten. Kinder drücken diese zwei Bewegungen sehr klar aus. Sie bedecken ihre Augen, als ob dies den prüfenden Blick der Welt blockieren würde: »Ich möchte nicht gesehen werden.« Ebenso suchen sie Aufmerksamkeit, wenn sie Bestätigung wollen: »Mami, Papi, schaut mich an!« Wir alle wollen geliebt und geschätzt werden, von unserer Familie, unserer Gemeinschaft und – idealerweise – von der ganzen Welt. Es ist harte Arbeit, unaufhörlich dahin gelangen zu wollen, wo mich jeder einfach liebt und denkt, dass ich großartig bin – dann werde ich wirklich okay sein.

Wieder bist du eingeladen, dabei zuzusehen, wie sich dies abspielt, und das Bedürfnis, den Antrieb, die Ängstlichkeit zu spüren, wenn sie in deinem Körper erscheinen. Wir können den Richter und die Jury, die wir erschaffen haben, in der Verkleidung unserer Familie, unserer Kollegen oder wer auch immer in unserem sozialen Umfeld ist, erkennen. Wir stellen uns vor, was sie von uns denken, und versuchen anschließend unseren eigenen Projektionen gerecht zu werden. Das ist eine unangenehme und anstrengende Art zu leben – und doch ist es eine wesentliche Ausrichtung, die uns antreibt.

Indem wir in die Ängstlichkeit hinein spüren, erkennen wir sie als eine Projektion und fühlen den Stress, der an ihr beteiligt ist. Wir lernen, sie in Ruhe und vergehen zu lassen. Wir treten aus der Projektion heraus und in die innere Ruhe und Würde unserer in diesem Augenblick gelebten Erfahrung ein – es gibt nichts, was bekommen oder beseitigt werden müsste.

Wir sind präsent, in der Erfahrung verkörpert, intim mit ihr, aber nicht in ihr verwickelt. Ein alter Zen-Meister verwies einmal darauf, wie man mit dem sozialen Trieb frei leben kann: »Wenn du dich in Gesellschaft befindest, handle so, als wärest du allein. Wenn du allein bist, verhalte dich, als ob du in der Gegenwart eines verehrten Gastes bist.«

Wenn wir uns mit den Trieben beschäftigen, stellen wir fest, dass sie von unserer Unsicherheit aktiviert werden: außerhalb von uns selbst nach der Bestätigung zu suchen, dass wir in Ordnung sind, als ob wir diese einfangen und uns so selbst mit Liebe, Aufmerksamkeit und Lob füllen könnten, um irgendwie unseren inneren Zweifel und unsere Unruhe zu beschwichtigen. Unsere Gewohnheit führt dazu, dass wir die verschiedenen Instinkte vermeiden, ihnen nachgeben oder sie unterdrücken – alles, außer sie einzulassen.

Die menschliche Natur

Unsere ängstlichen Wünsche zeigen das Bedürfnis, versorgt und beachtet zu werden. Stell dir vor, jemand würde an deinem Zuhause anhalten und um einen Schluck Wasser bitten. Du könntest nachdenken, wie du ihn loswerden könntest, du könntest dich unter dem Bett verstecken und vorgeben, nicht zu Hause zu sein, du könntest sagen, dass du aus irgendeinem Grund kein Wasser da hast, du könntest Dinge aus dem Fenster auf ihn werfen und ihn davonjagen. Ich weiß, das alles klingt verrückt, aber es ist genau das, was wir machen, wenn unsere Instinkte erscheinen. Wir machen alles, außer sie hereinzulassen. Aber vielleicht kannst du einfach die Tür öffnen – zuhören, was sie brauchen, ihnen einen Moment Aufmerksamkeit schenken und dich um sie kümmern und sehen, wie sie reagieren.

Wir sind ständig eingeladen, in Kontakt mit unserer Erfahrung zu kommen. Wie fühlt sich die Unruhe oder das Bedürfnis in deinem Körper an? Was will es? Wie verändert es sich, wenn du ein bisschen Raum dafür schaffst? Letzten Endes ist das, was du wirklich willst, egal wie intensiv oder neurotisch deine Reaktion auch sein mag, schlicht umsorgt zu werden und Aufmerksamkeit zu erfahren.

Reflexion und Selbsterforschung

Eine Art, dies zu tun, ist durch die kraftvolle Frage: Was will ich *wirklich*? Ob es der Wunsch nach Sicherheit, Intimität oder Bestätigung ist: Was will ich *wirklich*? Du könntest viele Schichten an Antworten finden. Lass sie sich durch dich bewegen und frage erneut: Okay und was will ich *wirklich*? Schreiben kann helfen, die Reflexion zu fokussieren. Stell dir die Frage und schreib auf, was immer dir in den Sinn kommt. Zensier dich nicht. Dann: Okay und was will ich *wirklich*?

Wie die Instinkte erscheinen, – und überhaupt das meiste, das wir erfahren – können wir nicht kontrollieren. Wir können sehr kleine Dinge im Leben entscheiden: ob wir jetzt weiterlesen oder uns eine Tasse Tee bereiten, dieses oder jenes zu Mittag essen. Aber der Großteil unserer Erfahrung liegt außerhalb unserer Kontrolle – was wir denken, wie wir uns fühlen, wie lange wir leben. Das Leben geschieht von allein, es fließt natürlich aus grenzenlosen Ursachen und Bedingungen. Wir können nicht viel des Inhalts wählen, aber wir können uns selbst in der Kunst üben, wie wir darauf reagieren.

Wir müssen nicht unsere Biologie unterdrücken und wir können sie nicht transzendieren. Aber wir können das Leben in ihr zunehmend voller, fließender und freier leben.

Das ist die Einladung unserer Praxis.

KAPITEL 4

Der psychologische Körper

Die meisten von uns sind unbewusste Gefangene unserer Psyche. Wir agieren unsere Muster aus, statt sie zu betrachten und zu erforschen. Von unseren (gewöhnlich nicht hilfreichen) Selbstgesprächen hierhin und dorthin gezogen, erzählen wir uns ständig unsere Erfahrung, analysieren und bewerten sie. Wenn Menschen mit dem Meditieren beginnen, sind sie oftmals von diesem inneren Kommentieren geschockt. Und das meditative Gewahrsein erhöht tatsächlich die Lautstärke dieses inneren Diskurses, sodass wir zu sehen beginnen, vielleicht zum ersten Mal, wie schockierend selbstbezogen wir sind.

Es gibt ein Wort, das der Buddha entweder nutzte oder erfand: *ahamkara*. Wörtlich bedeutet es »Ich-herstellende Aktivität«. Wenn wir einen Begriff erfinden wollten, könnten wir es auch »Selbsten« nennen, die ständige Bekräftigung von *mir* und *mein* im Kern fast jeden Gedankens. Das meiste Geplapper im Hintergrund unseres Geistes scheint einfach nur gewohnheitsmäßiges Blabla zu sein, aber wenn du deinen Geist mit Gewahrsein betrittst, entdeckst du, dass dein inneres Narrativ verschiedene mächtige Funktionen erfüllt. Es gibt dir dein *Selbst-Bild*, es dient dir als *Selbst-Verstärkung* und bewertet dich durch *Selbst-Verurteilung*.

Wir sehen uns jetzt im Detail die wichtigsten Wege an, wie wir unsere Psyche erschaffen, aufrechterhalten und ausagieren.

Das Selbstbild

Wie stellst du dir dich selbst vor und beschreibst dich selbst? Wie sprichst du zu dir selbst über dich? Wenn wir uns unserer gewohnheitsmäßigen Narrative nicht bewusst werden, werden sie unvermeidbar selbsterfüllend. Du fühlst dich mehr und mehr wie die Person, von der du dir selbst erzählst, dass du sie seist.

Unsere Selbstbilder sind vielfältig. Wir begründen sie teilweise mit unseren körperlichen Eigenschaften: Alter, Geschlecht, Körperform und -größe, ethnische Herkunft etc. Dann fügen wir zusätzlich Schichten historischen Materials hinzu, das sich aus all den Selbstbildern geformt hat, die wir anfangs geerbt, dann internalisiert und konkretisiert haben, bis sie einfach die Wahrheit über das zu sein scheinen, über das, wer und wie wir sind. Anschließend filtern wir diese durch unsere Gefühle der Abwehr und der Unzulänglichkeit – wir entwickeln eine Rüstung der Scham und Arroganz um unser innerstes Ich-Erleben, um uns dagegen zu verteidigen, wie wir glauben, dass andere uns wahrnehmen.

Uns unserer Psyche bewusst zu werden ist ein lebenslanger Prozess. Zu meditieren hat mir sehr geholfen, meine eigenen Geistesgewohnheiten zu verstehen, aber ebenso explizitere psychologische Erforschungsmethoden.

Gelegentlich bitte ich auf Retreats Menschen, ein wenig Zeit damit zu verbringen, ihr Selbstbild in Paaren oder kleinen Gruppen zu erforschen. Nimm dir nun einen Augenblick Zeit, um eine ähnliche Übung zu machen, am besten schriftlich. Lies dir die folgenden Fragen durch und schreib dir Antworten zu jeder auf. Zensier dich nicht. Strebe nicht nach einer »korrekten« Antwort. Schreib auf, was immer dir in den Sinn kommt:

- Wie denkst du von dir selbst?
- Welche Qualitäten werden betont?
- Welche anderen könntest du ignorieren oder minimieren?
- Hast du ein vornehmlich wertschätzendes oder eher kritisches Selbstbild?
- Wie fühlst du hinsichtlich der Größe und Form deines Körpers?

Vervollständige diesen Satz zehnmal, ohne dabei zu viel zu denken. Schreib einfach auf, was dir als Erstes in den Sinn kommt: »Ich bin jemand, der …«

Und nun nimm dir einen Moment Zeit, um deine Antworten zu reflektieren. Lies sie dir selbst vor. Gibt es Themen, die dabei aufsteigen?

Was für Färbungen haben deine Bilder? Sind sie angstvoll, kritisch, beschränkend oder sind sie ermutigend und ermächtigend?

Sind sie wahr?

Sind sie nützlich?

Sind sie freundlich?

Eine Übung wie die obige ist eine Möglichkeit, deine unterschiedlichen Selbstbilder zu erforschen und zu enthüllen. (Es sind immer mehrere. Wir denken von uns als einer kohärenten Person, aber wir finden viele Versionen von uns, die oftmals miteinander wettstreiten und im Konflikt sind.) Wir erfinden, glauben und verstärken unsere Selbstbilder, ohne die Wirklichkeit allzu sehr zu beachten.

Das soziale Selbstbild: Wer bist du aus Sicht der Gesellschaft?

Es gibt viele Aspekte des Selbstbilds, die persönlich sind. Aber bevor wir sie erforschen, möchte ich zunächst auf die sozial konstruierten Aspekte des Selbstbilds zu sprechen kommen, die wir alle erben und nur allzu leicht lebendig erhalten.

Wie haben Identitätsmerkmale wie Herkunft, Geschlecht und sexuelle Orientierung in den Fragen, die ich gestellt habe, zu deinem Selbstbild beigetragen? Je mehr du zu einer gesellschaftlich dominanten oder mehrheitlichen Gruppe gehörst, umso wahrscheinlicher ist es, dass dieser Teil für dich von Bedeutung ist. Ein Beispiel: Wenn du hellhäutig bist, würde es mich überraschen, wenn *weiß* eines der drei Wörter wäre, die dir in den Sinn kommen, um dich zu identifizieren. Gesellschaften, die eine weiße Hautfarbe betonen (was unausweichlich eine rechtsextreme Gesellschaft bedeutet) verstärken die Farbe Weiß als normal, sodass sie für weiße Menschen nicht hervorsticht. Die ethnische Zugehörigkeit spielt sehr wahrscheinlicher im Selbstbild derjenigen eine Rolle, die als von der Norm abweichend angesehen werden – und die Abweichung oder Andersartigkeit von Minderheiten wird in ihnen ständig verstärkt. Implizit oder explizit verstärken unsere kulturellen Normen und Neigungen bestimmte Botschaften, die nicht nur unsere Selbstbilder formen, sondern auch ein Gefühl dafür, wie akzeptabel oder willkommen das Selbst in verschiedenen Situationen ist.

Wenn du eine Frau bist, weißt du sicher schon etwas darüber, wie die Gesellschaft dir ein Selbstbild suggeriert, weniger wert zu sein – eines, das durch Gehaltsunterschiede, Abtreibungsgesetze, Steuern auf Hygieneprodukte für Frauen, sexuelle Täter-Opfer-Umkehr und viele andere Beispiele einer langen, deprimierenden und nur allzu bekannten Liste verstärkt wird. Farbige, insbesondere (aber nicht ausschließlich) jene, die in einem mehrheitlich weißen Land leben, kennen dies auch dadurch, dass sie ständig einer unbewussten Voreingenommenheit oder auch offenkundigem Rassismus ausgesetzt sind. Und wenn du nicht heterosexuell und kein Cis-Mann[2] bzw. keine Cis-Frau bist, oder hör-, seh- oder gehbehindert bist oder einen islamisch klingenden Namen hast und regelmäßig durch internationale Flughäfen reist, dann weißt du auch etwas persönlich und wahrscheinlich schmerzhaft über Diskriminierung und Vorurteile.

2 Wenn du nicht weißt, was das ist, dann lerne bitte etwas darüber.

Wenn du im Gegensatz dazu ein hellhäutiger, heterosexueller, körperlich gesunder Cis-Mann bist (wie derjenige, der dieses Buch schreibt), dann bist du – auf welche Herausforderungen und Tragödien du auch immer in deinem Leben gestoßen bist – nichtsdestotrotz in einer Welt aufgewachsen, die mehr oder weniger für deine soziale Identität optimiert ist. Das bedeutet unweigerlich, dass du nicht viel darüber weißt, wie das eben Gesagte funktioniert, es sei denn, du hast viel Interesse und Aufmerksamkeit aufgewandt, deine unvermeidliche, unbewusste Identitätsblindheit zu erkennen und aufzulösen.

Das wiederum ist ein großer Teil dessen, wie Dominanz aufrechterhalten wird: jene, die aus einer dominanten sozialen Identität Vorteile ziehen, tendieren dazu, sehr wenig über die Erfahrung der Minderheiten zu wissen, wogegen jene mit einer marginalisierten Identität *viel* über die Mehrheit wissen. Dies ist der Grund, warum dominante Gruppen (hallo, weiße Männer) vor allem zuhören und nicht so viel reden sollten, zumindest am Anfang, wenn es um Fragen von Rassismus, Homophobie und andere Themen der sozialen Identität geht.

Menschen, die Mehrheitskategorien angehören, tendieren folglich dazu, blind für die gesellschaftlichen Komponenten ihrer Identität zu sein. (Weiße Menschen können einfach fühlen, dass sie in einem Körper leben. Farbige Menschen wissen sehr wohl, dass ihrer ein *farbiger Körper* ist.) Farbige Menschen wissen sehr genau, wie ihre Farbigkeit ihr Selbstbild beeinflusst. Dasselbe gilt für Transgender. Aber wenn du weiß bist und/oder heterosexuell, wie beeinflusst dein Weißsein und/oder deine Heterosexualität dein Selbstbild?

Ich würde mir gern vorstellen, dass dieses Buch von einer großen Regenbogenkoalition gelesen wird, die alle sozialen Identitäten einschließt. Und ich kann mir gut vorstellen, dass die Mehrheit meiner Leser und Leserinnen sehr wahrscheinlich weiß ist. Wenn du das sein solltest, dann deute ich nicht an, dass du niemals marginalisiert oder abgelehnt wurdest. Ich bin mir sicher, dass es Zeiten gab – in der Familie, in der Schule, unter

Gleichgesinnten –, in denen du dich persönlich allein und ausgeschlossen, anders oder falsch, ungerecht behandelt oder kritisiert gefühlt hast. Und du wirst wissen, dass die emotionalen Folgen solcher Situationen sich Jahrzehnte lang halten können, wobei sie dein Selbstbild auf schmerzhafte Weise beeinträchtigen, als jemand, der anders oder wertlos oder missverstanden ist. Vielleicht kannst du dir dann einen Moment lang vorstellen, wie es ist, wie dein Leben wäre, wenn dieses Gefühl des Ausgeschlossenseins von den meisten Kräften, Institutionen und Einstellungen, die das konstituieren, was wir »Gesellschaft« nennen, aufrechterhalten wird.

Während ich vor Kurzem in Paris lehrte, übernachtete ich in der Nähe einer angesehenen Kochschule, an der ich auf dem Weg zum Veranstaltungsort vorbeiging. Elf große Bildertafeln zeigten junge Menschen in verschiedenen Rollen der *hôtellerie* als Teil einer Werbeaktion der Schule. Und ja, alle elf Studenten plus alle, die im Hintergrund zu sehen waren, waren weiß. Was sagen diese Tafeln der farbigen Jugend von Paris? Grundlegend: Das ist nichts für dich, niemand wie du ist hier, du bist nicht repräsentiert und folglich nicht willkommen.

Außerplanmäßige Übung für weiße Menschen

Häufig ist es unglücklicherweise in Meditationszentren genauso. Viele Male wurde mir ein Flyer oder eine Webseite oder eine Broschüre für einen Meditationskurs gezeigt, auf dem farbige Menschen nicht repräsentiert waren. Weiße Leser, stellt euch für einen Moment vor, es wäre andersherum:

Du hast von einer Lehrer:in oder einer Praxis gehört, die davon spricht, deinen Geist zu schulen, dein Herz zu befreien und Mitgefühl für alle Wesen zu entwickeln. Instinktiv wirst du von den Ideen angezogen und bist neugierig auf die Meditation. Du gehst auf die Webseite, auf der die Lehrer:in und viele Schüler:innen abgebildet sind. Sie sehen gesund, friedlich und glücklich aus.

Alle Abgebildeten sind schwarz. Niemand sieht aus wie du.

Wie eingeschlossen fühlst du dich?

Der Text erwähnt »alle Wesen«, aber soweit du auf allen Bildern sehen kannst, sind keine weißen Wesen eingeschlossen. Wie eingeladen würdest du dich fühlen, dort einen Kurs zu besuchen?

Zögernd und doch neugierig gehst du hin. Als du eintriffst, siehst du all diese schwarzen Menschen ankommen. Sie reden miteinander und begrüßen sich. Du nimmst große Ähnlichkeiten wahr in der Kleidung, die sie tragen, der gesellschaftlichen Schicht, der sie anscheinend zugehören, der Sprache und den Ausdrücken, die sie verwenden. Ähnlichkeiten, die sie alle zu teilen und leicht und instinktiv zu verstehen scheinen, die sich aber für dich distanziert und ungewöhnlich anfühlen.

Wie willkommen fühlst du dich?

Einige Menschen scheinen sich wegen deiner Anwesenheit ein wenig unwohl zu fühlen. Einige versuchen freundlich zu sein, wirken aber in deiner Nähe ängstlich oder unbeholfen. Niemand sagt irgendetwas Explizites über dich, aber du fühlst dich anders, als das unwillkommene »weiße Schaf« der Meditationsfamilie, die grelle weiße Elefantenperson im Raum.

Wie wahrscheinlich ist es, dass du wieder kommst?

Der Körper, in dem wir leben, kann aus- oder eingeschlossen, anerkannt oder missbilligt, normalisiert oder stigmatisiert, willkommen oder abgelehnt werden.

Das Körperbild

Beschäftigen wir uns einige Momente lang mit den Wörtern »mein Körper«.

Mein Körper.

Sag dir das einige Male zu dir selbst und spüre in die Assoziationen, Bilder und Gefühle hinein, die dabei auftauchen. *Mein Körper.* Was ist das? Wer ist das? Magst du die Assoziationen, die du wahrnimmst? Ist die Wirkung weitgehend positiv oder negativ? *Mein Körper.* Dieser Körper, der da gerade sitzt, mit dem du liest und in dem du lebst. Wenn du über ihn nachdenkst, scheint er grundsätzlich liebenswert? Oder nicht liebenswert?

Der Einfluss auf das Körperbild ist vielfältig: kulturell, familiär und persönlich, und die Einflüsse überlagern sich. Das gilt für alle, aber wie wir oben gesehen haben, sind die kulturellen Einflüsse unterschiedlich für verschiedene Gruppen und unverhältnismäßig in ihrer Wirkung. Beispielsweise zeigt sich der kulturelle Einfluss auf Frauen durch ein schlankes Körperbild – eines, das an das Ideal von Jugendlichkeit und Schönheit gebunden ist und versucht, die Vielfalt menschlicher Körpertypen in eine bestimmte kulturelle Gleichförmigkeit zu pressen.

Es folgt eine Reihe kontemplativer Fragen, die vielleicht für Frauen eindrücklicher sind. Wir alle können jedoch über sie reflektieren, wo immer auf dem Geschlechterspektrum wir uns verorten:

Was ist dein ideales Körperbild?

Wo kommt dieses Ideal her?

Wie vergleichbar ist der Körper, in dem du gerade bist, mit diesem Ideal?

Und: Wie antwortest du auf die vorangegangenen Fragen? Findest du dich (vielleicht ungewollt) darin wieder, dich mit einem Ideal zu vergleichen, und erzählst du dir daraufhin eine Geschichte darüber, wie du bist und du sein solltest – obwohl du weißt, wie schädlich diese Idealisierung und Beschämung des Körpers ist? Ich erinnere mich an einen Ratschlag aus dem Sunscreen Song: »Lies keine Schönheitsmagazine. Sie werden nur bewirken, dass du dich hässlich fühlst.«

Wie sehe ich aus?

Was denken andere, wie ich aussehe?

Sollte ich anders oder »besser« aussehen?

Würde eine Operation helfen?

Ist meine Nase/Hintern/Oberschenkel/Bauch/Arme oder irgendetwas anderes zu groß/klein/schmal/breit/schlaff/dünn oder irgendetwas anderes?

Es ist aussichtslos, der Schädlichkeit des dadurch erzeugten inneren Drucks standzuhalten. Aber hinter all den Wünschen und Versuchen, anders auszusehen, steht in Wirklichkeit der Wunsch, uns *selbst anders* zu fühlen. Ich sah einmal eine Dokumentation über Mädchen im Teenageralter, die sich einer Schönheitsoperation unterzogen. Eine Fünfzehnjährige, die durch einen Katalog der Nasenformen blätterte, sagte: »Die Menschen sagen, ich sei eitel. Aber ich möchte nur glücklich sein.« Sie wendete sich wieder dem Katalog zu, als ob er tatsächlich die Quelle des Glücklichseins enthielte – als ob diejenigen mit ideal geformten Nasen vollkommen glücklich sein müssten, als ob sie, wenn sie erst einmal mit einem leicht anders geformten olfaktorischen Organ geschmückt ist, *glücklich* sein würde.

Aus unseren Vorstellungen und Bildern des Körpers heraus- und in die gelebte Erfahrung hineinzukommen ist eine der grundlegendsten Übungen, um frei in unserem Körper zu leben. Das ist der vorrangige Weg, wie wir uns unserer unbewussten Ideale bewusst werden und uns selbst von ihrem schädlichen Einfluss befreien.

Von pummelig zu reich

Ich wuchs mit Asthma auf. Es war so heftig, dass ich ein paar Mal, als ich zwischen sieben und vierzehn Jahre alt war, mit Blaulicht, Sirene und Sauerstoffmaske ins Krankenhaus kam. Ich konnte nicht am Schulsport teilnehmen – 50 Meter zu rennen ließ mich mit Panik zurück, schwer schnaufend, um genug Luft in meine Lunge zu bekommen. Es führte auch dazu, dass ich mich ungeschickt, zerbrechlich und unwohl in meinem Körper fühlte. Ich fühlte mich »pummelig«, ein Wort, das selbst jetzt, wenn ich es schreibe, ein Echo von Scham und Selbsthass hervorruft. Vor allem dachte ich, dass ich nicht so sein sollte, wie ich war. Wenn ich mir Bilder von mir als Kind ansehe, bin ich manchmal noch immer darüber erstaunt, dass ich tatsächlich nicht besonders »pummelig« aussehe, aber das war die Selbstsicht, die ich internalisierte. In meinen ersten Monaten in Indien verlor ich etwa 18 Kilogramm an Gewicht – das plötzliche Ergebnis einer Diät, die weder Fleisch noch Bier enthielt. Ich konnte meine Rippen sehen, aber das innere Gefühl, übergewichtig und unansehnlich zu sein, zu »schnaufen und zu keuchen«, wann immer ich mich anstrengte, war immer noch da.

Ich begann, aktiv mein Körperbild zu untersuchen. Ich enthüllte Schichten der Scham über das Asthma, die von Hänseleien in der Schule und vom Gefühl, beim Sport ausgeschlossen zu sein, verschärft wurden. Ich erkannte, wie meine Beziehung zu meinem Körper zugleich verzerrt und überholt war. Mit zwanzig Jahren fühlte ich mich eigentlich noch vorpubertär. Ich fing an, primitive Selbstportraits zu malen, um zu sehen, welche Elemente ich unbewusst betonte oder abminderte. Ich sah, wie ich die Proportionen meiner Arme und Beine übertrieb, was mich eine eingefallene Brust und einen kollabierten Bauch haben ließ, und erkannte, dass dies die Art und Weise war, auf die ich mein Leben führte. Meine Aufmerksamkeit wanderte zu meinen Armen und Beinen, ich achtete auf die Handlung und Bewegung, während ich die Brust – das Zentrum der Atmung und des Gefühls – und den Bauch – das Zentrum der Verkörperung und Erdung – ignorierte.

Also begann ich, bewusst zu sitzen, zu atmen, zu gehen und zu spüren, wie ich in meinen Torso zurückkam. Zurück in meine atmende Brust und meinen Bauch. Zurück in die Lebendigkeit meines emotionalen Lebens. Zurück in die Fülle einer verkörperten, ver-»bauchten« Präsenz.

Nach einigen intensiven Monaten verschwand mein Asthma. Nach dreizehn Jahren, in denen ich immer einen steroidalen Inhalator bei mir hatte, legte ich meinen letzten in einen Schrein in Thailand, der für genesende Süchtige errichtet worden war, damit sie dort ihre Opiumpfeifen lassen konnten, und ging weg. Meine Brust lernte ein inneres Gefühl des Raums und der Offenheit kennen, das bis dahin unvorstellbar gewesen war. Ich fing an, meinen Bauch als ein warmes, leichtes Gefühl von Zuhausesein zu erfahren – rund und entspannt. Ich fühlte mich wie einer dieser dickbäuchigen Buddhas, deren Bilder eine Rundbäuchigkeit zeigen, die eine innere Ruhe und Zufriedenheit ausdrückt, wie man sie nach einer befriedigenden Mahlzeit erfährt – weit, gesättigt, zufrieden und reich. Unabhängig von der körperlichen Größe und dem Gewicht fühlt es sich sehr erfreulich an, einen entspannten runden Bauch zu haben.

Meine Praxis führte mich davon weg, mich pummelig zu fühlen. Statt pummelig fühlte ich mich auf die erstaunlichste und nährendste Art und Weise dickbäuchig.

Achte auf die Lücke

> *Aus einer rein ästhetischen Perspektive war mein Körper besser, als ich 22 war. Aber ich genoss es nicht. Ich war zu beschäftigt, ihn mit all den anderen zu vergleichen.*
>
> CINDY CRAWFORD

Vielleicht kennst du die Erfahrung, ein Foto von dir vor zehn, zwanzig oder dreißig Jahren anzusehen. Du staunst über deine Jugendlichkeit, Schönheit und Vitalität, die du in diesen früheren Jahren ausstrahltest. Und dennoch erinnerst du dich gleichzeitig daran, wie unsicher oder unzufrieden du mit deinem Körper zu dieser Zeit warst. Gilt das immer noch? Bist du übermäßig um deinen Körper besorgt, mit dem du heute lebst, den Körper, den du, wenn du in weiteren zehn Jahren zurückblickst, lieben könntest? Zu altern ist eine Einbahnstraße – das heißt, dass du zu diesem gegenwärtigen Moment so jung bist, wie du niemals wieder sein wirst! Es ist eine Einladung, den bemerkenswerten Körper zu genießen, den du gerade hast. Wie auch immer deine momentane Situation in Hinsicht auf Gesundheit, Krankheit oder Verletzung ist, hier ist ein fühlender, spürender, lebendiger Organismus – und die Vitalität und Energie, die ihn belebt. Würdige ihn, wie er ist, insbesondere da du nicht weißt, wie lange er halten wird.

Das ist ein Beispiel dafür, wie wir uns selbst durch eine dysmorphe Linse sehen. Es ist eine Wahrnehmungslücke zwischen dem, wie wir in Wirklichkeit sind, und wie wir uns wahrnehmen und uns selbst beschreiben. Wie du deinen Körper gewöhnlich erfährst, sagt dir mehr über deine Psyche als deine Körperlichkeit. Wie in einem Spiegelkabinett ist unsere Wahrnehmung der Größe, der Gestalt und der wahrgenommenen Attraktivität verzerrt. Wir machen uns obsessiv über einen Aspekt unserer körperlichen Erscheinung Gedanken. Wir sehen uns das Foto an und konstruieren einen idealisierten, vergangenen Körper. Wir quälen uns mit Diäten oder körperlichen Ertüchtigungen und planen einen idealisierten zukünftigen Körper – und dabei ignorieren wir entweder unseren gegenwärtigen Körper oder dissoziieren uns von ihm – dem lebendigen, atmenden Körper, der hier sitzt und gerade die Erfahrung in sich aufnimmt.

Um diese Lücke zu schließen, üben wir, zu unserem unmittelbaren Körper zurückzukehren – einem, der nicht imaginiert oder beschrieben, sondern von innen *gefühlt* wird. Wir machen das, indem wir dem Atemprozess, der Empfindung dieses körperlichen Moments, innewohnen und ihn wieder erleben. Dies tun wir, indem wir in die gewohnheitsmäßigen Muster, die wir beispielsweise im Kiefer oder in den Schultern oder im Bauch finden, hineinspüren. Spür das für einen Moment, sofort. Ist dein

Kiefer ein wenig angespannt? Sind deine Schultern ein wenig hochgezogen? Ist deine Atmung entspannt oder etwas eingeschränkt? Falls dem so ist und du dich ein bisschen entspannst, spüre, ob das eine ruhigere Präsenz ermöglicht, während du hier sitzt und liest. Wie wäre es, mehr oder weniger ständig auf diesen gegenwärtigen Körper eingestimmt zu sein, auf die gefühlte Wahrnehmung, dem Leben innezuwohnen, genau hier?

Indem wir uns auf diese Weise auf unseren »gegenwärtigen Körper« hin orientieren, erlangen wir einen Körper wieder, in dem wir leben können, so *wie er ist*, statt wie wir ihn uns vorstellen oder beschreiben. Und so fangen wir an, die Verzerrungen in unserem Körperbild zu erkennen und zu erforschen.

Nun werden wir erkunden, wie einige dieser Verzerrungen funktionieren, und dann sehen wir uns an, wie sie erkannt, verstanden und aufgelöst werden können.

Die Altersdifferenz

Wie alt wärst du, wenn du nicht wüsstest, wie alt du bist?

SATCHEL PAIGE

Viele Menschen leben mit einer inneren Altersdifferenz, von der es verschiedene Versionen gibt. Die erste ist das Gefühl, jünger zu sein, als du bist. Ein bestimmter Enthusiasmus und eine Vitalität sagen mir, dass ich nicht wirklich alt bin, ich bin nun nur eine *wirklich* lange Zeit jung gewesen. Dann schockieren mich die Spiegel, wenn ich an ihnen vorübergehe und plötzlich mit jemand konfrontiert bin, der so viel älter aussieht, als ich mich fühle. Diese Differenz ist durchaus verständlich. Das innerste Gefühl von mir scheint unabänderlich, alterslos zu sein. Ich ahne eine essenzielle *Ichheit*, die sich nicht ändert oder schwächer wird – die um dieselben grundsätzlichen Bedenken und Wünsche kreist, wie sie es immer getan hat, zumindest seit dem frühen Erwachsenendasein. Das Gedächtnis verbindet dieses innere Ich-Erleben ganz zurück bis dahin, als ich mich das erste Mal als »Erwachsener« erkannt habe, und es sagt mir, dass ich mich immer noch gleich fühle.

Die Forschung hat übrigens gezeigt, dass diese Art eines niedrigeren »subjektiven Alters« mit einem gesünderen Gehirn, weniger altersbedingten Einschränkungen und einem besseren Sexualleben korreliert, es ist also definitiv etwas dran am Ausdruck, »im Herzen jung« zu sein. Andere erfahren die Differenz in die andere Richtung und erscheinen, »alt vor ihrer Zeit«. Sie können dem Anschein nach psychologisch schneller als ihre physischen Jahre altern und Kleidung, Aktivitäten und Einstellungen annehmen, von denen sie hoffen, dass diese ihnen irgendwie helfen werden, an einer mysteriösen Lebensstation anzukommen, die »erwachsen sein« genannt wird. Eine innere Sorge darüber, sich nicht wirklich erwachsen zu fühlen, führt hierzu als Kompensation. Dennoch bleibt die innere Erfahrung leicht bestehen, jemand zu sein, der sich irgendwie jung, unzureichend oder klein fühlt.

Aber die Altersdifferenz fühlt sich häufig ängstlicher und unsicherer an als so. Internetforen wie Quora oder Ask Google sind voll von Menschen, die Zweifel und Bedenken über ihren subjektiven Altersunterschied ausdrücken. Aktuelle Beispiele zum Zeitpunkt des Schreibens umfassen:

»Ich bin in meinen Zwanzigern, fühle mich aber wie ein Teenager.«

»Ich bin in meinen Dreißigern – wann werde ich mich wie ein Erwachsener fühlen?«

»Ich bin vor Kurzem 40 geworden, aber ich fühle mich immer noch wie ein 25-Jähriger.«

In dieser Diskrepanz steckt die Verwirrung, sich ichdyston zu fühlen. Dabei sind die Wahrnehmung und die Realität ganz klar nicht im Einklang. Die Menschen sprechen auch davon, »damit klarzukommen« 30,

40, 50, 60 Jahre alt zu werden. In einem späteren Kapitel werden wir uns unsere Beziehung mit der Sterblichkeit und die Unvermeidbarkeit des Alterns ansehen. Aber lass uns zunächst weiter die Angst erforschen, ein biologischer Erwachsener zu sein und sich dennoch wie ein Kind zu fühlen.

Die defizitäre Altersdifferenz

Während unser biologisches Alter in Jahren gemessen wird, kann unser gefühltes Alter von Moment zu Moment variieren, in Abhängigkeit davon, wie *wohl, zuversichtlich und fähig* wir uns in unterschiedlichen Situationen fühlen. Je entspannter man ist, desto erwachsener fühlt man sich, und je unzureichender man glaubt zu sein, umso kindlicher und kleiner fühlt man sich. Indem wir präsent sind in den Veränderungen unseres gefühlten Alters, finden wir die defizitäre Altersdifferenz in unserer Psyche.

Ich pflegte mich früher in gesellschaftlichen Situationen unsicher zu fühlen. Ich fing an, mich während eines Gesprächs unwohl zu fühlen und mich zu fragen, was die Person wohl über mich denkt. War ich klar genug? Klug genug? Geistreich genug? Und obwohl meine visuelle Wahrnehmung sich nicht änderte, erschien mir die andere Person buchstäblich größer, autoritärer und wichtiger, während ich mich kleiner, schwächer und jünger fühlte.

Es ist wichtig, dieses Gefühl des Jungseins zu erkennen. Es zeigt uns, wo wir uns nicht »erwachsen« fühlen, wo sich ein Teil von uns immer noch klein und ungenügend fühlt. Frag dich das selbst einen Moment lang: Wo in deinem Leben fühlst du dich wirklich wie ein Erwachsener? Und in welchen Situationen oder Beziehungen fühlst du dich jung, klein und unsicher?

Erwachsensein fühlt sich zuversichtlich, fähig und angenehm an. Es gibt ein Gefühl der inneren Ruhe. Du glaubst an dich selbst. Vielleicht kannst du bestimmte Bereiche in deinem Leben finden, wo diese Art der erwachsenen Beziehung zur Erfahrung sehr klar ist. Es kann mit einer bestimmten Fähigkeit zu tun haben, die du entwickelt hast, etwas, von dem du weißt, dass du gut darin bist. Es kann in bestimmten Beziehungen verfügbar sein, in denen du weißt, dass dein Wissen respektiert oder deine Autorität und die von dir gesetzten Grenzen klar und angemessen sind. Das innere Gefühl dieser erwachsenen Wahrnehmung dort zu erkennen und sich damit vertraut zu machen, wo auch immer du Zugang dazu hast, ist wichtig, um deine psychologische Reife zu kosten und ihr zu vertrauen.

Es kann andere Bereiche geben, in denen du entweder bereits weißt, dass du dich entschieden *un*-erwachsen fühlst, oder dies herausfindest, indem du dich selbst erforschst – Situationen, in denen du dich klein, jung und unsicher fühlst. Für manche Menschen ist das ein beinahe alles durchdringender Zustand, insbesondere wenn schwierige Kindheitsumstände nicht wirklich adressiert oder aufgelöst worden sind. Für andere kann es sich als eine Überforderung anfühlen, die in bestimmten Situationen auftritt. Du weißt, dass du in einer defizitären Altersdifferenz gefangen bist, wenn du dich hilflos fühlst – ängstlich, Kritik befürchtend, betrügerisch, befangen. Genauso wie dein mentales Narrativ dir von deinem Mangel erzählt, wirst du, wenn du in die gefühlte Wahrnehmung deiner Erfahrung in diesem Augenblick – den *felt sense* – hineinspürst, entdecken, dass du dich selbst als klein, jung, kindlich und hilflos wahrnimmst.

Es kann äußerst unangenehm sein, damit präsent zu sein, da wir konditioniert wurden zu denken, dass wir Erwachsene sein *sollten*. Unsere Kollegen:innen und Gleichaltrigen sehen aus, als ob sie erwachsen wären, also geben wir vor, dass wir es auch sind. Dabei erkennen wir nicht, dass sie ebenso wie wir damit beschäftigt sein könnten, selbstsicher und kompetent auszusehen, während sie sich überhaupt nicht so fühlen.

Das ist das, was manchmal das innere Kind genannt wird. Ein ungenügendes Ich-Erleben, das versucht, sich genügend zu fühlen – das nicht weiß, wie es gelingt, man selbst zu sein, und sich doch vorstellt, dass alle anderen dies wissen. R. D. Laing hat diese Verwirrung wie folgt ausgedrückt:

»Ich fühle, dass du weißt, was ich wissen sollte,
aber du kannst mir nicht sagen, was es ist,
weil du nicht weißt,
dass ich nicht weiß, was es ist.«

Aufwachen, heranwachsen, sich zeigen

Wir tragen das Erbe unserer Kindheitsentwicklung in uns. Kontakt mit diesem Erbe aufzunehmen, Freundschaft mit ihm zu schließen und es zu erforschen ist Teil davon, wie wir beide *wach werden* für unsere Psyche und zu seelischer Reife *heranwachsen*.

Wenn ich von deiner Psyche spreche, hast du vielleicht deinen Geist im Sinn. Aber wie wir durch die Beispiele in diesem Kapitel sehen können, ist es äußerst wichtig, deiner *verkörperten, körperlichen* Erfahrung zu folgen, um Zugang zu deiner Psyche zu erhalten und dein psychisches Material zu erforschen und zu transformieren.

Bei einer psychischen Transformation geht es darum, innerlich erwachsen zu werden. Indem ich die Bereiche erkenne, in denen ich mich innerlich jung fühle, kann ich mich diesen Teilen, die früh im Leben zugemacht wurden oder erstarrt sind, annähern und sie umwandeln. Wir finden klare Korrelationen zwischen unseren defizitären Zuständen und den Ereignissen in unserem frühen Leben, die diese geformt haben.

Bei der spirituellen Arbeit wird häufig davon gesprochen, *aufzuwachen* – durch unsere Abwehrmechanismen und Illusionen zu sehen und eine klarere Wahrnehmung der Realität zu erlangen. Dieses klare Sehen kann unsere Muster in der Unmittelbarkeit des Sehens lösen, aber die Muster werden im Moment *geklärt,* statt vollständig *aufgelöst* zu werden. Zu einem klareren Sehen aufzuwachen unterscheidet sich davon, die innere Arbeit zu tun, unsere psychischen Muster zu erkennen, sie zu erforschen und zu verarbeiten. Und beide sind notwendig, wenn wir klar sehen und frei handeln wollen.

Diese beiden Dimensionen der inneren Arbeit sind gleich wichtig. In den ersten Jahren meiner eigenen Praxis ging es nur darum aufzuwachen. Ich verbrachte viel Zeit in intensiven Meditationsretreats, und meine Praxis war klar und aufmerksam auf eine Vision der Befreiung jenseits des Bereichs von *ich, mir* und *mein* fokussiert. Statt meine inneren Geschichten und deren Wirkung auf mich zu erforschen, versuchte ich, hinter sie zu blicken, mich durch sie zu boxen und sie aus dem Weg zu bekommen. Ich versuchte, meine eigene Psyche zu vermeiden, indem ich versuchte, nicht in der chaotischen Welt des *Selbst* gefangen zu werden. Ich hatte schließlich die ersten Jahrzehnte meines Lebens damit verbracht, genau das zu tun, und der Buddhismus schien zu sagen: »Hey, das ganze ›Selbst‹ ist das Problem. Gib es auf, geh darüber hinaus und du wirst in ein offenes Feld des Freiseins heraustreten, heraus aus der kleinlichen Welt des *Ichs*.«

Das war so verführerisch, weil meine eigene Ich-Welt voll von Angst und Unsicherheit war. Ich machte mir Sorgen darüber, was ich wollte. Ich machte mir Sorgen darüber, was ich dachte. Ich machte mir Sorgen darüber, was andere über mich dachten, und darüber, was sie dachten, was ich denken würde. Die einzige innere Ressource, die ich hatte, waren meine Gedanken, und diese waren einfach Geistesspaghetti, verknäult in einem Labyrinth der Verwirrung.

Aus diesem Grund war ich, als ich die Meditation entdeckte, wirklich motiviert, »aus meinem Kopf herauszukommen«, meine Aufmerksamkeit von meinen Gedanken zu lösen und klar über meinen Geist hinauszublicken. Ich lernte, Ablenkungen zu erkennen und loszulassen. Ich lernte, als der wissende Geist präsent zu sein: bewusst, beständig, unerschütterlich. In dieser Klarheit schien das Licht des Gewahrseins meine gewohnheitsmäßigen Gedanken zu blenden. Sie verkümmerten im Glanz, und ich fand mich offen dafür wieder, ohne einen zentralen Bezugspunkt zu erfahren. Gedanken gaben den Weg frei für ein weit offenes Feld des Gewahrseins, leuchtend und alles einschließend. Ich saß in meiner Hütte und hörte den Krähenrufen draußen in den Zedern zu und kannte keine

Trennung von ihnen. Ich war der Vogel und sein Ruf und der Himmel, den er durchflog. Ich war der Baum, in dem er saß, der Wind, der durch seine Nadeln wehte, und das Wissen von all dem, gleichzeitig. Ich war frei von meiner Selbstgefangennahme in der ängstlichen, zweifelhaften, triebhaften Welt des *Ichs*.

Und dann erklang die Glocke. Ich legte meine schmerzenden Beine wieder nebeneinander und saß und trank Chai, während ich das Tal unter mir überblickte und dem Rauch vom Holzverbrennen zusah, der durch dieselben Zedern aufstieg. Und immer noch spürte ich eine bestimmte kontemplative Intimität mit allem. Als ich jedoch ohne die Förmlichkeit der Meditationspraxis dasaß und zusah und trank und zuhörte, begann der *gewöhnliche Geist* sich wieder bemerkbar zu machen. Und dieselben alten Geistesmuster waren zurück. Während der Meditation hatten sie sich *geklärt*, aber offensichtlich nicht *aufgelöst*, denn hier waren sie wieder.

Damals fürchtete ich mich ziemlich vor Menschen. Intensive Meditationserfahrungen hatten mich mit dem Gefühl zurückgelassen, weit offen zu sein. Das war tief befreiend, machte mich aber auch unfähig, normal zu funktionieren. Wenn ich Menschen traf, wusste ich nicht, was zu tun ist. Ich schien mein Gefühl für soziale Anhaltspunkte und Interaktionen verloren zu haben, und Angst kam über mich, häufig durchaus intensiv. Alle paar Tage machte ich mich zu Fuß auf den Weg in die nächste Stadt, die einige Kilometer entfernt war, um Gemüse zu kaufen. Ich hoffte anzukommen, meine Einkäufe zu erledigen und die Stadt wieder zu verlassen, ohne irgendjemand anderen zu sehen. Ich fühlte mich recht wohl mit den örtlichen Indern und Tibetern, jedoch extrem unwohl mit den Ausländern, die in den umgebenden Hügeln lebten. Viele von ihnen waren da, um dem Dalai Lama oder anderen tibetischen Klöstern und Meistern nahe zu sein.

Während ich auf den Waldpfaden zum Markt ging oder zurückkam, sah ich einen *videshi* (Ausländer) in der Ferne näher kommen, und mein Geist fing an zu rasen: *Was soll ich tun? Sollte ich hallo sagen? Lächeln?*

Meine Hände in einer lautlosen Begrüßung zusammenlegen? Oder meine Augen nach unten gerichtet lassen und still vorübergehen? Dieser qualvolle innere Dialog intensivierte sich, wenn die Person näher kam, und dann machte ich irgendetwas des eben Genannten, etwas unbeholfen, während sie vorbeiging. Dann setzte der Zweifel wieder ein: *Wieso habe ich X getan? Was haben sie gedacht? Wieso habe ich nicht stattdessen Y gemacht?* Dies setzte sich aus dem zusammen, was die buddhistische Tradition den »zweiten Pfeil« des Leidens nennt – die zusätzliche Schicht, die wir unserem anfänglichen Unwohlsein hinzufügen, in diesem Fall, den Zweifel zu bezweifeln und das Urteil zu beurteilen: *Was ist mit mir los? Wieso kann ich nicht einfach jemanden normal grüßen? Ich sollte mir darüber nicht so sehr den Kopf zerbrechen. Ich muss damit aufhören. Ich bin in der Gegenwart von Menschen so ungeschickt.* Und dann folgte als Zugabe noch ein dritter Pfeil: *Ich sollte mich in Achtsamkeit üben! Ich sollte meine Füße auf dem Boden spüren und mir keine Sorgen darüber machen, wie ich oder wie ich nicht andere Menschen begrüße. Ich bin so ein schlechter Praktizierender. Wie soll meine Praxis jemals voranschreiten?*

Und während all dem befand sich unter dem schmerzhaften inneren Zweifel und der Kritik ein junges, sich vor Abweisung ängstigendes Ich – ein Ich-Erleben, das klein, ängstlich und verwirrt ist. Auf diese Weise funktioniert eine defizitäre Altersdifferenz. In Momenten, wenn du dich unsicher, ängstlich, erstarrt oder überwältigt fühlst, wirst du gewöhnlich darunter das Gefühl, klein, hilflos und jung zu sein, finden. Und was diese psychische Struktur benötigt, – wovon sie damals nicht genug bekommen hat und worauf sie immer noch hofft – ist, gesehen, willkommen geheißen und geliebt zu werden. Es muss ihr zugehört und in sie hineingefühlt werden. Und man muss offen für sie bleiben. All die inneren Dialoge, selbstkritisch im Kreis sich drehen, können nichts machen, damit sie sich auflöst, weil dabei einfach Angst auf Angst trifft und Kritik auf Kritik. Und wie Einstein sagte: »Kein Problem kann auf derselben Stufe des Bewusstseins gelöst werden, das es erschuf.«

Hier geht es nicht nur darum, »bei der Erfahrung zu sein«, etwas, wozu die Meditationsliteratur endlos ermutigt. Es schließt eine grundlegende, achtsame Aufmerksamkeit ein oder *in* der gefühlten Erfahrung *präsent zu sein*. Dennoch hilft auch eine gewissen Offenheit für das Material im Hintergrund – welche Assoziationen, Bilder, Erinnerungen oder sekundären Gefühle auch immer aufsteigen mögen. Auf diese Weise unterscheiden wir zwischen den psychischen Prägungen vergangener Erfahrungen und der tatsächlichen Realität der gegenwärtigen Erfahrung: Wir adressieren die Prägungen der Vergangenheit, indem wir die emotionalen Rückstände fühlen und uns um sie kümmern. So wird die Vergangenheit schließlich verarbeitet und aufgelöst.

Nur langsam beschäftigte ich mich mit der vergangenen Prägung meiner Unsicherheit in der Gegenwart von Menschen. Und in vielerlei Hinsicht bedurfte es einer schicksalhaften Fügung oder einer göttlichen Intervention oder eines Glücksfalls oder der Gnade eines Lehrers (such dir etwas davon aus in Übereinstimmung mit deinem Glaubenssystem), damit dies geschah.

Vom Berg herabsteigen

Als ich auf meiner ersten Reise nach Indien und Thailand etwa 18 Monate dort verbracht hatte, ermutigte mich mein Lehrer, nach England zu gehen. Er wusste, dass sich meine Eltern Sorgen um mich machten. Das war 1991 – vor dem Internet. Ein Brief brauchte ein oder zwei Wochen und Telefonate waren unverlässlich und extrem teuer. Ich schrieb meinen Eltern regelmäßig, aber von nichts, was sie verstehen konnten oder hören wollten. Ich schrieb philosophische Betrachtungen über die Lehren des Buddha, die Natur des Geistes und den Zustand der Welt und viele Seiten darüber, was meiner Ansicht nach falsch lief in der »westlichen Gesellschaft«. Meine Eltern dachten, dass ich dabei war, meinen

Verstand zu verlieren (ähm, in gewisser Weise) und in die Fänge eines merkwürdigen, gefährlichen Kults geraten wäre – Schlussfolgerungen, die im Angesicht der Beweise vollkommen vertretbar waren. Denn irgendwann hatte ich beschlossen, ihnen ein Foto zu schicken, in der Hoffnung, dass es sie beruhigen würde, dass ich glücklich und gesund bin. Ich hatte nicht in Erwägung gezogen, dass mein Haar bis zu meiner Taille gewachsen war und ich 18 Kilogramm an Gewicht verloren hatte, seitdem sie mich das letzte Mal gesehen hatten, und sie nicht daran gewöhnt waren, mich in der vollen Lotushaltung sitzend zu sehen, einen lunghi aus Baumwolle tragend.

Also sagte mir Babaji, dass ich nach Hause gehen sollte. Geh und sieh deine Eltern. Versichere ihnen, dass es dir gut geht – und dann, wenn du willst, kannst du dir eine Arbeit suchen, ein bisschen Geld sparen und zurück nach Indien kommen. Angesichts meiner allgemeinen Paranoia, mit Menschen zu sprechen, war das ein unglaublich unangenehmes Szenario. Aber ich vertraute meinem Lehrer und wusste, dass er recht hatte. Und so kaufte ich ein Ticket nach London.

Ich verließ den Ashram am 15. Mai 1991, einen *lunghi* und einen orangen Turban auf meinem langen, matten Haar tragend. Mein Gepäck war ein zusammengeflickter Reissack, der einige *chimta*-Feuerzangen, einen eisernen *tawa*, um Chapatis herzustellen, und andere Gegenstände enthielt, die für das Leben in England vollkommen unbrauchbar waren. Im Nachtbus nach Delhi saß ich hinter zwei englischen Männern mit Londoner Akzent, die zusammen lachten und scherzten – und ich fragte mich, wie sie das taten.

Der Bus hielt zu Tagesanbruch, bevor wir auf den Verkehr von Delhi stießen, für Chai an. Babaji hatte mir *parathas* und *achaar* eingepackt, die ich aus meiner Reistasche nahm, wobei die Zangen und die Chapati-Pfanne ein rasselndes Geräusch von sich gaben. Die spaßigen Londoner, Frank und Brian, sahen mir mit Erstaunen zu, bis einer fragte: »Was hast du denn da drin?«

Ich begann (zögernd) zu sprechen und erklärte ihnen, wie Sadhus ihre Feuer pflegten und wie ich in den letzten Monaten in einer Art von »yogischer Abgeschiedenheit« gelebt hatte. Meine Unsicherheit sagte mir, dass sie etwas skeptisch zuhörten, aber als wir wieder in den Bus stiegen, gab mir Frank seine Karte und sagte: »Wenn du einen Job möchtest, ruf mich an, wenn du in London bist.« Sie betrieben auf den Londoner Märkten Stände, wo indische Kleidung und Schmuck verkauft wurde, und als ich erst einmal nach London zurückgekehrt war, fing ich an, für sie auf Märkten in Camden, Portobello Road und St Martin's Courtyard, hinter dem Trafalgar Square, zu arbeiten.

Es war genau das, was ich brauchte. Ich begann, neu zu lernen, von Menschen umgeben zu sein – wie man in der Erfahrung präsent bleibt und bei dem, was im Geist und Körper vor sich geht, während man gleichzeitig spricht, zuhört, antwortet. Es war ein ebenso wichtiger Aspekt meiner Meditationspraxis, wie es die Monate in den Bergen gewesen waren.

Und es gab mir die Gelegenheit, wirklich dem kleinen Jungen in mir zu begegnen. Während ich auf den Märkten ständig anderen Menschen ausgesetzt war, machte ich es mir zur Praxis, meine Unsicherheiten nachzuverfolgen: die Vorstellungen, dass andere Menschen mich vielleicht nicht mögen, die Sorge, wie ich wahrgenommen werde, der geheime, schamvolle, fast verzweifelte Hunger nach Bestätigung und Liebe, der hinter fast jeder Interaktion lauerte.

Auf diese Weise gab ich meinem inneren Kind die bedingungslose Fürsorge, Annahme und Aufmerksamkeit, nach denen ich mich die beiden letzten Jahrzehnte gesehnt hatte. Die Aufmerksamkeit anderer kann dies niemals ganz bewirken. Obwohl wir Momente großer Liebe und Sanftheit von anderen erfahren können, besteht der einzige Weg, wirklich unsere unsicheren Bedürfnisse zu stillen, darin, uns selbst Fürsorge und Aufmerksamkeit zuteilwerden zu lassen. Und uns mit den inneren Altersdifferenzen zu befassen, die wir finden – hineinzufühlen in die Empfindung, ungenügend zu sein, wie auch immer sie ist.

Durch das innere Selbstbild, das so gar nicht mit der Wirklichkeit im Einklang war, verlor ich weiterhin mein Erwachsensein und fühlte mich jedes Mal klein, wenn Unsicherheit aufstieg – aber genau dort erlangte ich es jedoch auch wieder. Weil es sich defizitär anfühlt, wollen wir uns hiervon abwenden. Es widerspricht der Intuition, sich dem Schmerz zuzuwenden, aber das zu tun, bildet den Kern einer wahren Transformation. Indem wir uns unserem Zweifel und der Angst *zuwenden*, kann die erwachsene Fähigkeit unser Gefühl, ungenügend zu sein, halten. Oder wir entdecken – bei tieferer Betrachtung –, dass Gewahrsein der wahre Elternteil aller Erfahrung sein kann.

Diese Elternschaft ist uns angeboren. Seiner Natur nach ist Gewahrsein rezeptiv, liebevoll und immer für das verfügbar, was aufsteigt. Gerade erscheint die Erfahrung, diese Worte zu lesen, in deinem Gewahrsein. Das Gewahrsein hält seine Aufmerksamkeit vor nichts zurück. Es empfängt mühelos, was erscheint, und schafft endlos Raum für alle Erfahrung. Wenn wir es auf diese Weise sehen, stellen wir fest, dass Gewahrsein bedingungslose Liebe *ist*. Akzeptierend. Einschließend. Und wenn wir das verstehen, entdecken wir, dass wir Raum für das schaffen können, *was immer* auch in unserem Bewusstsein erscheint – wir entdecken, dass uns alle Erfahrung willkommen ist. Wenn sie mit Gewahrsein empfangen wird, kann jede erdenkliche Erfahrung erscheinen, ihren Ausdruck haben und vergehen. Es gibt keine falsche Erfahrung, nichts, was der Sorge und Aufmerksamkeit nicht wert wäre, keinen Gedanken, der nicht da sein dürfte – welchen Inhalt er auch immer haben mag. Kein Gefühl, das nicht willkommen geheißen werden könnte, wie defizitär es sich auch anfühlen mag.

Gewahrsein ist die weit offene Umarmung, nach der sich alle Erfahrung sehnt, um darin gehalten und losgelassen zu werden.

Über das Selbstbild hinausgehen

Wir können erkennen, wie unsere Selbstbilder psychisch sind – dennoch werden sie körperlich als Anspannungsmuster und unbewusste Haltungen gehalten. Wir erforschen sie durch unsere Überzeugungen, unsere Geschichte und die damit verbundenen Bilder und Vorstellungen, die wir haben. Aber wir begegnen und arbeiten mit ihnen auf die Weise, wie sie körperlich in Erscheinung treten. Das körperliche Leben ist der Ort, wo unsere Muster gehalten und gefühlt werden, und dies ist auch, wo sie angetroffen und losgelassen werden können.

Ein defizitäres Ich-Erleben kann auf viele verschiedene Weisen aufsteigen, nicht nur in Beziehung zu der Altersdifferenz, die wir eben besprochen haben. Eine weitere defizitäre Wahrnehmung kann leicht in Hinsicht auf unser Gefühl des Fähigseins entstehen. Die Erfahrungen aus unserer persönlichen Biografie können jede auf ihre Art unserer Zuversicht, unserem grundlegenden Glauben an uns selbst eine Delle verpasst haben. Wenn wir dann mit etwas Herausforderndem konfrontiert werden, lautet die gewohnheitsmäßige Antwort: »Ich kann nicht«, »Ich könnte nicht« oder »Was, wenn ich es nicht schaffe?«. Versagensangst, eine fehlende Bereitschaft, etwas Neues auszuprobieren, und Widerstand, das Vertraute und Angenehme zu verlassen – diese Haltungen rühren alle von einem schmerzhaften Gefühl, nicht zu genügen. Unser grundlegender Glaube an Selbstbilder hält uns davon ab, unsere Fähigkeiten zu entwickeln.

Ich wollte Menschen eine Möglichkeit geben, damit auf dem Dharma Yatra zu arbeiten, einem Projekt, das wir im Jahr 2001 begannen. Auf dem *yatra* (das Sanskrit-Wort für »Pilgerreise«) gehen bis zu 200 Menschen gemeinsam durch Südfrankreich, in Stille, sechs bis acht Stunden täglich, kampierend und die Meditation und die Lehren des Dharma auf dem Weg erforschend. Wir hatten einen Bollerwagen für die Kinder und einen Unterstützungstruck, der das Gepäck und die Zelte mit sich führte und als mobile Küche fungierte. Jede Nacht bauten wir eine ganze Zeltstadt auf – und die Küche bereitete das Abendessen für 200 Personen zu. Es war ein Kunststück, es zu schaffen, dass 200 Menschen am Morgen aufwachten, meditierten, badeten, frühstückten, ihre Zelte einpackten, ihr Gepäck verstauten und um neun Uhr in einem Kreis standen, fertig aufzubrechen. Ich war mal mit drei anderen zelten, und uns fiel es schwer, das zu bewerkstelligen. Die ganze Sache basierte auf *dana*, freiwilligen Spenden – und da ich nicht wollte, dass die Arbeitsbürde auf einer Gruppe lastete, schuf ich ein rotierendes System für ein freiwilliges vierköpfiges Küchenteam. Am ersten Tag warst du »Kartoffelschäler« und lerntest die Spielregeln kennen. Am zweiten Tag warst du »Küchenassistent«. Am dritten der Sous-Chef. Am vierten Tag warst du der Küchenmeister, der dafür zuständig war, das Menü zu planen, die Zutaten zu kaufen, die drei anderen Mitglieder des Küchenteams anzuleiten und das Essen zu liefern. Am fünften Tag warst du zurück am Wandern.

Wenn es sich einschüchternd anhört, 200 Menschen aus dem hinteren Teil eines Lastwagens zu verpflegen, dann teilst du diese Empfindung mit so gut wie jedem, der sich auf dem Weg befand. Wir kämpften damit, Freiwillige für das Küchenteam zu finden, da es im Selbstbild der Menschen nicht enthalten war, aus einem Lastwagen heraus, eine große Menschenmenge zu verpflegen: »Ich kann das nicht. Ich habe noch nie für so viele Menschen gekocht. Das wäre zu viel für mich.« In den Lehrreden am Abend sprach ich über unser Ich-Erleben, das als defizitär wahrgenommen wird, die schwarzseherischen Geschichten, die wir uns darüber erzählen, wie wir sind, was wir tun können und was nicht, oder wie wir vielleicht versagen. Es ist verständlich, sogar weise, von etwas Neuem ein wenig eingeschüchtert zu sein – aber es gibt einen großen Unterschied zwischen weiser Vorsicht und schwarzseherischer Rhetorik. Als wir die Menschen ermutigten und unterstützten, dem Küchenteam beizutreten, war es schön zu sehen, was passierte. Die vier Tage wurden eine Art Initiation und eine Möglichkeit, das Selbstbild der Menschen zu enthüllen und explodieren zu lassen. Angst und Unglaube wichen Zuversicht und Kraft.

Insbesondere einer Person machte das Kochen Freude, sie war jedoch extrem nervös hinsichtlich des Ausmaßes der Operation. Alle möglichen Selbstbilder rangen nach Aufmerksamkeit, indem sie ihr die Idee einpflanzten, wieso sie dessen nicht fähig ist oder versagen könnte. Ich redete an ihrem vierten Tag mit ihr, als sie dastand und beaufsichtigte, wie Reis, Dal, die Currys und der Salat serviert wurden – ein Handtuch in ihre Chefschürze gesteckt und die Schöpfkelle in ihrer Hand. Sie strahlte, zweifelsohne teilweise aufgrund der Hitze auf der Ladefläche des Lastwagens, aber auch, weil sie von einer sie einschränkenden Sichtweise befreit war. Sie war ihrer Angst und ihrem Widerstand begegnet, war beharrlich im Angesicht ihres Gefühls der Unzulänglichkeit und Unsicherheit geblieben und hatte gesehen, dass sie jemand anders sein konnte, als sie von sich gedacht hatte.

Wie begegnest du einer neuen Herausforderung?

Erkennst du das Gefühl von Zweifel und Verlust, das dieses einschränkende Ich-Erleben anzeigt? Wie erscheint es in deinem Körper? Was würde geschehen, wenn du auf eine andere Art da stehen würdest? Wenn du deine Brust öffnen würdest? Wenn du nicht auf die alten Ideen hörtest, sondern auf die Energie in deinen Händen und Armen, auf die Standhaftigkeit deiner Füße auf dem Boden?

»Ich kann alles machen«: Das kontraphobische Selbst

Für andere wird das Selbstbild von einer kontraphobischen Reaktion verstärkt. Ich habe einen engen Freund, dessen Reaktion auf so ziemlich jede Herausforderung wie folgt lautet: »Ja! Gehen wir es an.« Es kann sich sehr energetisierend anfühlen, seinen Enthusiasmus und seine Positivität zu erleben. Aber sein Selbstbild auf diese Weise zu verstärken kann auch erschöpfend sein. Unter dem Enthusiasmus ist tatsächlich Verzweiflung. Unter dem Bravado – Unsicherheit. Die versteckte Hoffnung ist, dass man sich durch wiederholte Versuche irgendwie beweisen kann, dass man okay ist. Wenn ich meine Angst besiegen kann, wenn ich X, Y und Z bewerkstelligen kann, dann werde ich okay sein. Wenn ich allen beweisen kann, wie fähig ich bin, dann werde ich irgendwie an mich glauben. Wenn ich reich genug werden kann oder clever genug oder geschickt genug. Wenn ich ausreichend Erfahrung anhäufen kann oder mit genug Menschen schlafe oder genug Auszeichnungen sammle ... dann werde ich mich entspannen ... Dann werde ich friedvoll sein ... Dann werde ich okay sein.

Wenn du jemand bist, der versucht, auf diese Weise ein Selbstbild aufzubauen und aufrechtzuerhalten, kann es schockierend und schmerzhaft sein, wie viel Energie hierein investiert wird und die Leere oder Angst unter dem zuversichtlichen Äußeren zu fühlen.

Überprüfe einen Augenblick lang, ob das für dich selbst gilt. In welches Selbstbild investierst du? Ist deine grundlegende Ausrichtung eine von Selbstentwertung oder Selbstverherrlichung? Wenn du dich in einem Spiegel siehst, wie fühlst du dich?

Wenn du denkst, dass jemand über dich spricht, was nimmst du an, könnte die Person sagen?

Vor allem diese letzte Frage könnte dir nicht nur zeigen, welche Annahmen du gewohnheitsmäßig über dich hast, sondern auch, wie du erwartest, dass andere sie bestätigen, indem du deine Selbstbilder mit Projektionen dessen füllst, was andere denken. Wie viel freier und fließender könnte deine Erfahrung sein, wenn du nicht länger daran glauben würdest, wer du zu sein denkst?

Weder Rand noch Mitte

Die Einsichtsmeditation ist explizit konzipiert, unsere gewohnheitsmäßigen Selbstbilder zu enthüllen (und in die Luft zu jagen), sie direkt herauszufordern, erfahrungsorientiert und grundlegend, gerade bei der sehr elementaren Praxis, achtsame Aufmerksamkeit auf diesen atmenden Körper zu richten.

Zunächst haben wir den Eindruck, dass der Körper – diese drei Kubikmeter (wie der Songwriter Rufus Wainwright sagt) Knochen und Fleisch – ein Objekt ist, auf das wir unsere meditative Aufmerksamkeit richten. Dieser Körper hat eine Form, ein Geschlecht, ein Alter. Dies sind meine Hände, dies sind meine Füße – dies ist mein Atem. Aber wenn unsere Empfindlichkeit wächst, wird diese Wahrnehmung des Körpers weicher. Die harten Kanten des Körpers ragen weniger hervor. Wenn wir uns von Moment zu Moment direkt mit den Empfindungen des körperlichen Lebens befassen, finden wir weder Hände noch Füße oder selbst innen und außen. Wir können nicht wirklich finden, wo unsere verschränkten Beine enden und das Kissen – die Welt – beginnt. Die Idee unseres Selbstbilds wird es uns sagen, aber unsere direkte Erfahrung weiß es weder noch kümmert sie sich darum. Stattdessen lebt sie sich in eine Intimität mit einer Erfahrung ein, in der der Körper und die Welt aufeinandertreffen. Wo die Empfindung tanzt. Wo wir nicht länger festmachen, wo der Vogelgesang aufhört und das Hören anfängt. Der Körper fühlt sich fließend und lebendig an. Empfindsam. Mit aller Erfahrung vertraut. Wirklich empfindend.

Probiere die folgende Übung aus, ähnlich wie im vorangegangenen Kapitel: Jetzt, während du das liest, spann deine Arme, Beine und deinen Bauch an. Halte die Spannung einige Momente lang aufrecht und nimm die Dichte deiner Empfindungen wahr. Spüre, wie fest und wirklich die Grenzen zwischen innen und außen scheinen und wie stark deine Wahrnehmung ist, ein Selbst zu sein.

Und nun … entspann dich. Lass die Anspannung los – ermögliche deinen Muskeln, nachgiebig zu werden, atme ein und nimm wahr, wie die Wahrnehmung von Grenzen sich ebenso entspannt. Spüre, wie das Ich-Erleben diffuser wird, die Kanten weniger definiert.

Das ist nur die grobe Schicht der muskulären Entspannung. Die meisten Menschen tragen alle möglichen Arten anderer Spannungsmuster mit sich, derer sie sich nicht einmal bewusst sind, da sie so tief und habituell verwurzelt sind. Die Meditation lehrt uns, sich immer tiefer und tiefer in unsere direkte körperliche Erfahrung einzulassen, wo der Körper als Objekt einem sich ständig wandelenden Fluss der Empfindung und Schwingung weicht, einem konstanten Strom der gefühlten Erfahrung durch Gewahrsein. Präsent innerhalb dieses fließenden körperlichen Tanzes, nehmen wir subtilere Schichten der Anspannung, Taubheit und des Widerstands wahr und geben ihnen im Gegenzug die Möglichkeit, sich zu bewegen, zu öffnen und zu schmelzen. Dann finden wir, wie tief wir auch in eine bestimmte Empfindung hineingehen, kein Zentrum. Und wie viel wir äußerlich auch durch die Schichten der Empfindung spüren – wir finden keinen Rand.

Dies beeinflusst auf profunde Weise die Wahrnehmung dessen, was unser Körper ist und wie wir in ihm leben. Selbst wenn die Erfahrung nicht so greifbar ist, wie oben beschrieben, beginnen wir zu erkennen, dass der Körper weder einen Rand noch ein Zentrum besitzt – wir erkennen ihn als ein breites Schauspiel der Erfahrung, empfindsam und reagierend. Indem wir mit dieser Dimension vertraut werden, erkennen wir, wie unsere psychischen Muster unsere Spannungsmuster prägen, und auch diese beginnen sich aufzulösen. Wir entdecken eine natürliche Leichtigkeit, die unserer körperlichen Existenz zugrunde liegt, je weiter unsere körperlichen Abwehrmechanismen und imaginierten Mängel aufgelöst werden.

Während sich der Körper auf diese Weise öffnet, ist es normal, verschiedene Arten ungewöhnlicher körperlicher Wahrnehmungen zu haben, insbesondere während der Meditationspraxis. Diese können extrem hinsichtlich Temperatur, Dichte oder Größe erscheinen. Man kann sich fühlen, als ob der Körper sich enorm ausdehnen würde – als ob der Raum deine körperliche Gestalt nicht fassen könnte. Der Eindruck kann so stark sein, dass du versucht sein kannst, die Augen zu öffnen und es zu überprüfen! Es kann ebenso in die andere Richtung gehen und du fühlst, als ob der Körper schrumpfen … sogar verschwinden würde. Veränderungen in der Dichte der Empfindung können dich fühlen lassen, als ob der Körper extrem leicht würde. Wenn du deine Augen in diesem Moment öffnest, kannst du enttäuscht sein festzustellen, dass du in Wirklichkeit nicht am Levitieren bist, obwohl es sich ganz so anfühlen kann. Oder das Gegenteil kann geschehen: Der Körper fühlt sich unglaublich dicht an, und die Idee, auch nur einen Finger zu bewegen, erscheint, als würde es einer kolossalen Anstrengung bedürfen und Wellen durch das Universum schicken.

Es kann sich anfühlen, als ob sich dein Nervensystem selbst rekonfiguriert, und in vielerlei Hinsicht ist dies, was geschieht. Muster, die starr gehalten worden sind, vielleicht über Jahrzehnte, beginnen sich zu öffnen, und es ist dieses energetische Abspulen, das die ungewöhnlichen Wahrnehmungen erzeugt. Diese können auch ein Schwanken oder Schütteln oder manchmal plötzlich auftretende Bewegungsspasmen umfassen.

Diese Erfahrungen sind ein natürlicher Teil einer sich weiterentwickelnden Fähigkeit, in diesem Körper vollständiger und freier zu leben. Sie sind für sich genommen nicht sehr signifikant. Einige finden sie belebend und aufregend – andere ein wenig beängstigend und verwirrend. Wesentlich ist die Einsicht zu wissen, dass der Körper auf viele unterschiedliche Weisen erscheinen kann, sodass die übliche psychische Identifikation mit unseren unterschiedlichen Selbstbildern, der zu sein, *der ich bin,* mehr und mehr eingeschränkt erscheint, eng, falsch und unnötig.

Unsere Abhängigkeit von Selbstbildern nimmt zunehmend ab und kann ganz verschwinden. Bemerke, dass ich nicht gesagt habe, die Bilder an sich, sondern die *Abhängigkeit von ihnen.* Du wirst immer noch in der Welt erscheinen, als ob du dieser Körper wärst oder er deiner wäre, aber er ist nicht länger eine Quelle scheinbarer Wahrheit für die Wahrnehmung dessen, *wer ich bin.* Du kannst wegen Schmerzen in deinem Arm zum Arzt gehen, aber selbst während du sie erklärst und deinen Ärmel hockrempelst, damit der Arm untersucht werden kann, ist eine freiere Beziehung für dich offensichtlich. Es besteht eine enge, sich kümmernde Beziehung mit dieser Körperlichkeit, aber ohne Besitztum und Identifikation. Wir werden darauf in einem späteren Kapitel zurückkommen.

Letztlich sind alle unsere Selbstbilder allenfalls einseitig – Karikaturen dessen, wie wir uns selbst uns vorstellen und beschreiben, vom Spiegelkabinett des Selbst, das das Selbst dem Selbst beschreibt, verzerrt. Wir untersuchen diese Selbstbilder, um sie zu verstehen und sie zu durchschauen, damit das, womit du vertraut wirst, dich nicht länger zum Narren hält – damit das, was du durchschaust, transparent wird.

Selbst-Identität

Wir haben betrachtet, wie wir Ideen und Bilder davon erschaffen, wer wir sind, und finden uns dann in ihnen gefangen wieder. Ein anderer Aspekt, wie unser psychisches Selbst aufrechterhalten und ausagiert wird, ist durch Selbst-Verstärkung oder *Selbst-Identität.*

Viele unserer gewohnheitsmäßigen Gedanken kreisen endlos um denselben Bereich. Wir gehen wiederholt das durch, was zuvor geschehen ist, träge stellen wir uns vor, was als Nächstes passieren könnte, und erzählen uns vage selbst, was gerade geschieht. Deprimierend wenige Gedanken sind genuin original oder inspirierend, und all der gewohnheitsmäßige Gedankenlärm tönt in unserer Psyche wie eine örtliche Radiostation, die man im Hintergrund hat laufen lassen, häufig so beständig und monoton, dass wir ihn kaum wahrnehmen.

Aber wenn wir anfangen zu meditieren, beginnen wir wirklich wahrzunehmen – insbesondere wenn wir ein Meditationsretreat besuchen, was so ähnlich ist, wie die Lautstärke aufzudrehen und die Empfindlichkeit dafür zu erhöhen, wie viel von diesem Hintergrundlärm die meiste Zeit über zu hören ist. Anfangs erscheint dieses überladene Denken wie viel heiße Luft, ein endloses Blabla ohne Klarheit und Nutzen, vom Thema her auf langweilende Weise wiederholend und großteils unbemerkt, außer in ruhigen Momenten, wie dann, wenn du versuchst einzuschlafen und der DJ deiner inneren Radiostation einfach nicht still werden möchte.

Bezugspunkte für die Wirklichkeit

Tatsächlich bewirkt das habituelle niederschwellige innere Plappern viel mehr, als nur die Radiowellen deines Geistes zu verwirren. Es verstärkt beständig ein inneres Netzwerk von Bezugspunkten, die die Vermittler dessen werden, was wir für die Wirklichkeit halten:

Ich mag A.
Ich denke über B nach.
C ist so schnell geschehen.
Ich erinnere mich an D.
Ich würde wirklich gern zu E gehen.
Wird es für F zu spät sein?
Sollten die Dinge nicht mehr g sein?
H wäre lustig.
Ich kann nicht glauben, dass J dies tun würde.
K braucht lange.
L hat wirklich Spaß gemacht.
Wieso kann m nicht anders sein?
Was würde geschehen, wenn ich N wäre?
Das erinnert mich an O.
P finde ich wirklich unangenehm.
Q ist so interessant.
Ich verstehe R nicht.
Etc. etc.

So spielt sich das gewohnheitsmäßige Denken ab. Es schlendert in drei Zeitfeldern herum, wobei es wiederholt auf ein Gefühl der Vergangenheit, Gegenwart und Zukunft Bezug nimmt und dieses verstärkt (und dadurch die *Identifizierung* mit diesem). Es wandert hin und her, wobei es ein Netzwerk von Zeit und Raum, innen und außen, davor und danach, richtig und falsch etabliert.

Es ist uns so vertraut, dass wir es nicht wahrnehmen. Aber wenn wir uns wirklich damit befassen, nehmen wir die wesentlichen Knoten dieses ständig verstärkten Netzwerks wahr: *Raum – Zeit – Selbst – Welt.* Diese Bezugspunkte sind so vertraut, in allen Interaktionen so universell vereinbart und verstärkt, dass sie, nun ja, real erscheinen. Also was würde geschehen, wenn du für eine Weile einfach aufhören würdest, sie zu verstärken? Wenn wir dem Geist erlauben würden, sie aufzugeben, loszulassen und für eine Weile zu schweben, nicht gebunden an diese Bezugspunkte?

Ich weiß, das ist nicht so leicht. Das ist das Wesen von Gewohnheiten – wir machen damit weiter. Deshalb beginnen wir mit der Praxis, diese Gedanken absichtlich allein zu lassen. Wieder und wieder und wieder. Einfach sich davon loszulösen. Das Bewusstsein vom Anker des Denkens loszumachen. Diesen Gedanken loszulassen. Und diesen. Und diesen. Wieder und wieder und wieder. Mach das eine Weile lang aufrichtig und beständig – durch formale Meditationspraxis, aber auch in jedem Moment, in dem du dich im Laufe deines Tages daran erinnerst – und du beginnst die Lücken zwischen deinen Gedanken wahrzunehmen. Und in diesem Raum liegt Möglichkeit.

Um jeden Gedanken herum, vor ihm und nach ihm verbleibend, finden wir eine offene, weiträumige, *wissende Qualität*, die wir Gewahrsein nennen – der Raum, in dem die Gedanken aufsteigen.

Gewöhnlich identifizieren wir uns mit unserem Denken. Der Gedanke des *Ichs* steigt auf, und wir nehmen ihn als denjenigen an, der wir sind. Zum Beispiel: *Ich schreibe diese Worte.* Oder in deinem Fall: *Ich lese diese Worte.* Das klingt so normal, wie es offensichtlich erscheint, und meistens können wir nicht einmal eine andere Möglichkeit sehen, also wird es nicht infrage gestellt. Aber wenn du wirklich derjenige bist, der diesen Gedanken denkt, wie kommt es dann, dass du den Gedanken auch wahrnehmen kannst? Wenn du derjenige bist, der denkt, *wer ist derjenige, der wahrnimmt?*

Nun befinden wir uns wirklich im Bereich der Meditation, wo wir eine andere Art, eine nonkonzeptuelle Art brauchen, der Erfahrung zu begegnen, weil uns hier offensichtlich ein rationaler Geist nicht helfen kann. Es nützt dir nichts, einfach über das Denken nachzudenken! Währenddessen bist du vollständig mit deinem Denken identifiziert – das gewöhnliche Erleben der Realität wird ständig verstärkt. Jed*er Gedanke* bewirkt das. Versuche, einen Gedanken zu denken, der nicht Bezug nimmt auf das Selbst oder andere, Zeit und Raum! Die Meditation ist folglich der Prozess, durch den wir den Wandel vollziehen, uns nicht mehr mit unserem Denken zu identifizieren, sondern unser Denken wahrzunehmen. Sie lehrt dich, dass du nicht deine Gedanken bist.

Die Matrix

Wer oder was nimmt dann aber wahr? Wir kommen auf diese Frage in einem späteren Kapitel zurück.

Lass uns zunächst dieses Zurücktreten von der Identifikation mit den Gedanken erforschen wie auch die Wirkung, die diese Veränderung auf das hat, was wir unsere Zeit-Raum-Selbst-andere-Realität-Matrix nennen könnten (weil es cool klingt, aber tatsächlich auch eine treffende Beschreibung ist).

Indras Netz ist im Buddhismus ein Modell, welches das konstruierte Gefüge der Realität darstellt: eine bewusstseinsüberspannende, unendlich mit Juwelen besetzte Matrix, bei der jeder Knoten ein Juwel ist, das alle anderen Knoten reflektiert, miteinander verbunden wie Fäden in einem Netz. Und jeder Gedanke – jede Idee, jedes Bild und jeder Impuls – bewirkt die Verbindung, wobei unsere Aufmerksamkeit zwischen den Knoten hin und her springt und das Realitätsnetz konstruiert und verstärkt. Dieses Gedankennetz verleiht uns ein kohärentes Gefühl der Realität, in dem das *Selbst* erkennbar ist, *andere* vertraut sind, *Raum* bemessen ist und *Zeit* verrinnt.

Das *Selbst* ist selbstverständlich der Hauptbezugspunkt. Fast jeder Gedanke bezieht sich irgendwie auf einen selbst. *Andere* ist der Kontrapunkt, ein dichotomer Bezug, durch den ich mich erkenne und von anderen unterscheide. Ich bin hier, du bist da. Ich bin dies und du – oder sie – sind das.

Wenn das *Selbst* die Hauptrolle spielt und *andere* die Nebendarsteller sind, lerne bitte noch mehr der Besetzung kennen: *Erinnerung* (die Wahrnehmung der Vergangenheit) hält diese Knoten verfügbar, im Rückgriff auf alle vorangegangenen Wahrnehmungen, wobei es entweder das Kostüm der Nostalgie (angenehm) oder des Bedauerns (unangenehm) trägt. Die *Vorstellung* (die Wahrnehmung der Zukunft) erschafft Verbindungen wie eine Spinne, die zwischen Punkten ein Netz spinnt, wobei sie sich entweder in der positiv geladenen Kleidung der Hoffnung und Fantasie oder der negativ geladenen der Furcht und der Angstgefühle kostümiert. Schließlich gebührt der *Beschreibung und Analyse* (die Wahrnehmung der Gegenwart) das Verdienst für das Schreiben des Drehbuchs, wobei sie die Erfahrung, wie sie sich entfaltet, erzählen.

Zwischen Gedanken des Selbst und anderen/der Welt sowie Gedanken bezüglich Vergangenheit, Gegenwart und Zukunft ist das Netz vollständig. Und du bist darin gefangen. Du wirst übers Ohr gehauen im Netz der Zeit-Raum-Selbst-Welt-Realitätsmatrix.

Es ist folglich an der Zeit, die rote Pille zu schlucken. Indem wir durch die Matrix der Selbstverstärkung blicken, geben wir uns selbst die Möglichkeit und die Fertigkeit (*Praxis* genannt), uns selbst aus dem Netz zu befreien. Jenseits unserer Gedanken zu blicken. Wenn wir uns von unserem Denken desidentifizieren, selbst wenn es vorübergehend ist, dann öffnet sich dieser Raum. Er muss es. Unendliches bewusstes Wissen (Gewahrsein) ist der Raum, in dem die Matrix hängt – der endlos leere grenzenlose Himmel, an dem das juwelenbesetzte Netz der Indra aufgehängt ist.

Befreie dich von deinen gewohnheitsmäßigen Gedanken und du wirst in diesen Raum hineinfühlen. Auf diese Weise finden wir unseren Weg vom Denken zum Wahrnehmen – vom Gefangensein im Netz der Gedankeninhalte zum Erforschen des Raums des Gewahrseins der Gedanken. Auf einmal erzählst du dir nicht länger Geschichten über dich selbst und andere, Zeit und Raum. Das Netz löst sich auf und die Realität öffnet sich.

Diese Erfahrung kann dir auf unterschiedliche Weise vertraut sein – vielleicht von Momenten der Meditation oder durch Experimente mit Psychedelika oder wenn du von großer Schönheit getroffen wirst – wenn du in das juwelenbesetzte Netz einer Sternennacht oder in die Weite des Meeres blickst. In Situationen wie diesen gibt sich das Denken manchmal für Momente selbst auf – das Leben offenbart sich selbst als weit, mysteriös und nicht reduzierbar auf ein konzeptuelles Verständnis.

Es gibt auch jetzt, in diesem Augenblick, da wir hier sitzen, die Möglichkeit, dies auszuprobieren:

Das Universum am Ende des Atems

Stimme dich einen Moment lang auf die schlichte gefühlte Wahrnehmung ein, hier zu sitzen. Spür das Gewicht des sitzenden Körpers – den Kontakt mit dem Stuhl oder dem Boden.

Fühle die natürliche Unmittelbarkeit, hier zu sein. Der Körper ist lebendig. Der Geist ist wach. Das Leben geschieht. Die Erfahrung fließt durch das Gewahrsein.

Spüre in den Rhythmus und die Bewegung deiner Atmung. Fühle die natürliche Ausdehnung, die durch das Einatmen geschieht … die natürliche Entspannung, die sich durch das Ausatmen ausdrückt … den vorübergehenden Moment der Stille, der sich zwischen den Atemzügen befindet.

Lass deine Aufmerksamkeit in diese drei Qualitäten sinken: die natürliche Ausdehnung, die beim Einatmen auftritt – die natürliche Entspannung des Ausatmens – das natürliche Stillstehen und Anhalten zwischen den Atemzügen.

Achte besonders auf diese vorübergehende Stille nach dem Ausatmen, wie kurz sie auch sein mag, jedes Mal, wenn sie auftritt. Am Ende des

Ausatmens ist eine Art energetisches Anhalten. Fühle in es hinein, mit der Absicht, in diesem Moment des Pausierens alles zu einem Stillstand zu bringen. Alles … zu einem Stopp zu bringen.

Es kann eine Qualität der Leere oder Fülle, der Dunkelheit oder des Lichts geben. Nimm wahr, welche Textur präsent ist, und ermögliche das Gestopptsein. Stelle fest, ob dieser körperliche Stopp eine Wirkung auf das Denken hat. Lass deine Gedanken sich in die Entspannung des Ausatmens hinein auflösen, wobei sie vollständig im Moment der Stille verschwinden.

Bleib auf diese Art sitzen, ermögliche einen natürlichen Rhythmus der Atmung und lenke deine Aufmerksamkeit insbesondere in deinen Unterbauch –

Hinab in den leeren Raum zwischen den Atemzügen.
Hinab in das Versiegen der Gedanken.
Hinab in die Tiefen des Gewahrseins.
Hinab in den leeren Raum, der sowohl Empfindungen als auch Gedanken enthält, und doch von ihnen unberührt bleibt.
Hinab mit jedem Ausatmen.
Hinab jenseits des Atmens, in die Stille.
Hinab hierher.
Hinab in den Körper deiner Psyche.
Den Körper deiner Erfahrung.
Den Körper der Existenz.

Der Schmerz des Festhaltens

Loslassen ist eine Praxis. Die Meditation lehrt uns, unsere Gedanken geduldig und beständig, ausdauernd und wiederholt loszulassen. Und wir tun es, weil wir die Möglichkeiten dieses offenen Raums sehen – *die Freiheit vom Denken*, statt die gleichen alten Sichtweisen, Überzeugungen und Wünsche mit uns herumzuschleppen und uns von ihnen herunterziehen zu lassen.

Vielleicht kennst du die Geschichte von zwei Zen-Mönchen, die einen Fluss überqueren. Als sie beim Fluss ankommen, treffen sie auf eine Frau, die von der schnellen Strömung überfordert ist. Einer der Mönche hilft ihr, indem er sie über den Fluss trägt. Die zwei Mönche setzen ihre Reise fort, aber der zweite Mönch gibt die Art stiller Ausstrahlung von sich, die zustande kommt, wenn jemand voller Entrüstung und Empörung ist und dies zu verstecken sucht. Schließlich platzt es aus ihm heraus: »Was hast du vorhin gemacht? Wie konntest du diese Frau hochnehmen? Du weißt, dass es gegen die Ordensregeln verstößt, auch nur eine Frau zu berühren!« Der erste Mönch antwortet sanft: »Ja, aber ich habe sie danach wieder abgesetzt. Du hingegen trägst sie immer noch.«

Gewohnheitsmäßiges Denken muss folglich sanft abgesetzt werden. Wieder und wieder, *unzählige* Male und dann noch ein paar Mal mehr. Aber an unserer psychologischen Verstärkung ist mehr dran, als diese trüben alten Hintergrundgedanken. Es besteht auch die Verstärkung, die wirklich psychisch fest verdrahtet ist: die Kernüberzeugungen, die so lange bestehen und (mindestens) von der frühen Kindheit an verstärkt werden. Dieses frühe psychische Material ist viel schwerer zu erkennen als bloße Selbstverstärkung, da es sich wirklich überzeugend als das präsentiert, *was ich bin – was ich immer schon gewesen bin – was ich immer sein werde.*

»So bin ich eben« sagen wir mit einem Achselzucken, als ob es etwas wäre, was unveränderlich ist.

Aber das ist es nicht!

Wir können die Erfahrung unserer selbst und die Art, wie wir dem Leben begegnen, gänzlich und auf unvorstellbare Weise transformieren.

Klären und Auflösen

Meditationslehren können manchmal zu schnell über den psychologischen Bereich hinauszielen. Wenn wir nach dem jenseitigen, offenen Raum greifen, führt das dazu, dass wir im wörtlichen Sinne unsere psychischen Inhalte »übersehen«, ein Phänomen, das manchmal *spiritueller Bypass* genannt wird. Jemand kann gelernt haben, einen beharrlichen oder problematischen Gedanken zu klären und durch ihn hindurch zum offenen, jenseitigen Raum zu sehen, aber das Muster ist nicht beendet. Es wird nicht verstanden. Es wurde vorübergehend *geklärt*, aber nicht *aufgelöst*. Deshalb wird das intensivere Material – die ältesten und daher am stärksten eingegrabenen psychischen Muster – unvermeidlich wieder aufkommen, nicht beseitigt und dazu bestimmt, die Geschichte zu wiederholen, weil es immer noch auf Fürsorge und Aufmerksamkeit hofft. Tatsächlich haben sich diese Muster gewöhnlich gerade aufgrund einer Situation geformt, in der wir nicht ausreichend Fürsorge und Aufmerksamkeit erhalten haben. Wenn wir sie einfach loslassen oder sie *im Gewahrsein klären*, erhalten sie sie immer noch nicht. Während das generelle Blabla unseres Affengeists einfach allein gelassen werden kann und wir uns von ihm lösen können, benötigt das wirkungsmächtigere psychische Material also eine andere Herangehensweise. Es muss erforscht werden. Ihm muss zugehört werden. Wir müssen hineinfühlen, wie es sich körperlich und emotional auf uns auswirkt. Du kannst es nicht loslassen, aber wenn ihm einmal richtig begegnet wird und es aufgelöst wird, wird *es* dich schließlich loslassen.

Die Geschichte verarbeiten

Das ist es, was jedes schmerzhafte psychische Material ganz wesentlich will. Es möchte willkommen geheißen werden und dass ihm zugehört wird. Und das Schöne daran ist, dass es beginnt, nachgiebiger zu werden und sich zu öffnen, sobald es diese Fürsorge und Aufmerksamkeit bekommt. Das ist ein unwandelbares Gesetz der Erfahrung. Womit du dich auch immer wirklich befasst – es wird anfangen, sich zu verändern. Worum du dich kümmerst, wird sich transformieren. Garantiert. Und umgekehrt wird das, was du wegdrückst, weiter zurückkommen. Es ist, wie gegen eine Sprungfeder zu drücken: Je mehr du dagegen drückst, umso mehr drückt sie zurück. Aber die ganze Kraft, mit der sie drückt, ist nur jene, die du ihr durch dein eigenes Drücken gibst! Dein Drücken verstärkt ihre Kraft. In dem Augenblick, wo du aufhörst zu drücken, – BOING! – bewegt sie sich, setzt ihre Energie frei und hält still.

Wir sind tiefgehend konditioniert, gegen unsere unangenehme Erfahrung zu drücken. Wir versuchen, unseren Schmerz zu vergessen und »weiterzugehen«. Wir sagen uns gegenseitig »Die Zeit heilt alle Wunden«, aber wenn du schwierige Erfahrungen und Gefühle nicht auflöst, gehst du nicht wirklich weiter. Sie werden verkörpert und als unbewusste Spannungsmuster gespeichert, die bewirken, dass du dich sowohl besiegt als auch ängstlich fühlst. Das gilt gleichermaßen für sehr alte Konditionierungen und schwierige Ereignisse, die neu für uns sind.

Zen und die Kunst, einen Motorradunfall zu bauen

In meinen Mittzwanzigern hatte ich einen Motorradunfall auf einer unbefestigten Straße in Frankreich. Das Motorrad rutschte unter mir auf einigen nassen Blättern weg und traf seitlich auf einen Baum. Der Lenker grub sich in den Boden und fixierte meinen Unterschenkel unter sich, während der Rest von mir darüber flog. Dabei brach mein Schienbein, was meinem

Knie erlaubte, sich in einem derart unwahrscheinlichen Winkel zu verbiegen, dass ich mir tatsächlich selbst in das Gesicht trat, als ich darüber flog. Ich setzte mich auf und drückte das Motorrad von mir weg, um mein linkes Bein neben mir in einem unmöglichen Winkel angelegt zu sehen.

In den folgenden adrenalingetränkten Momenten setzte ich mich auf und brachte mein schlaffes Körperglied in Position, begleitet von merkwürdigen Knirschgeräuschen und schneidenden Schmerzen. Dann begann ich, nach Hilfe zu rufen. Ich wurde irgendwann später von Jägern aufgefunden und kam schließlich ins Krankenhaus, wo ich davon ausging, dass mein offensichtlich gebrochenes Bein eingegipst und ich nach Hause geschickt würde. Ich sollte vier Tage später für ein einmonatiges Retreat nach Indien fliegen, und als ich auf die Untersuchung wartete, stellte ich mir vor, welche Kombination aus Meditationskissen es mir ermöglichen würde, mit einem Gipsbein in der Meditation zu sitzen. Ich hoffte, dass ich mich nicht gegen eine Wand würde lehnen müssen (vor allem, weil ich recht urteilend war über andere, die dies taten).

Die Röntgenbilder zeigten, dass ich die zwei »Knöpfe«, wo das Schienbein auf das Kniegelenk trifft, umgeknickt und verschoben hatte. Ich brauchte Metallplatten und -schrauben, um alles zusammenzuhalten, 16 Tage im Krankenhaus und weitere zwei Monate Ruhe, im Anschluss Reha. Indien war offensichtlich vom Tisch.

Und der Sinn von der Geschichte? Während dieser Tage im Krankenhaus, während ich meine Operationsnarbe fühlen konnte und wie die Knochen aneinander rieben, konnte ich auch fühlen, wie der Schmerz meines Unfalls noch immer in meinem Nervensystem war. Er wurde von der Erinnerung als Spuren von Angst und Anspannung gehalten. Jedes Mal, wenn ich den Unfall in meinem Geist abspulte, zuckte ich zusammen und spannte mich körperlich an, während ich mich an den intensiven Schmerz und den daraus resultierenden Schock erinnerte. Also spielte ich ihn wieder und wieder als Visualisierung ab, wobei ich mich an jedes Detail erinnerte, sogar an das Geräusch des auf den Baum prallenden Motorrads und die Gerüche von feuchten Blättern und Benzin. Mit jeder Wiederholung spürte ich tief in meinen Körper und meinen Atem, wobei ich die aufkommenden Anspannungen wahrnahm und sie löste. Ich tat dies, bis ich mich an den ganzen Vorgang erinnern konnte, ohne zusammenzuzucken. Ich blieb während der ganzen Erinnerungssequenz entspannt in meinem Körper, ruhig in meinem Geist und gelassen. Und als ich das einmal getan hatte, wusste ich ganz klar, dass ich den Unfall wirklich aufgelöst hatte und es keine körperlichen oder emotionalen Rückstände gab.

Dieser Prozess kann sowohl bei kürzlich erfolgten als auch bei lange vergangenen emotionalen Schmerzrückständen hilfreich sein. Ich habe diese Übung oft anderen vermittelt. Bei einem Unfall wie diesem, bei dem viel schnell passiert und es Schmerz, Schock und Desorientierung gibt, ist es fast unmöglich, ihn in Echtzeit zu verarbeiten. Deswegen ist es unmöglich, einfach »weiterzugehen«. Stattdessen musst du »*hineingehen*«. Bewusst in die Geschichte hineingehen und in die Art, wie die Erinnerung körperlich gespeichert ist. Das ist ein gutes Beispiel dafür, wie wir psychosomatisch arbeiten – wie wir Zugang zu psychischem Material bekommen und es auflösen, indem wir ihm in körperlichen Erfahrungen begegnen und es hier behandeln.

Du hast vielleicht festgestellt, dass ich nicht das Wort *Trauma* in Bezug auf das oben Gesagte nutzte. Das rührt daher, dass ich es nicht herabsetzen möchte. Ich höre Menschen zunehmend leicht oder vorschnell von Trauma sprechen oder davon, »traumatisiert zu sein«. Das in meinen Laptop eingebaute Wörterbuch definiert es folgendermaßen:

NOMEN (Plural **Trau|men** oder **Trau|ma|ta** [ˈtʁau̯mata])

1. eine tiefgehend erschütternde oder verstörende Erfahrung: *ein persönliches Trauma wie der Tod eines Kindes* – emotionaler Schock infolge eines anstrengenden Ereignisses oder einer körperlichen Verletzung, die zu einer Langzeit-Neurose führen kann: *Das Ereignis wird mit all dem Begleittrauma erneut durchlebt.*

Trauma kann sehr unterschiedlich ausgeprägt sein, und du musst für dich selbst herausfinden, was deine Ressourcen sind, wenn du in der oben beschriebenen Weise übst. Wenn Erinnerungen äußerst schmerzhaft und schockierend sind – wahrhaft traumatisch –, kann es zu viel sein, um damit allein fertigzuwerden. Dann wäre es besser, sie durch einen begleiteten Prozess mit einer Therapeutin, Beraterin oder kontemplativen Lehrerin, die sinnbildlich deine Hand dabei halten kann, aufzulösen. Diese Begleitung ist von unschätzbarem Wert und manchmal eine absolut notwendige Unterstützung. Die am stärksten verdrahtete, schmerzhafteste Konditionierung bezieht sich gewöhnlich auf Beziehungen. Daher funktioniert ihre Auflösung am besten in einem Beziehungsprozess.

Der Weg der Auflösung

Das gewohnheitsmäßig verstärkte Material unseres Ich-Erlebens öffnet sich auf unterschiedliche Weise. Manche Verstärkungen lösen sich mit einem Knall. Einige schmerzhafte Muster werden so gut, so klar gesehen, dass die Auflösung einfach … erledigt ist.

Vielleicht hattest du schon so einen Moment, wo du einfach sagen kannst, dass etwas im Augenblick des Verstehens aufgelöst wurde, und du weißt dies dadurch, dass es von diesem Augenblick an abwesend ist. Wie ein Besucher, der Jahrzehnte damit zugebracht hat, an der Tür deines Gewahrseins zu klopfen, hast du schließlich reagiert, ihn eingelassen, ihm zugehört und von ihm gelernt – und nun ist er für immer gegangen.

Das erste Mal ist mir das passiert, als mir bewusst wurde, wie harsch ich mit mir selbst redete. Ich verspottete und verurteilte mich selbst, wann immer ich einen Fehler machte. Aber ich sah nicht, wie zerstörerisch, wie hasserfüllt das war. Ich fühlte, dass ich meine eigene Schande *verdiente.* Eines Tages sah ich es dann einfach klar. Es war in Indien in den frühen 90er-Jahren. Ich hatte den Tag meditierend in einem Wald verbracht und ging zurück zu der kleinen, an einem Hang gelegenen Hütte, die ich gemietet hatte. Ungeschickt mit dem Vorhängeschloss hantierend, ließ ich den Schlüssel fallen, und als ich mich bückte, um ihn aufzuheben, erkannte ich plötzlich die hasserfüllte Natur meines Geisteszustandes:

»Wieso bist du so ungeschickt? Wenn du wirklich achtsam wärest, wäre dir das nicht passiert. Welchen Sinn hat es, den ganzen Tag zu meditieren, wenn du nicht einmal richtig präsent sein kannst, um deine Tür aufzuschließen? Denkst du, dass der Buddha seine Schlüssel hätte fallen lassen?«

Es war sehr schockierend, dies in Aktion zu erleben: das Gift hiervon in meinem Nervensystem zu spüren und vor allem zu sehen, wie ich meinem inneren Tyrannen glaubte. Und nicht nur in diesem Moment – sondern ich erkannte unmittelbar, wie ich mein Leben lang auf diese Weise mit mir selbst gesprochen hatte. Und ich sah den Ursprung davon: wie ich es verinnerlicht hatte, da als Kind mit mir auf diese Weise gesprochen worden war.

Ich sackte in der Tür zusammen und weinte. Ich weinte wegen der Härte der Stimme und für denjenigen, mit dem auf diese Weise gesprochen worden war. Ich weinte für ein Leben, das unter diesem Bann gelebt worden war – und für die Tatsache, dass es plötzlich nicht mehr so sein musste. Ich kann ehrlich sagen, dass ich von diesem Moment an nie wieder streng oder unfreundlich mit mir selbst gesprochen habe. Es gab noch mehr Schichten, um tiefer zu verstehen, wie ich mit mir selbst redete (es ist nicht das letzte Mal, dass ich davon schreibe, warte einfach auf den nächsten Abschnitt, wo es um Selbstverurteilung geht). Aber von diesem Augenblick an war mein innerer Dialog freundlicher.

Dieses besondere höhnische Verdammen war gegangen.

Kulturell, familiär, persönlich: Schichten der Konditionierung

Andere Konditionierungsarten sind hartnäckiger, sodass man ihnen womöglich wiederholt begegnen muss, um sie aufzulösen. Sie öffnen sich in kleinen Schritten und wir kreisen wieder und wieder um dasselbe Material. Es gibt kulturelle, familiäre und persönliche Schichten in unseren psychischen Mustern, und wir werden sie der Reihe nach erforschen. Wir werden Sex als Beispiel nehmen, erstens weil wir es in diesem Kapitel, das sich mit den instinktiven Trieben beschäftigt, bereits ein wenig erkundet haben, und zweitens weil es in den meisten Meditationstraditionen so wenig Aufmerksamkeit bekommt.

Für jede Schicht – kulturell, familiär, persönlich – werde ich ein wenig Kontext zur Verfügung stellen und dir persönliche Journaling-Anregungen geben, um darüber zu reflektieren. Nutze sie als eine Betrachtung deiner Konditionierung – beschäftige dich mit den Fragen und schreib nieder, was immer dir in den Sinn kommt. Zensier dich nicht. Lass die Gedanken, Gefühle und Assoziationen fließen. Und während du schreibst, achte besonders auf die aufsteigenden Gefühle und wie sie im Körper erfahren werden, wie wir es schon das ganze Buch hindurch gemacht haben.

Die Tendenz, von den schwierigen Bereichen unserer Psyche wegsehen zu wollen, ist ein Grund, warum es wirklich hilfreich ist, in schriftlicher Form zu reflektieren. Das Schreiben hilft, dass du beim Thema bleibst, und sorgt dafür, dass du beim Material bleibst, selbst wenn deine Aufmerksamkeit abwandern möchte.

Nimm einfach wahr, welche Assoziationen du hast, wenn du das folgende Wort liest: *Sex*. Sag das Wort. *Sex*. Hör das Wort. *Fühl* das Wort. Was nimmst du wahr? Welche Bilder steigen auf? Welche Assoziationen enthüllen sich? Sind sie beispielsweise mit Lust und Intimität oder Angst und Scham verbunden?

Kommen wir zunächst zur kulturellen Schicht: Ich hatte eine interessante Gelegenheit zu sehen, wie Werte und Einstellungen in Bezug auf

Sex kulturell geformt werden, als ich einen Kurs leitete, der *Arbeit Sex Geld Dharma* hieß. Ich hielt ihn in verschiedenen Städten, einschließlich London, Paris, San Francisco, Kopenhagen und Jerusalem. Der Kurs gibt Menschen die Möglichkeit, ihre kontemplativen Praktiken genau in die Mitte der am stärksten aufgeladenen Bereiche ihres Alltagslebens zu bringen. Einstellungen hinsichtlich Sex variieren beträchtlich. Ich wuchs in England auf, wo die kulturelle Einstellung immer noch von der viktorianischen Prüderie, britischer Zurückhaltung und dem deprimierenden Theaterstück *Kein Sex bitte, wir sind britisch* beeinflusst wird. Im Gegensatz dazu habe ich 25 Jahre lang in Frankreich gelebt, wo es eine Art kulturellen Stolz in Hinsicht auf das Fehlen sexueller Komplexe gibt. Und in Kopenhagen entdeckte ich eine ziemlich direkte, lockere Beziehung zum Sex, in der die Menschen bereiter als anderswo waren, über ihr Sexualleben zu sprechen.

Religiöse Konditionierung ist auch ein Teil dieser kulturellen Schicht. Ob du direkt oder auch nur indirekt von Religion beeinflusst aufgewachsen bist, wie könnten religiöse Sichtweisen deine Gefühle und Überzeugungen bezüglich Sex geformt haben?

JOURNALING-REFLEXIONEN

Welche kulturelle/religiöse Konditionierung in Hinsicht auf Sexualität, sexuelle Orientierung und sexuelle Identität hast du geerbt und trägst du vielleicht immer noch mit dir?

Welche religiösen Werte könntest du internalisiert haben, entweder indem du dich an sie anpasst oder dich ihnen widersetzt?

Welche Reaktionen oder Assoziationen rufen die folgenden Wörter hervor: *Monogamie – Masturbation – queer – Promiskuität – Orgasmus – transsexuell?* Steigt irgendeine Angst, Scham, Verwirrung oder Beschämung auf? Falls ja, kannst du in die Stelle hineinfühlen, wo sie herrührt?

Wie die Familie uns konditioniert

Die nächste Schicht ist die familiäre Konditionierung. In meiner eigenen Familie war Sex als Thema äußerst tabuisiert – kaum erwähnt oder von extremem Unwohlsein begleitet. Ich erbte sehr konservative Ideen hinsichtlich Geschlechterrollen und sexueller Orientierung, und es brauchte sehr viel Reflexion und Selbsterforschung als Erwachsener, um zu erkennen, wie stark dieser Einfluss der Familie war. Im Gegensatz dazu war das familiäre Umfeld auch sehr liebevoll, stabil und vertrauensvoll, was auch ein Teil dieser Konditionierung war. Meine Eltern gaben mir ein wirklich gutes Modell[3] in Bezug auf Hingabe, Stabilität und Fürsorge in einer Langzeitbeziehung.

Die sexuelle Konditionierung zu erforschen kann sowohl kraftvoll als auch schmerzhaft sein. Sexuelle Gewalt und Missbrauch, ob in der Kindheit oder im Erwachsenenalter geschehen, betrifft tragischerweise sehr, sehr viele Menschen. Wir betrachteten weiter vorn die Notwendigkeit von Sensibilität beim Erforschen von Trauma, und mit dieser Vorsicht im Sinn biete ich die nächsten Reflexionen an. Du kannst diese Fragen als Kontemplation nutzen, als Material zum Journaling oder zum Erforschen von Bereichen, die einen größeren Grad an Unterstützung und Halt durch eine therapeutische Begleitung brauchen:

3 Hallo, Mama und Papa, ich bin sicher, dass ihr das irgendwann lesen werdet!

JOURNALING-REFLEXIONEN

Wie waren die Einstellungen zu Sex in deiner Familie? Förderten sie Ungezwungenheit oder Unbehagen? Welches gesunde oder ungesunde Muster gab es? Und wie könntest du es immer noch mit dir tragen?

Wenn du dir die sexuelle Konditionierung deines frühen Familienlebens ins Gedächtnis rufst, was nimmst du in deiner unmittelbaren Erfahrung wahr? Was geschieht in deinem Körper? Welche Assoziationen, Bilder und Erinnerungen stechen hervor? Wie könnten diese Assoziationen in der Gegenwart immer noch deine sexuellen Einstellungen und Beziehungen färben?

Wie wir unsere Konditionierung verstärken

Und was ist mit unserer persönlichen Konditionierung, die noch zum ganzen Rest dazukommt? Wie wir im vorangehenden Kapitel gesehen haben, erfolgt zuerst unsere biologisch-instinkthafte Konditionierung, die sich über Millionen von Jahren Evolution des *Homo sapiens* entwickelte. Dann wird unsere Psyche in Schichten formatiert – durch Kultur, Familienhintergrund und schließlich durch die persönlichen Überzeugungen und Aktivitäten, die wir ausdrücken, verstärken und die auch weiterhin unsere Konditionierung formen.

Also, wie wird deine sexuelle Konditionierung ausagiert? Verstärkt? Erforscht? Verarbeitet? Die Konditionierung der meisten Menschen spielt sich unbewusst ab, und sie können sich ihr ganzes Leben lang nicht bewusst sein, wie sie von ihren vergangenen Eindrücken geformt werden und so diese Muster selbst in der Gegenwart aufrechterhalten, wodurch sie ihre zukünftigen Muster gestalten. Jede wahrhaft transformative Praxis ist dagegen eine, in der wir uns aktiv mit unserer Konditionierung befassen – um sie erstens zu verstehen und uns bewusst zu machen und sie zweitens anschließend zu verarbeiten, damit sie nicht länger die treibende Kraft hinter unseren Überzeugungen und Handlungen ist.

Wenn du deine persönliche Konditionierung im Bereich von Sex sehen willst, dann betrachte deine Sexualleben! Was ist dein Stil als Liebhaber:in und Partner:in? Die meisten erkennen, wie unsere sexuellen Beziehungen bestimmten sich wiederholenden Mustern folgen. Wir benutzen Sex als Versuch, um alle möglichen emotionalen Bedürfnisse zu befriedigen. Wir kopieren auch leicht frühe Beziehungen durch die Wahl unserer sexuellen und romantischen Partner. Das alte Sprichwort, dass Jungen ihre Mutter heiraten und Mädchen ihre Väter, ist ein wenig holzschnittartig, aber in vielen Fällen ziemlich akkurat.

JOURNALING-REFLEXIONEN

Nach welcher Qualität suchst du am meisten bei Sex (zum Beispiel Intimität, Sicherheit, dominiert werden, Kontrolle ausüben, umsorgt werden, verschmelzen etc.)?

Welche Qualitäten erwartest du oder erhoffst du dir von einem romantischen Partner? In welchem Ausmaß machst du sie für dein emotionales Wohlbefinden verantwortlich?

Wie fühlst du dich von deiner Partner:in, falls du eine hast, missverstanden, abgewiesen oder ungeliebt? Welche Qualitäten deines Partners provozieren am stärksten deine Reaktivität, wenn du sie als abwesend wahrnimmst?

Schichten der Konditionierung

Du kannst jeden Bereich deiner psychischen Konditionierung anhand dieser verschiedenen Schichten erforschen, dein Gefühl für richtig und falsch, deinen Glauben, was nach dem Tod passiert – und insbesondere die stark aufgeladenen Themen, wie Sex und deine Beziehung zu Geld. Wenn du weißt, dass es etwas gibt, was dich stark strukturiert, einen Bereich, in dem du dich in Reaktivität verfängst, nimm dir ein wenig Zeit, um die Art und Weise herauszufinden, wie er verstärkt worden ist.

Spür als Erstes in die kulturellen Einstellungen, die das Thema umgeben. *Was hast du von deiner kulturellen Weltsicht geerbt?* Lass zu, dass du in deiner direkten körperlichen Erfahrung präsent bist, während du reflektierst. Nimm wahr, welche Assoziationen oder Erinnerungen womöglich aufsteigen. Sei besonders an allen emotionalen Nuancen interessiert – Frust, Ungeduld, Wut, Gerechtigkeit –, die provoziert werden können, wenn du dich erforschst.

Betrachte anschließend die familiäre Konditionierung. *Wie hielten es deine Eltern damit? Was scheint ihre Konditionierung in diesem Bereich zu sein? Was hast du von ihrem Einfluss internalisiert?* Geschwisterbeziehungen können hier ein wichtiger Faktor sein wie auch Großeltern oder andere einflussreiche Bezugspersonen, einschließlich Lehrer und Nachbarn.

Und schließlich: *Was hat sich als deine eigenen persönlichen Überzeugungen und Verhaltensweisen herauskristallisiert?* Spür in deine psychologische Geschichte und die Art, wie du das Thema nun hältst. Wie drückt sich dieser bestimmte Bereich deiner Psyche in unterschiedlichen Bereichen deines Lebens aus – wie etwa in deiner Familie oder bei der Arbeit? Und was spürst du, während du dich erforschst? Steigen irgendwelche unangenehmen Gefühle auf, wie Unruhe, Ungeduld, Härte oder Wut? Stellst du über dich fest, dass du das Thema vermeiden möchtest und deine Aufmerksamkeit auf etwas lenken möchtest, was angenehmer oder beruhigender ist?

Einfach so, wie ich bin

Diese unterschiedlichen Schichten der Konditionierung durchziehen unsere Psyche auf ihrer ganzen Länge und Tiefe. Sie bestimmen nicht nur unsere Ich-Wahrnehmung, sondern auch unseren Modus Operandi, die Art und Weise, wie wir denken, fühlen und auf unterschiedliche Situationen reagieren, von den kleinen alltäglichen bis hin zu den großen Themen und Beziehungen unseres Lebens. Mit einer derart mächtigen Auswirkung werden diese psychischen Muster gewöhnlich nicht in einem einzigen blitzartigen Moment der Erkenntnis (wie wir vielleicht möchten!) aufgelöst, sondern durch wiederholtes Erforschen. Das benötigt eine Bereitschaft, weiter in die seelischen Anspannungsmuster hineinzufühlen, die wir nicht nur als Ideen und Überzeugungen von uns selbst und anderen erfahren, sondern die wir auch körperlich fühlen können. Wir »halten« ganz buchstäblich unsere Überzeugungen, und wir können dieses Halten spüren, wenn wir wieder und wieder in unsere gefühlte Wahrnehmung, in unsere körperliche Beziehung zu unserer Psyche hineingehen.

Manchmal gibt es einen bestimmten Widerwillen, »schon wieder« einen Teil deines inneren Geländes zu betreten, insbesondere wenn es alter, gut ausgetretener Grund ist, den wir viele Male beschritten haben.

Ich führte kürzlich eine Schülerin in ihrer Praxis an, als klar wurde, dass ein unaufgelöster Groll auf ihren Vater eine bestimmte Selbstsicht verstärkte. Als ich fragte, ob die Situation sie an ihre Beziehung zu ihrem Vater erinnerte, wurde sie frustriert: »Ich möchte nicht in diese Geschichte zurückgehen. Ich habe das Gefühl, dass ich sie schon so oft erzählt habe.« Und es ist natürlich wahr, dass wir alle unsere Geschichten erzählt haben – uns selbst und anderen –, bis wir ihrer überdrüssig sind.

Wir bekommen dann Angst, dass, wenn wir anerkennen, dass immer noch etwas Unaufgelöstes da ist, dies auf irgendeine Art all die Arbeit ungültig machen wird, die wir bereits gemacht haben – aber in Wirklichkeit ist das Gegenteil wahr. Der Umstand, dass du schon bestimmtes Material erforscht hast, ist die Weise, wie du mit ihm vertraut wirst. Das befähigt dich, dich mit klarerem Blick und einem offeneren Herzen wieder damit auseinanderzusetzen. Weil es immer noch mehr zu verstehen gibt, wenn du in Hinsicht auf etwas Bestimmtes immer noch reaktiv bist. Wenn du dich immer noch über deine Eltern aufregst, ist mehr Arbeit zu verrichten an der Beziehung zu ihnen. In diesem Fall braucht sie ein wenig mehr Erforschung. Ein wenig mehr Sanftmut. Wieder einmal geht es vor allem um Fürsorge und Aufmerksamkeit.

Wenn manches verstärkte Material in einem Moment der Einsicht verschwinden kann und anderes Material langsam über die Zeit verkleinert und aufgelöst wird, gibt es irgendeine Konditionierung, die einfach anhält? Gibt es etwas, was nicht auflösbar ist?

Vielleicht. Unsere Grundpersönlichkeit ist ein so wesentliches Muster, dass ihre fundamentale Form oder Struktur uns grundsätzlich unser Leben lang begleitet. Letztes Jahr verbrachte ich ein sehr heiteres Wochenende in Paris mit einer Gruppe von Freunden, mit denen ich in der Schule sehr eng befreundet war. Wir hatten in unserer Jugend unsere Verwirrung und Lust, den Rausch und die Sinnsuche geteilt und trafen uns nun 30 Jahre später wieder. Wir verbrachten wundervolle Tage, erinnerten uns an früher, lachten und liefen über den Friedhof Père Lachaise, während wir über unsere Sterblichkeit nachdachten. Einen Freund hatte ich nicht gesehen, seit ich 18 Jahre alt war und dabei war, nach Indien zu gehen. Ihn amüsierte die Geschichte, wie ich – in seinen Worten – »mit Meditation begonnen habe und eine Art Guru geworden bin«. Über die Lücke von 30 Jahren in unserer Beziehung reflektierend wie auch über die Jahrzehnte der Meditation und anderer transformativer Praktiken, legte er mir seinen Arm um die Schulter und sagte: »Weißt du, du hast dich kein bisschen geändert!«

Und das ist irgendwie richtig. Dieses 18 Jahre alte Ich-Erleben ist nun eine weit entfernte, distanzierte Erinnerung. Und obwohl ich ein hohes Maß an Zuneigung für mein 18-jähriges Ich verspüre, bin ich auch sehr dankbar dafür, weit über diesen ängstlichen, verwirrten und impulsiven Burschen hinausgewachsen zu sein. Meine grundlegenden Persönlichkeitsmuster haben sich jedoch nicht wirklich transformiert. Es trifft eher zu, dass sie sich befreit haben. Es ist mehr Raum um sie und grundsätzlich um das Ich-Erleben herum. Folglich bin ich nicht mehr so angespannt und nehme ich mich nicht mehr so ernst, und deswegen ist das Menschsein nicht mehr so schwierig.

Extravertiert oder introvertiert, vorsichtig oder eigenwillig, starrköpfig oder leicht zu beeinflussen – du kannst dich wahrscheinlich auch über die Jahrzehnte erkennen, selbst wenn du viel wichtige und transformative innere Arbeit gemacht hast. Das enthüllt einen wichtigen Aspekt der Transformation: Es gibt nichts, was loszuwerden ist, nichts, was zu erreichen ist, nichts, dem zu widerstehen ist. Wir sind eingeladen, unserem Material zu begegnen, es willkommen zu heißen und uns mit ihm zu befassen. Wenn wir das mit wirklicher Präsenz und Interesse machen können, wird die Transformation von allein geschehen. Du kannst emsig versuchen »loszulassen«, was immer du nicht an dir magst, aber diese Dinge werden dich nicht loslassen. Aber bleib dran, bleib neugierig und wenn du deine Psyche besser verstehst, werden sich diese Muster öffnen und ihre Macht über dich verlieren. Sie fallen von dir ab, bis sie Erinnerungen sind, bloße Geister der Person, die du glaubtest zu sein.

Ein Satz, der häufig vage (aber möglicherweise zu Unrecht) dem Buddha zugeschrieben wird, lautet: »Durch vollständiges und unübertroffenes Erwachen gewann ich absolut nichts. Aber lasst euch sagen, was ich verloren habe: Wut, Sorge, Unsicherheit und Angst.« Das deutet auf eine wichtige Unterscheidung hin in der Weise, wie wir uns unserem inneren Material annähern. Indem unsere gewohnheitsmäßigen Dramen, Abwehrhaltungen und Mängel wegfallen, begegnen wir uns freier. Statt von unseren Selbstansichten und unserer gewohnheitsmäßigen Selbst-Verstärkung eingeschränkt zu werden, entdecken wir unsere Menschlichkeit neu in jedem Moment und jeder Interaktion. Statt einen Glauben an mich als »Martin« aufrechtzuerhalten und ständig zu versuchen, diese Selbstsicht zu verstärken, bezieht sich mein Ich-Erleben mehr auf diesen Ort, wo Gewahrsein und Erfahrung sich andauernd begegnen, umarmen und auflösen. Statt zu versuchen, meine Persönlichkeit zu einer idealisierten Form von mir zu formen, erlaube ich mir, in jedem Moment vom Leben geformt zu werden. Und es stellt sich heraus, dass diese Form endlos formbar ist. Sie ist vom Gewahrsein gestaltet, das sowohl voll als auch formlos ist.

Unsichtbar und doch genau hier.

Leer und doch alles enthaltend, was erscheint und verschwindet.

Älter werden, weiser werden?

Wenn sie nicht überprüft wird, verstärkt sich unsere Konditionierung immer weiter.

Und je mehr Jahre vergehen, umso stärker wird die Verstärkung, weil alles, was du nährst, das ist, was wächst. Wenn du nicht anfängst, diese habituellen Verstärkungen zu erforschen und aufzulösen, halten sie dich immer fester im Griff. Sieh dir ältere Menschen an, die keinen befreienden Praktiken nachgegangen sind. Körperliche Anspannungen, Ansichten und Überzeugungen – alles wird verstärkt, immer starrer. Also machen wir das unser ganzes Leben lang oder werden uns des Umstands bewusst, dass wir Gefangene unserer eigenen Psyche sind, und machen etwas dagegen. Die Gewohnheit führt dazu, dass vertraute Ansichten von einem selbst und der Welt sich noch weiter verstärken. Eine authentische Gewahrseinspraxis führt dich genau in die entgegengesetzte Richtung.

Für die meisten Menschen wird die Welt mit zunehmendem Alter kleiner und enger, ihre Ansichten werden eingeschränkter, ihre Existenz beschränkter. Aber das Gegenteil ist möglich. Wir können uns öffnen, wenn wir älter werden, und genuin weise werden, wenn wir eine Beziehung zum Leben entdecken, die natürlich und nicht verstärkt ist, in jedem Augenblick offen und lebendig. Das ist der Unterschied zwischen bewusstem und unbewusstem Altern.

Dein Geld und dein Leben

Unsere Beziehung zur Welt der Dinge ist noch ein weiterer sich selbst verstärkender Mechanismus. Wir könnten es »habsüchtige Identifikation« nennen: der Versuch, unsere Selbstidentität verstärken zu wollen, indem wir etwas bekommen, haben, erreichen oder werden möchten. Die Überzeugung, dass ich etwas bin, weil ich diese oder jene Sache oder Rolle oder Fähigkeit habe. Mein Haus, mein Besitz, mein Reichtum oder

Status beweisen es auf irgendeine Weise und geben mir ein Gefühl der Wichtigkeit, wenn auch dürftig. Und ich möchte, dass du es bitte auch glaubst und mir zurückspiegelst, wie beeindruckt du bist: »Weißt du, wer ich zu sein glaube?«

Die gegenwärtige Kultur ist so konsumorientiert, dass es schwer ist, die anderen Wegweiser um uns herum zu sehen, die auf eine tiefere Art, dem Leben zu begegnen, deuten. Das war für mich als Teenager sehr verwirrend. Ich blätterte hoffnungslos durch eine glänzende Universitätsbroschüre nach der anderen, unfähig, irgendeinen Hinweis auf die großen, mysteriösen Tiefen des Menschseins zu finden. Die Jugend ist für viele eine Zeit der tiefen existenziellen Fragen. Auf unangenehme Weise zwischen den zwei Welten der Kindheit und des Erwachsenseins hängend, werden Jugendliche in ihre Volljährigkeit gestoßen, ohne zu wissen, wer sie sind – nur wissend, dass es anscheinend jemand gibt, der sie sein sollten. Das kann sowohl beglückend als auch unangenehm sein. Es kann auf machtvolle Art und Weise gechannelt werden, aber die Verwirrung und Desorientierung führen leicht zu Formen des klassischen Teenager-Experimentieren, die eher selbstzerstörerisch sind als selbsterforschend.

Glücklicherweise gibt es viel mehr Wegweiser für die gegenwärtige Generation. Nichts ist weiter als eine Internetsuche entfernt. Wenn du von Angstgefühlen geplagt aufgewachsen bist oder deine sexuelle Identität oder Orientierung infrage stellst oder von existenziellem Zweifel ergriffen bist (wie ich es war), kannst du auf wunderbar einfache Weise herausfinden, dass du nicht allein bist und andere deine Fragen und Bedenken teilen. Dass die Achtsamkeit im Mainstream angekommen ist, öffnete Millionen von Menschen die Türe zu kontemplativen Praktiken, denen sie andernfalls niemals begegnet wären. Meditationskurse werden zunehmend in Schulen und Universitäten angeboten, und es gibt verschiedene Weisheitsbücher, die sich speziell an Jugendliche richten.

Unsere kulturellen Wegweiser (Bildung, Werbung, Politik, Wirtschaft) weisen mehrheitlich den Materialismus sowohl als das primäre Mittel aus, um ein »erfolgreiches Leben« zu führen, als auch als wesentlichen Maßstab. Du brauchst nur durch diese schrecklichen Promimagazine blättern, die voll von Träumen, Scheidungen und Drogensüchten all derer sind, die mein Lehrer »die Reichen und Schamlosen« nannte, um zu sehen, dass Reichtum und Status keine wirkliche Verbindung zu innerer Ruhe, Frieden und Wohlbefinden haben. Es ist schmerzvoll, so angestrengt zu versuchen, deine Psyche zu unterstützen, in dem du viel Zeug ansammelst. Während wir atemberaubende Stufen materieller Entwicklung erreicht haben, hat die Kommerzialisierung von Glück zu einem epidemischen Ausmaß an Adipositas, Depression, Angstgefühlen und Sucht geführt – und schließlich zu einer ökologischen Krise, die äußerst dringlich ist und doch zum großen Teil absichtlich ignoriert wird. Wir sind so beschäftigt damit, Befriedigung zu konsumieren, uns selbst zu versichern, dass wir okay sind, und uns selbst zu beweisen, dass wir existieren, dass wir kollektiv die Existenz des Lebens auf der Erde gefährden.

REFLEXION

Was ist deine eigene Verbindung zwischen deinem Ich-Erleben und materiellem Reichtum?

Welche Beziehung besteht zwischen dem, der ich bin, und dem, was ich habe?

Verkörperte Psyche

Wir haben unzählige Arten gesehen, wie unser Ich-Erleben verstärkt wird. Obwohl wir durch unsere Geschichte geprägt werden, finden die Faktoren, die dein Leben beeinflussen, genau jetzt statt. Manche Menschen sprechen distanziert von der Vergangenheit. »Das liegt nun alles hinter mir«, sagen sie vielleicht. Nur, das ist nicht so. Deine psychische Vergangenheit liegt nicht wirklich hinter dir. Sie ist in dir, sie dirigiert deine Gedanken und Gefühle, sie drückt sich in Abwehrhaltungen und Wünschen und Ablenkungen aus, die deine gewohnheitsmäßigen Reaktionen bilden. Sie ist in deinen körperlichen Erfahrungen gespeichert.

Und das ist der Ort, wo wir ihr begegnen: in der Unmittelbarkeit direkter Erfahrung. Die Details der Vergangenheit sind tatsächlich schon lange gegangen, und noch so viel mentales Wiederholen und Ausmalen von »Wenn nur«-Szenarien kann nicht ändern, was dir widerfuhr. Die emotionalen Rückstände bleiben jedoch in uns lebendig, ignoriert und doch nach unserer Aufmerksamkeit heischend, bis sie schließlich willkommen geheißen, erforscht und aufgelöst werden.

Wir reden von unserer Psyche, als ob sie etwas Mentales wäre, etwas, was sich auf einer mysteriösen Ebene abspielt, klar getrennt vom körperlichen Leben. Die cartesianische Spaltung beschreibt einen Körper und einen Geist – und legt so eine Trennung nahe, die grundlegend unwahr ist: Zeig mir einen Körper, der vom Geist getrennt ist, und ich werde dich darauf hinweisen, dass es sich um eine Leiche handelt. Wenn du lebendig bist, sind Körper und Geist nicht trennbar, und die direkteste und kraftvollste psychische Arbeit, die du verrichten kannst, ist das, was sich im verkörperten Gewahrsein abspielt, wo sich dein Körper und Geist zu einem alles einschließenden, vereinigenden Gewahrsein fügen.

Selbst-Verurteilung

Die folgende Geschichte habe ich bereits in Kurzform erzählt, hier nun die ausführlichere Version:

Dharamsala, Indien, 1990: Ich beendete gerade einen zehntägigen Einführungskurs in die buddhistische Meditation. Er hat mich umgehauen. Mein Ziel, meine Richtung und meine Werte veränderten sich vollständig, und der Kompass meines Herzens weist nun in eine ganz andere Richtung: zum wahren Norden des Erwachens. Ich bin unglaublich inspiriert vom Wissen, dass ich das Bewusstsein erforschen, Gewahrsein in meine Gewohnheiten und Überzeugungen bringen, die Arbeit des psychologischen Heranwachsens machen und spirituell aufwachen kann.

Voll von Ideen über die Natur des Selbst, der Realität und des Erwachens gehe ich vom Kloster durch den duftenden, sonnendurchfluteten Zedernwald zu der kleinen Hütte, die ich miete. Die Tür ist aus flachgedrückten Öldosen gefertigt, die auf einen Holzrahmen genagelt und mit einer Kette und einem Vorhängeschloss verriegelt sind.

Ich fühle nach dem Schlüssel in meiner Tasche. Ich denke über die Meditation nach und wie lange es brauchen könnte, bis ich erleuchtet bin. Ich nehme den Schlüssel heraus und fühle seine Glattheit, Kühle und sein Gewicht in meiner Hand. Ich gratuliere mir selbst, so präsent für das Gefühl des Schlüssels zu sein, während ich ihn in das Schloss stecke. Im Halbdunkel taste ich herum, wobei ich das Schlüsselloch verfehle und den Schlüssel fallen lasse. Und das war der Zeitpunkt, als es losging:

»Du bist so ungeschickt. Du kannst nicht mal die Tür aufschließen. Du kannst keinen Schlüssel in ein Schloss stecken, ohne ihn fallen zu lassen. Und du nennst dich achtsam? Denkst du, dass Buddha den Schlüssel hätte fallen lassen? Was ist mit dir los?«

In diesen Worten steckt eine Tonne an Ekel, Hohn und Verachtung. Diese innere Stimme ist mir unglaublich vertraut, so sehr, dass ich normalerweise niemals ihre Autorität anzweifle. Und doch höre ich heute diese Stimme auf eine ganz neue Weise. In einem Moment der Klarheit erkenne ich, dass dies nicht »die Wahrheit« über mich – die Art, wie ich bin – ist. Es ist nur eine Stimme. Eine Geschichte. Eine Gewohnheit. Eine innere Struktur. Eine konditionierte Reaktion. Mein ganzes Leben lang habe ich dieser Stimme eine unbestrittene Autorität über mich gegeben. Kein Wunder, dass es mir miserabel ging – ich wurde von einem von mir selbst gemachten Tyrannen kleingemacht, verspottet, verurteilt und verdammt.

Ich stehe vor der Tür, erstarrt von dieser plötzlichen Einsicht. Auf einmal sieht dieser innere Richter schwach, klein und ein wenig pathetisch aus. Ich habe die merkwürdige Erfahrung, wie ein Teil meines Geists (Gewahrsein) klar einen anderen Teil (den inneren Kritiker) erkennt. Dies verlagert die innere Autorität über meine Erfahrung. Weisheit hat nun die Oberhand. Ich blicke auf den neurotischen Teil von mir, der sich ständig sorgt, zweifelt und kritisiert und indem ich das tue, weiß ich irgendwie, dass er nie wieder die Oberhand besitzen wird.

Ich fühle mich tiefgehend erleichtert. Befreit. Beschwingt. Ich hebe den Schlüssel auf und öffne die Tür. Ich sinke auf meiner Schlafmatte nieder und weine viele Minuten lang – teilweise Tränen der Freude über die Leichtigkeit und die innere Freundlichkeit, die ich plötzlich entdeckt habe, teilweise Tränen der Traurigkeit über die innere Tyrannei, die so lange über mich geherrscht hatte. Da ist Erleichterung und Freude und Verzeihung und Traurigkeit. Das Herz singt sein Lied der Freiheit.

Kein »du solltest«

So viele Menschen sind auf unglaubliche, nicht hilfreiche und unnötige Weise hart zu sich selbst. Wir vergleichen uns mit einer idealisierten Version dessen, wie wir unserer Meinung nach sein sollten, und beschweren, kritisieren und geißeln uns dann dafür, dass wir es nicht sind. In der obigen Geschichte nutzte ich den Buddha als das innere Ideal: Denkst du, dass Buddha den Schlüssel hätte fallen lassen? Siehst du, wie wenig hilfreich das ist? Und wie ungerecht?

Lass uns die psychischen Strukturen der Selbstverurteilung näher betrachten – was sie ist und wie sie funktioniert, wie sie geformt wird und wie wir unter ihr hervorkommen können.

Selbstverurteilung hat viele Namen: Buddha nannte sie *Mara* (wörtlich »der Killer«), und in der Hymne »Der Gott des Tanzes« sagt uns Jesus: »Es ist schwer, mit dem Teufel auf deinem Rücken zu tanzen.« Er verweist damit auf dieselbe Struktur. In der Sprache der Psychologie wird sie oft der innere Kritiker genannt oder das Über-Ich, wie Freud sie bezeichnete.

Ganz am Anfang dieses Kapitels erforschten wir, wie die Ideen, Bilder und Muster unserer Psyche geformt werden durch das *Selbstbild*. Anschließend betrachteten wir, wie wir dieses durch verschiedene Schichten der Konditionierung oder *Selbstidentität* verstärken. *Selbstverurteilung* geht weit über die ersten beiden psychischen Mechanismen, die wir uns angesehen haben, hinaus. Das Selbstbild beschäftigt sich damit, wie ich mich selbst sehe, beschreibe und von mir denke. Die Selbstidentität beschäftigt sich damit, wie diese Vorstellungen und Bilder verstärkt und ausagiert werden. Die Selbstverurteilung sieht hinter das Gefühl dessen, wer ich bin und wie ich bin, und lehnt sich hinein in den qualvollen Bereich, wer und wie ich *sein sollte*. Das innere Schlachtfeld des *du solltest* zu betreten, führt uns – wie wir sehen werden – in einen Kampf, den wir nicht gewinnen können. Selbstverurteilung ist der Ort, wo wir uns in Selbstzweifeln verknoten, wo das Selbst sich nicht nur sich selbst beschreibt, sondern sich auch bewertet, misst und kritisiert, so zu sein, wie es ist.

Aua.

Das Selbst spricht zum Selbst über das Selbst

Auf Meditationsretreats lade ich oftmals die Menschen ein, jene um sie herum zu betrachten, mit denen sie für die Woche des Retreats gemeinsam saßen. Während dieser Tage bauen Menschen ein tiefes Gefühl der

Empathie, Gemeinschaft, Solidarität und Unterstützung auf, indem sie nebeneinandersitzen und schmerzende Knie und wandernde Geisteszustände teilen wie auch Momente tiefen Friedens oder tiefer Offenbarung. Ich bitte sie wahrzunehmen, wie sie während der Tage des Retreats mit sich selbst sprechen, sich selbst ermutigen oder kritisieren, sich selbst beurteilen oder beschämen. Ich fordere sie auf, sich dem Sitznachbar in der Meditationshalle zuzuwenden und ihn in ähnlicher Weise zu adressieren:

»Du siehst nicht sehr achtsam aus.«

»Im Meditieren bist du hoffnungslos.«

»Was ist los mit dir? Du bist so faul/aufgeregt/dumm. Du wirst niemals fähig sein, das zu tun.«

»Dass du meditierst, ist Zeitverschwendung. Wieso bist du überhaupt hierhergekommen?«

Natürlich würden sie *niemals* so mit ihren Nachbarn sprechen. Es ist schmerzhaft auch nur zu erwägen, so streng, aggressiv, herablassend mit jemand zu sprechen. Und doch ist es genau die Art und Weise, wie sie mit sich selbst sprechen – dieselbe vorwurfsvolle Haltung, derselbe strenge Ton, derselbe intolerante Druck und dieselbe intolerante Einstellung.

Kommt dir das vertraut vor? Es gibt endlos viele individuelle Variationen, aber sie alle gehen auf dieselbe Sache zurück: Wir behandeln uns selbst schlecht. Jeder von uns ist, ganz buchstäblich, sein eigener schlimmster Feind.

Doch es muss nicht so sein. Wahres psychisches Reifen geschieht, wenn wir über unseren inneren Kritiker hinauswachsen. Ich habe daran jahrzehntelang mit Hunderten von Schüler:innen gearbeitet: zu erforschen, wie es möglich ist, mit einer Grundlage von tiefem Vertrauen und Zuversicht in sich selbst zu leben – sich auf die direkte Erfahrung zu verlassen, statt auf innere Kritik. In dem geerdet zu sein, was *ist*, statt in Vorstellungen dessen, was sein könnte oder sollte. Wir können frei von unserem inneren Kritiker sein, aber als Erstes müssen wir verstehen, wer er ist und wieso wir ihm so viel Autorität geben.

Den Kritiker kennenlernen

Als Kind warst du sehr beeindruckbar.

Du hast Verhaltensweisen und Gefühle von deinen Eltern, Geschwistern und Bezugspersonen absorbiert. Wie sie mit dir umgingen, lehrte dich, wie du mit dir selbst umgehst – und wie du als Erwachsener mit dir selbst umgehst, ist eine direkte Folge hiervon. Deine Erinnerungen von frühen Autoritätspersonen sind der Schlüssel, um deine psychische Beziehung zum Verurteilen zu entpacken. Wenn du über die folgenden Fragen nachdenkst, achte darauf, dich nicht nur an die Geschichte dessen zu erinnern, was passiert ist, sondern auch anzuerkennen, *wie du dich gefühlt hast*, insbesondere wenn du das Gefühl von Kleinheit, Verwirrung, Mangel an Selbstbewusstsein etc. hast, das typischerweise jene Stellen charakterisiert, wo externe Situationen internalisiert wurden.

- Wie bezogen sich die frühen Autoritätsfiguren in deinem Leben auf dich?
- War ein Elternteil (oder beide) besonders streng oder fordernd? Kritisch? Ungeduldig? Ablehnend? Zu beschäftigt, um dir zuzuhören?
- Gab es einen dominanten, älteren Geschwisterteil, der bewirkte, dass du dich viel kleiner und minder als er fühltest? War ein früher Lehrer übermäßig streng, kritisch oder übte er viel Druck aus?
- Wurdest du für deine Erscheinung, dein Gedächtnis oder deine Schulleistung kritisiert?
- Wurde dir das Gefühl gegeben, falsch, schlecht oder dumm zu sein, entweder indem dies unterstellt wurde oder dich jemand so bezeichnete, vielleicht sogar öfters?

Umgekehrt kannst du auch vielmehr ermutigt und gedrängt worden sein: »Mach weiter, das ist leicht für dich. Du kannst das.« Das klingt viel besser, aber Ermutigung kann auch innerlich als Druck gefühlt und als Unzulänglichkeit interpretiert werden. Wenn einem Kind erzählt wird, dass etwas leicht ist und es fähig sein sollte, es zu tun, sich die Aufgabe aber nicht leicht für es *anfühlt*, dann wird es dazu tendieren, die Schuld zu internalisieren – *die Eltern sagen, es ist leicht, also sollte es das sein. Ich fühle nicht, dass es leicht ist, also muss ich falsch sein. Ich bin nicht gut genug.*

Manchmal ist Erziehung grausam, nachlässig oder gehässig – Eltern lassen ihren unaufgelösten Schmerz an ihren Kindern aus. Sie ist wohlgemeint, aber unvermeidlich unvollkommen, wie bei der Ermutigung, die tatsächlich Druck ausübt. Das kann man beispielsweise beobachten, wenn ein Kind sich selbst verletzt und die Eltern, sowohl den Schmerz des Kindes (als auch unbewusst ihre eigenen Angstgefühle oder ihren Kummer) lindern wollend, die Erfahrung des Kindes verkleinern: »Weine nicht. Das ist gar nichts. Du bist jetzt ein großes Mädchen/Junge, du solltest deswegen nicht weinen. Sei tapfer.«

Kinder lernen sowohl, dass ihr Schmerz oder Kummer nicht akzeptabel ist, als auch, dass sie ihn verdrängen und sich von ihm abkoppeln sollten: »Hier ist eine Süßigkeit. Schau, was Mami macht (lass mich dich ablenken).«

Wie gut oder schlecht die Erziehung, die du erhieltest, auch abgestimmt sein mochte, es gab Zeiten, wo du (wie jedes Kind, das jemals gelebt hat) dich missverstanden, ausgeschlossen, ignoriert, verletzt, verwirrt, ungeliebt gefühlt hast. Einer meiner Lehrer sprach von dieser absoluten Unvermeidbarkeit und fügte hinzu: »… es sei denn, du wurdest von vollkommen erwachten Wesen erzogen«. Ehrlicherweise würde ich allerdings sagen, dass es wahr ist, *selbst wenn* du diese hypothetischen Buddha-Eltern hattest. Es ist einfach ein Teil davon, eine erwachsene Persönlichkeit zu entwickeln. Wir lernen anhand dessen, wie wir gemessen werden, uns selbst zu messen – uns selbst in einer Weise zu bewerten, die beschränkend, aber vollkommen normal ist. Freud nannte dies das Über-Ich, da es die organisierende Struktur wird, wie wir uns selbst erfahren und beschreiben.

Eine kurze Geschichte von allem ... über dich

So viel zu den allgemeingültigen Regeln – aber was ist mit den besonderen? Deinen *besonderen?*

Du erkennst den Einfluss der Selbstverurteilung und befreist dich von ihrer Tyrannei, indem du deine Geschichte erforschst. Ich möchte, dass du deine Geschichte reflektierst, damit du entdeckst, wie du beschuldigt, beschämt, ermutigt oder kleingemacht wurdest. Du hast wahrscheinlich bestimmte Kindheitserinnerungen schmerzhafter Momente, in denen du dich falsch behandelt oder bestraft fühltest. Wenn schmerzhafte Erinnerungen bei uns bleiben, rührt dies daher, dass der emotionale Rückstand noch aufgelöst werden muss, wie wir bereits gesehen haben. Und diese Erinnerungen sind ein hilfreicher Ort, um von hier aus zu beginnen, deine Selbstverurteilungsgeschichte aufzulösen.

REFLEXION

Welche Erinnerungen stechen aus der Kindheit hervor? Wie fühltest du dich in diesen Momenten? Wenn du sie dir ins Gedächtnis rufst, nimm wahr, was körperlich geschieht. Spürst du irgendwo Hitze oder Kontraktion? Wie beeinflusst dich das jetzt?

Wir werden diese Nachforschung vertiefen, indem wir die ganze Struktur des inneren Kritikers aus verschiedenen Blickwinkeln betrachten, wobei wir mit der besonderen Weise vertraut werden, wie du dich in Selbstverurteilung verfängst.

Wer, wie, wo, wann?

Wer?

Bei manchen ist der innere Kritiker ein internalisierter Elternteil – als ob deine Mama oder dein Papa dich innerlich begleiten und dich auf die Weise bewerten und kommentieren würden, wie du es als Kind erfuhrst. Für andere ist der innere Kritiker eine zusammengesetzte Figur, die sich aus verschiedenen Autoritätsfiguren in unserem Leben formt. Er kann auch eine nicht menschliche Figur sein, eine Art Dämon oder Monster. Bei anderen scheint es die eigene Person zu sein, die sich schlicht als Wahrheit darüber präsentiert, wer und wie du bist. Und es ist unvermeidlich, dass es eine harte Wahrheit ist – eine Beschreibung von dir, die deine Fehler und Unvollkommenheiten hervorhebt.

REFLEXION

Wessen Kritik formte deine Selbstverurteilung? Wer ist es, der als Stimme der Bewertung erscheint und dir erzählt, auf welche Weise du anders oder besser sein solltest, und dir die Schuld dafür gibt oder dich dafür beschämt, dass du das nicht bist? Was für ein Geschlecht hat die Stimme? Ist sie als er oder sie erkennbar oder als ein nicht menschliches »es«?

Wie?

Selbstverurteilung nimmt bei verschiedenen Menschen unterschiedlich Gestalt an. Gewöhnlich handelt es sich um eine innere Stimme, die vermutlich einen Ton hat, den du aus der Kindheit kennst. Es kann ein verärgertes Schreien, ein weinerliches Nörgeln oder ein schwächendes Herabsetzen sein. Für manche Menschen ist es eher eine innere Atmosphäre statt eine Stimme. Es besteht einfach ein Gefühl der Falschheit oder Scham oder Angst oder Bedrohung. Das kann besonders für jene der

Fall sein, die als Kind in einem häuslichen Umfeld aufgewachsen sind, wo Verurteilung eher impliziert wurde, statt ausgesprochen zu werden.

Es gibt typische psychische Reaktionen, wenn man vom inneren Kritiker angegriffen wird – Gewohnheiten aus der Kindheitserfahrung. Spüre in dich hinein: Du kannst dich klein oder hilflos, angstvoll oder verletzlich, defensiv oder trotzig, aufgebracht oder machtlos fühlen. Je besser du feststellen kannst, wie dein Verurteilen sich auf dich auswirkt, umso leichter kannst du erkennen, wenn es geschieht.

REFLEXION

In welcher Form zeigt sich Selbstverurteilung für dich? Handelt es sich dabei eher um eine Stimme oder eine Atmosphäre? Wenn es Ersteres ist: Welchen Klang hat die Stimme und wie wirkt sie sich auf dich aus? Wenn es sich um eine Atmosphäre handelt: Wie fühlt sie sich an und wie wirkt sie sich auf dich aus? Ob es das eine oder das andere ist: Was geschieht, wenn die Selbstverurteilung aktiviert ist? Wie siehst du dich selbst?

Wo?

Der Dämon der Selbstverurteilung hat einen Ort in deiner Erfahrung. Du kannst selbst feststellen, wo deine Erfahrung präsent ist. Hier sind einige klassische Orte, wo sich der innere Kritiker zeigt:

In deinem Kopf. Wenn sie sich auf die verurteilenden Gedanken einstimmen, erfahren viele Menschen diese als in ihrem Kopf stattfindend, neben all ihren anderen Gedanken. Obwohl es eine Beziehung zwischen den elektrischen Impulsen der Gehirnaktivität und der Produktion verschiedener Gedankenarten gibt, wäre es zu weit gegriffen zu sagen, dass Gedanken im Kopf »stattfinden«. Gedanken sind geheimnisvoll, und nach 30 Jahren der Beschäftigung mit meinem eigenen Denken, kann ich kategorisch feststellen, dass ich absolut keine Ahnung habe, wo Gedanken stattfinden, außer »hier«. Wenn die Verurteilung sich anfühlt, als ob sie in deinem Kopf geschähe, nimm wahr, welche Arten der Anspannung auftreten, sowohl dort als auch anderswo in deinem Körper.

In deiner Schulter. Wie in Cartoons erfahren viele Menschen die Stimme der Bewertung als ein Flüstern in ihrem Ohr, ein heimtückischs Drängen, anders zu sein, bestimmte Dinge zu tun, sich bestimmten Idealen zu unterwerfen. Von deinem »Schulter-Engel/Teufel« schikaniert, kannst du unglücklich werden, indem du versuchst, seine endlosen Forderungen zu erfüllen. Selbstverurteilung wird so insbesondere in ihrer weinerlichen Form erfahren – als eine fast kontinuierliche Litanei von *könnte-sollte-müsste.*

Über dir stehend. Als ich begann, diese Form zu erforschen, erkannte ich, dass ich meine innere Bewertung hörte, als ob eine große Autorität über mir türmte, wie Gerald Scarfes Schulmeister in Pink Floyds *The Wall.* Es war eine Stimme, die mich anschrie und ihren Rohrstock schwang, Schmerz und Bestrafung androhend, Verachtung zeigend für meine wahrgenommenen Mängel. Es war sehr schockierend und traurig zu sehen, wie grausam und sadistisch der Schulmeister sein konnte, und zu erkennen, wie lange und angstvoll ich unter seinem Einfluss gelebt hatte.

REFLEXION

Wo lebt dein innerer Kritiker? Erscheint er/sie/es innen oder außen? Wie groß ist er im Vergleich zu dir? Je mehr Autorität wir dem Kritiker zumessen, desto größer erscheint er im Vergleich zu uns. Wenn wir unser inneres Vertrauen wieder geltend machen, ändern sich die Proportionen, bis der Kritiker kleiner oder weniger mächtig erscheint als unser Ich-Erleben. Dann verliert er wirklich seine Kraft über dich.

Wann?

Der innere Kritiker kann sich für manche wie eine fast ständig anwesende Präsenz anfühlen. Wenn du sorgfältig hinsiehst, wirst du jedoch feststellen, wie er kommt und geht und wie er getriggert wird. Und du wirst – ganz entscheidend – die Momente kennenlernen, in denen er tatsächlich abwesend ist, obwohl du das Gefühl hast, dass er ständig anwesend ist. Jeder hat Momente der inneren Ruhe und grundlegenden Zuversicht, und diese Momente bewusst kennenzulernen ist extrem hilfreich. So haben wir eine Referenz zu wissen, wie es ist, frei von Zweifeln zu sein. Du lernst deine Selbstverurteilung kennen, *indem du ihre Abwesenheit kennenlernst.* Das ist eine verkörperte Praxis. Du lässt dich selbst die innere Ruhe und Fluidität in deinem Körper spüren, wenn du nicht am Urteilen über dich bist. Diejenigen Aktivitäten, die diese innere Ruhe hervorrufen, können auch eine gute Möglichkeit werden, dich selbst neu zu orientieren, wenn du mit dem inneren Kritiker im Clinch liegst.

Ich habe einen Freund, der schmerzhaft nervös ist und sich in sozialen Situationen unbehaglich fühlt. Er ist auch ein erfahrener Musiker, und wenn er spielt, kannst du spüren, wie all sein Zweifel und sein Unwohlsein verschwinden. Er vertraut seinen Fingern, seinem Ohr und der Inspiration des Augenblicks. Musik ist die Sphäre, wo er die Leichtigkeit und das Selbstbewusstsein findet, die ihm anderenorts häufig fehlen, und ich habe ihn ermutigt, dieses Gefühl bewusst als Ressource zu nutzen.

Mir gab Schwimmen dieses Gefühl, als ich jung war. Ich fühlte mich im Wasser auf eine Weise frei, wie ich mich sonst niemals auf der Erde gefühlt habe. Ich war ein dickliches, asthmatisches Kind und fühlte mich unwohl in meiner Haut. Aber zu schwimmen ermöglichte mir, mich anmutig, kraftvoll und fähig zu fühlen. Finde etwas, was dir diese Art, dich frei zu fühlen, gibt und nutze es als Ressource.

Ebenso wichtig ist es zu wissen, wann Bewertung präsent ist. Es können bestimmte Beziehungstypen sein, die sie hervorbringen, beispielsweise wenn du in der Gesellschaft von jemand bist, von dem du dich eingeschüchtert fühlst. Sie kann auftreten, wenn du dich bloßgestellt und verletzlich fühlst, oder sie kann öfter vorkommen, wenn du allein bist. Sie kann stärker erscheinen, wenn du in der Gegenwart von jemand bist, den du beeindrucken willst etc. Herauszufinden, wann du am anfälligsten für einen »Superego«-Angriff bist, hilft erstens zu lernen, dies bloß als Zweifel und nicht als Wahrheit zu erkennen, und zweitens fähig zu sein, eine hilfreiche Strategie anzuwenden. Wir werden im Folgenden verschiedene gemeinsam erforschen.

Hast du ein Gefühl für deine eigenen Verurteilungsmuster bekommen? Nachdem wir deine Geschichte ein wenig erforscht haben, möchte ich nun einen Blick darauf werfen, wie du deine eigenen bewertenden Gewohnheiten aufrechterhältst und wie du sie ablegen kannst.

REFLEXION

Wo hast du einen Hauch von dieser Freiheit in deinem eigenen Leben? Welche Situation, Beziehung, Rolle oder Aktivität ermöglicht dir, komplett unbelastet von Selbstverurteilung zu sein? Es kann sein, wenn du allein in der Natur bist, es könnte eine Beziehung mit einem sehr engen Freund sein oder ein Aspekt deiner Arbeit, deines Hobbys oder einer Sportart, der du nachgehst.

Welche Situationen provozieren dein Gefühl des Zweifels und der Unzulänglichkeit? Welche Beziehungen führen dazu, dass du dich kleiner fühlst? Und wie bewertest du dich im Vergleich zu der anderen Person? Wann übst du Druck auf dich auf, anders oder »besser« zu sein? Und wann fühlst du dich irgendwie ungenügend, falsch, unwillkommen oder nicht liebenswert?

Der Verurteilungsvortex

Selbstverurteilung operiert in drei voneinander getrennten Schleifen: von selbst zu selbst, von selbst zu anderen und von anderen zu einem selbst.

Wir haben uns bisher auf die erste konzentriert, bei der du dir Geschichten darüber erzählst, wie du bist und sein solltest oder nicht sein solltest. Im Gegensatz hierzu verläuft die Verurteilung von einem selbst zu anderen nach außen, da andere bewertet werden. Manche Menschen fühlen, dass sie über andere härter urteilen als über sich selbst. Aber wenn du genau hinsiehst, dann erkennst du, dass es im Grunde derselbe Prozess ist. Wie auch immer wir sie oder ihn oder auch eine Gruppe von Menschen beurteilen, stets ist es im Vergleich zu uns selbst.

Vor Kurzem erforschte ich das mit einer Schülerin, die mir sagte, sie beurteile sich nicht wirklich selbst, könne aber in Hinsicht auf andere sehr kritisch sein. Ich bat sie wahrzunehmen, wie sich ihr eigenes Ich-Erleben in dem Moment anfühlt, wenn sie über andere urteilt. In unserem nächsten Treffen erinnerte sie sich daran, wie sie spürte, dass sie sich verhärtete, und sich zugleich sowohl überlegen als auch defensiv fühlte. Diese Qualitäten können subtil sein, aber wenn du wirklich wahrzunehmen beginnst, ist es das, was jedes Mal geschieht, wenn du innerlich jemand anderen verurteilst oder ablehnst.

Manchmal kannst du dich weiser, geistreicher und allgemein besser fühlen als andere.

Das ist unangenehmer anzuerkennen. Es ist leichter, sich einzugestehen, dass man sich selbst als ungenügend verurteilt statt als arrogant und aufgeblasen. »Ich fühle mich klein oder unfähig oder nicht liebenswert« ist viel einfacher zu sagen und zu hören als »Ich fühle mich privilegiert, ich fühle mich größer und besser und klüger als alle anderen«.

Die Tyrannei des Vergleichs: Aufblähung und Verringerung

Grandiosität ist verführerischer als Selbstgeißelung, aber es ist immer noch eine beschränkte, auf vertraute Wese schmerzhafte Sicht auf sich selbst.

Wenn du dir selbst erzählst, dass du größer oder besser als andere bist, *nimm wahr, wie es sich anfühlt.* Es fühlt sich im wörtlichen Sinne aufgeblasen, aufgedunsen an. Es benötigt viel Energie, um aufrechterhalten zu werden, und es fühlt sich inhärent unsicher an – weil es in Wirklichkeit nicht wahr ist. Ob du dich selbst als besser, schlechter oder dem anderen gleichend ansiehst, ob du dich selbst größer oder kleiner machst – immer noch machst du aus dir selbst ein Objekt, das endlos und gewöhnlich brutal beurteilt wird. Entscheide dich dafür, dass du besser bist als andere, und du lebst mit einem unangenehmen Gefühl der Aufblähung und Arroganz. Beurteile dich als schlechter, und du fühlst dich ungenügend und wertlos. Mach dich zu »wie der oder die« und du ebnest die unvermeidlichen und wichtigen Unterschiede ein, die uns auf einzigartige Weise faszinierend und wertvoll machen.

REFLEXION

Wie würdest du dir selbst begegnen, wenn du weder besser noch schlechter wärst als andere und diesen auch nicht gleichen würdest? Welche Art der Würde und Fürsorge könntest du dir selbst und anderen angedeihen lassen, wenn du aufhören würdest zu urteilen? Wie fühlst du dich in diesem Augenblick, wenn du deine Erfahrung weder als richtig noch als falsch beurteilst?

Die dritte Art tritt auf, wenn du dein Beurteilen nach außen richtest und dir vorstellst, was andere über dich denken. Dies basiert auf zwei Täuschungen: (1) dass die Person wirklich das glaubt, was du dir einbildest, und (2) dass das, was du dir vorstellst, was sie denkt, etwas ist, was in Bezug auf dich wirklich wahr ist.

Für manche Menschen ist dieser Bereich der unzähligen eingebildeten Sichtweisen die vorrangige Art, wie Selbstverurteilung operiert. Du kannst dich selbst dabei erwischen, wie du bei der Arbeit oder in sozialen Situationen den Raum scannst und dir alle möglichen Geschichten erzählst, wobei du dir ein ganzes Narrativ darüber ausdenkst, wer und wie du bist, aus der Sicht der Menschen um dich herum erzählt.

Gelegentlich ist die Bewertung durch einen anderen natürlich nicht eingebildet. Jemand kann dir ins Auge sehen und dich beleidigen, wobei er dir seine wertende Wahrnehmung mitteilt. Wenn du deiner eigenen Selbstbeurteilung glaubst, führt das dazu, dass du mit der Sicht der anderen Person insgeheim zusammenwirkst – füge die Sichtweise der Person deiner eigenen hinzu und es wirkt wie unterstützendes Beweismaterial gegen dich. In Wirklichkeit aber ist die Bewertung eines anderen – wie ein Seil, das du für eine Giftschlange hältst – nur so schmerzhaft, wie du es mit deiner eigenen Zusammenarbeit machst.

REFLEXION

Was glaubst du, wie du von deinen Freunden, Kollegen, geliebten Menschen und deiner Familie gesehen wirst? Was glaubst du, denken deine Nachbarn über dich? Was ist mit Menschen in Machtpositionen – deinem Chef beispielsweise? Stützen sich diese Vorstellungen auf klare Wahrheiten oder gehen sie aus deiner eigenen projizierten Bewertung hervor?

Eine Erinnerung

Thaikloster, Bodhgaya, Indien. In der Mitte der Neunzigerjahre: Ich bin auf einem einmonatigen Schweigeretreat mit meinem Hauptlehrer, Christopher Titmuss. Alle paar Tage treffen wir uns mit dem Lehrer in kleinen Gruppen. Zu acht quetschen wir uns in seine kleine Hütte. Wir kennen uns schon einige Jahre, haben auf vielen Retreats zusammen meditiert und sind enge Freunde geworden.

Während des Treffens versuche ich Christopher etwas über meine Praxis und mein Verständnis zu erklären. Er schaut mich vernichtend an und antwortet: »Kümmer dich nicht um deine Einsicht! Was ist mit dem Fehlen davon?«

Ich bin tief bestürzt. Ich fühle mich verletzt und missverstanden – vor meinen Freunden lächerlich gemacht und von jemand zurückgewiesen, dessen Anerkennung und Respekt ich verzweifelt suche. Als das Treffen endet, gehe ich hinaus in den Klostergarten, um Gehmeditation zu üben, wobei ich mich heiß und erregt, wütend und defensiv fühle, voll von Ideen darüber, wie schlecht ich behandelt worden bin.

Ich wiederhole die Geschichte dessen, was passiert ist, und jedes Mal wird sie ein bisschen verzerrter und grotesker. Ich erfinde eine Beziehung, in der mein Lehrer mich hasst und meine engsten Freunde mich alle auslachen. Ich erzähle mir selbst schmerzhafte Geschichten darüber, wie sie alle mich sehen – und ich lebe in dem Albtraum, der durch diese Geschichten geschaffen wird.

Ich lege mich unter meinen Schal und schluchze. Ich fühle mich elend und allein. Welche Gelassenheit und Weiträumigkeit ich auch immer in meiner Praxis zu finden geglaubt hatte – sie verdunsteten in der Hitze und Intensität der Situation. Ich war ein vollkommener Gefangener meiner eigenen Selbstbewertung geworden.

Einige Stunden später fühle ich mich immer noch miserabel. Eine meiner Freundinnen von dem Treffen kommt, um zu sehen, wie es mir geht. Sie sagte mir, dass sie meinen Schal auf dem Rasen gesehen habe und zu Christopher gegangen sei, um ihm zu sagen, dass »Martin seit unserem Gespräch draußen auf dem Gras weint«. Er antwortete mit einem sanften Lächeln: »Das ist ein guter, gesunder Fluss des Gefühlslebens.«

Nachdem ich das hörte und als der Tag weiter fortschritt, fing ich an zu sehen, wie viel Schmerz und Drama ich mir selbst geschaffen hatte. Ich begann, seinen kurzen Kommentar davon zu trennen, wie ich ihn als einen Stock benutzt hatte, um mich selbst damit zu schlagen. Ich fühlte, wie streng ich gewesen war. Ich erkannte, wie meine eigene Grausamkeit mir selbst gegenüber alles überwog, was er oder jemand anderes mir jemals angetan hatte. Als ich die Situation im Geist wiederholte, wurde meine Strenge nachgiebiger. Ich fing an, mich selbst freundlicher zu behandeln, und sah, wie verletzt und verwirrt ich gewesen war. Ich hörte auf, das Gespräch zu wiederholen, und verweilte stattdessen mit einem freundlichen Gewahrsein meines gegenwärtigen emotionalen Zustands. Ich begann, ein starkes Gefühl inneren Sanftmuts zu spüren – Respekt für meine Erfahrung und Dankbarkeit für die ganze Situation.

Als die Sonne unterging, wartete ich draußen vor Christophers *kuti*, statt meinen Tee oben aufs Dach mitzunehmen, um ihn dort zu trinken. Als er kam, verneigte ich mich tief vor ihm und dankte ihm. Er, den ich für die Quelle meines Leidens gehalten hatte, war tatsächlich der Katalysator meiner Heilung.

Wir müssen dem nicht zustimmen, was andere über uns sagen. Das wissen wir sogar aus Kinderversen:

Stöcke und Steine können meine Knochen brechen,
aber Worte werden mich niemals verletzen.

Aber wirklichen Raum von dieser Absprache zu schaffen ist leichter gesagt als getan. Einige Zeilen vom Anfang des *Dhammapada* zeigen, wie du wirklich dir selbst gegenüber urteilsfrei bleiben kannst, unabhängig davon, was um dich herum geschieht und dir getan oder gesagt wird, indem du die Sicht der anderen leicht, sogar liebevoll hältst:

»Er misshandelte mich, er schlug mich, er besiegte mich,
er raubte mich aus«, in jenen, die solche Gedanken hegen,
wird der Hass niemals versiegen.

»Er misshandelte mich, er schlug mich, er besiegte mich, er raubte mich aus«, in jenen, die solche Gedanken nicht hegen, wird der Hass versiegen.

Denn Hass versiegt niemals durch Hass:
Hass versiegt durch Liebe, das ist eine alte Regel.

Und ich füge im selben Geist hinzu:

»Sie mag mich nicht. Sie akzeptieren mich nicht. Er ist schöner/klüger/weiser/spiritueller als ich. Sie liegen falsch und sind dumm, und ich habe recht und bin besser.« Jene, die solche Gedanken hegen, verstärken Neid, Eifersucht, Selbstkritik oder Selbstgerechtigkeit. All das sind Formen des Selbsthasses.

»Sie mag mich nicht. Sie akzeptieren mich nicht. Er ist schöner/klüger/weiser/spiritueller als ich. Sie liegen falsch und sind dumm, und ich habe recht und bin besser.« Für jene, die solche Gedanken klar durchschauen, gibt es keine Grundlage für Neid, Eifersucht, Selbstkritik oder Selbstgerechtigkeit, und aller Hass löst sich auf.

Sich selbst aus dem Weg gehen

Der Sichtweise anderer insgeheim zuzustimmen ist schmerzhaft. Sie einfach als Sichtweisen zu betrachten ist befreiend. Also was kannst du tun, um diese Art der Klarheit und Gelassenheit zu finden und zu stabilisieren?

Es gibt einige besonders hilfreiche Methoden, um dieses Problem loszuwerden, egal ob es in der Schleife des über sich selbst urteilenden Selbst erscheint oder verbunden mit deinen Urteilen über andere oder ihren Urteilen über dich.

In den buddhistischen Texten spricht der Buddha von der Nacht seines Erwachens und seinen Begegnungen mit Mara, der buddhistischen

Personifizierung von Gier, Hass und Verblendung. Nach sechs Jahren, in denen er verschiedene yogische und meditative Praktiken ausübte, setzt er sich mit dem Entschluss nieder, das Wesen des menschlichen Lebens und der Befreiung zu verstehen. Als Erstes wird er mit Lust und sexuellem Verlangen konfrontiert (beschrieben als Mara, der seine Töchter schickt, um nackt vor Siddhartha zu tanzen). Weiter gibt es die körperlichen Beschwerden des langen Sitzens in einer Meditationshaltung – dargestellt als Mara, der Pfeile auf ihn schießt, während er sitzt (als sie ankommen, verwandeln sie sich in Blumen, was die meditative Gelassenheit und den Gleichmut darstellt, bei denen unangenehme Empfindungen keine Reaktivität erzeugen und ein tiefes Gefühl des Friedens sogar in der Präsenz von Unwohlsein aufrechterhalten werden kann). Dann wendet Mara seine mächtigste Taktik an – er nähert sich Siddhartha als die Stimme des Zweifels: »Was glaubst du, wer du bist, hier zu sitzen? Warum glaubst du, dass du irgendetwas Tiefes verstehen könntest? Was macht dich besonders? Du wirst niemals irgendetwas verstehen!«

Aua! Vielleicht war Siddharthas innerer Dialog, während er dort saß, gar nicht so anders als deiner oder meiner, als wir an uns selbst gezweifelt haben. An diesem Punkt verliert Siddhartha sein Gleichgewicht, was die bösartige Kraft der Selbstverurteilung zeigt. Er öffnet seine Augen, um zu sehen, ob mehr an seiner Erfahrung dran war als bloß seine zweifelnden Gedanken. Er berührt die Erde, um die Unterstützung des Lebens zu spüren. Er erkennt sein Recht, hier zu sein, so wie er ist. Er gewinnt seine Haltung wieder.

Die Geste der Berührung der Erde ist in vielen buddhistischen Statuen verewigt. Sie zeigt uns einen kraftvollen Weg, mit Selbstverurteilung zu arbeiten:

Er öffnet seine Augen: Sieh dich um. Erde deine Aufmerksamkeit in der sensorischen Unmittelbarkeit dieses Moments als Weg, aus dem inneren Strudel deiner eigenen zweifelnden und kritischen Gedanken zu kommen. Öffne dich deinen Sinnen.

Er berührt die Erde: Gerade jetzt in diesem Augenblick wie auch in allen anderen unterstützt dich das Leben. Die Erde hält dich. Die Luft versorgt deine Zellen mit Sauerstoff. Dein Bewusstsein ist angeschaltet. Allein, dass du hier bist, ist der Beweis, dass das Leben deine Existenz unterstützt. Diese Wahrheit in deinem eigenen Körper, in deinem Atem, in deinem Bauch zu spüren ist ein unglaublich starkes Fundament, um ein bestimmtes grundlegendes Vertrauen in das Leben wiederherzustellen. Dies erlaubt dir, dich in die unermessliche Erfahrung hinein zu entspannen und etabliert dein Recht, hier zu sein, der oder die und so zu sein, wie du bist. Gerade jetzt. So.

Vielleicht streckst du nicht deine Hand aus, um wirklich die Erde zu berühren, aber du kannst deine Füße auf dem Boden spüren. Du kannst deine Aufmerksamkeit nach *unten* richten, von deinen kreisenden Gedanken hinab in deine Beine und Füße.

Du kannst die Unterstützung der Erde spüren und wissen, dass sie dir gebührt. Du kannst in jedem Moment dein grundlegendes In-Ordnung-Sein herstellen.

»Ich sehe dich, Mara.« Es ist ein intrinsischer Teil des Menschseins wahrzunehmen, was geschieht, und sich eine Meinung dazu zu bilden. Die *Tendenz,* sich selbst einzuschätzen, ist ein integraler Teil davon, sich seiner selbst bewusst zu sein. Mara taucht immer wieder in Buddhas Leben auf, aber die Struktur wird zunehmend offensichtlicher und verursacht ihm nicht länger irgendwelche Schwierigkeiten. Wann immer Mara erscheint, erkennt Buddha ihn als die Stimme der Selbstverurteilung. Er begegnet ihm mit einem warmen, entspannten Lächeln und sagt: »Ich sehe dich, Mara.« Wenn urteilende Sichtweisen auf diese Weise gesehen werden, verlieren sie ihre ganze Kraft, und Mara bricht zusammen. Wenn Buddha Mara in den Texten erkennt, ist das Spiel aus: Mara wird gesehen, lässt seine Schultern hängen und schleicht fort.

Das ist der kraftvollste, direkteste und einfachste Weg, Selbstbewertung zu durchschauen: »Ich sehe dich, Mara.« Ich sehe, dass diese Gedanken nicht hilfreich, unnötig und nicht wahr sind. Und ich lasse sie einfach allein. Ich schenke Mara ein warmes Lächeln, und er schleicht fort. Das Urteilen löst sich auf. Mühelos.

Du kannst das in deiner täglichen Meditation üben, in dem Moment, wo du wahrnimmst, dass du dich in Gedanken verfangen hast – das ist in Wirklichkeit ein großartiger Moment. Es ist ein Grund für eine Feier. Du warst vollständig in Gedanken verloren, aber die Unmittelbarkeit des Lebens ist viel mächtiger als deine abstrakte Gedankenwelt. Egal wie tief du dich im Labyrinth deiner Gedanken verlaufen hast – die Unmittelbarkeit des Lebens weckt dich aus deiner Träumerei auf. Du wurdest zur Präsenz zurückgebracht. (Du konntest es nicht selbst tun, weil du zu beschäftigst warst mit Denken!) Was geschieht dann in diesem Augenblick? Was machst du hinsichtlich der Tatsache, dass du plötzlich wieder wach bist, wieder hier bist? Es ist die Gelegenheit, gütig und dankbar zu sein – dein Glück zu erkennen und sich daran zu erfreuen: »Ich bin hier … erwacht aus meiner Träumerei!« Wenn dieser Moment der Erkenntnis durch Maras Einfluss korrumpiert wird, wie leicht machen wir ihn dann zu einem Stock, mit dem wir uns selbst schlagen:

»Oh, ich war schon wieder in Gedanken gefangen.«

»Ich kann nicht mal für eine Minute achtsam sein.«

»Oh, ich habe schon wieder an diese Sache gedacht.«

Ob diese innere Stimme streng und grausam und schneidend oder unbarmherzig und nagend oder prahlerisch und wütend ist, ob es sich dabei um eine Stimme handelt, oder um eine Atmosphäre der Missbilligung oder des Ekels – erkenne deinen eigenen Bewertungsstil genau dort, wo du dich, als du jung warst, negiert, kritisiert, beschämt, entmutigt, unter Druck gesetzt, beschuldigt und bewertet gefühlt hast. »Ich sehe dich, Mara.«

Sag einfach Nein: Manchmal ist es nicht möglich, so gnädig mit deinem eigenen Geist umzugehen, insbesondere wenn du gerade erst anfängst, mit diesem Material zu arbeiten. Wir lernten, Mara so viel Macht zuzugestehen, dass er/sie/es groß und du klein erscheinst. Mara scheint recht zu haben und du fühlst dich falsch. Falls das der Fall ist, musst du deine Autorität zurückgewinnen und deinem Sitz vertrauen. Das ist eine andere Version, die Erde zu berühren: wieder Anspruch zu erheben auf dein Recht auf deine Erfahrung.

Ein Freund von mir ging einmal mit einer Frau aus, die, wenn sie anderer Meinung war, ihre Hand in einer Stopp-Geste erhob, ihren Gesprächspartner (gewöhnlich meinen bedauernswerten Freund) streng ansah und sagte: »Sprich mit der Hand, denn der Kopf hört nicht zu.« Das ist keine schöne Weise mit einem Liebhaber oder Freund zu sprechen, aber es kann eine *großartige* Art sein, mit Mara zu reden. Du weigerst dich, dich zu engagieren. Sag einfach Nein. Du nimmst dir deine Autorität über deine Erfahrung zurück. Du hältst deine Hand hoch und sagst *Stopp*. Wie Gandalf auf der Brücke in *Der Herr der Ringe*, als er im Angesicht des riesigen Feuerdämons seinen Stab zwischen ihnen auf den Boden stößt und ausruft: »Du kannst nicht vorbei!«

Humor: Wenn wir Mara wirklich kennenlernen, erkennen wir, dass wir in einer Art von tragikomischem Drama gefangen waren, in dem wir sowohl den Helden als auch den Bösewicht spielten. Der innere Kritiker scheint real zu sein und recht zu haben, *nur weil wir glauben,* dass es so ist. Humor sprengt diesen Mythos, indem erkannt wird, dass der Kaiser keine Kleider trägt.

Als ich das erste Mal sah, wie sich diese strenge Schulmeisterfigur über mir abzeichnete und Urteile über meine Gedanken, Rede und Handlungen fällte, war es schockierend, wie viel Macht ich ihr gab. Doch ich spürte auch, wie viel Mühe dies kostete, wie viel Arbeit es machte, diesen strengen und unerbittlichen Zuchtmeister aufrechtzuerhalten. Ich stellte mir vor, dass Mara unter seiner langen schwarzen Robe Unterwäsche mit einem rot-weißen Pünktchenmuster trägt. Auf einmal war er eine komische Figur, eine Art grotesker Clown. Warum nahm ich ihn so ernst? Ich stellte ihn mir auf einer Badeliege am Strand vor, seine gepunkteten Shorts tragend und sich in einen wohlverdienten Urlaub von seiner Haupttätigkeit, nämlich mich zu schikanieren, ausruhend.

Was am Charakter deines inneren Kritikers bewirkt, dass du ihn so ernst nimmst? Was könnte seine Blase platzen, seine Autorität zusammenbrechen lassen? Wie könntest du ihn als eine Spaßfigur sehen?

Wie bei allen Wegen, Abstand vom inneren Kritiker zu gewinnen, ist es essenziell, das Machtgleichgewicht zu überwinden, die Beurteilung zu entmächtigen und dein grundlegendes Gefühl deines In-Ordnung-Seins zu stärken. Ich ermutigte Praktizierende, Mara mit Himbeeren zu bewerfen oder metaphorisch ihre Finger in ihre Ohren zu stecken und einen großen, unbekümmerten Kuss in seine Richtung zu schicken.

Spott funktioniert auch für einige Menschen gut. Du könntest damit experimentieren, den Richter aus dem Raum zu schicken: »Es ist großartig, dass du so interessante Ideen darüber hast, wie ich sein sollte. Lass mich dich nun in den Garten führen, damit du die Bäume kritisieren kannst.«

»Vielen Dank für deine Einsicht, wie schwach meine Meditationspraxis ist. Bitte führe deine absolut perfekte Meditationspraxis dort drüben aus, während ich bleibe und meiner eigenen minderwertigen Praxis hier nachgehe.«

Übertreiben: Maras Rhetorik zu verstärken kann dabei helfen zu sehen, wie absurd und verzerrt sie ist, insbesondere wenn du anfängst, eine klare Vorstellung deines inneren Kritikers zu bekommen. Du lehnst dich zurück und lässt ihn schimpfen, wobei du die Lautstärke seiner Beschwerden und Kritik aufdrehst, um sie zu durchschauen. Was als Zweifel über deine Meditationspraxis begann, da du nicht sehr konzentrierst warst, wird zur absurden Aussage, dass du der/die schlechteste Meditierende in der Welt bist. Die Sorge, ob du beim gesellschaftlichen Ereignis gestern Abend unhöflich oder distanziert oder gedankenverloren oder langweilig erschienst, wird zu einer surrealen Tirade darüber, dass du ein totaler Soziopath bist und niemand in der Welt jemals mit dir sprechen will. Hierbei ist es wichtig, dass du die Selbstverurteilung *nicht* verstärkst. Du zeigst dir selbst, wie unverhältnismäßig sie ist, als eine Möglichkeit, sie loszulassen, zu ignorieren und sie in der Ecke weiterklagen zu lassen, während du sie nicht beachtest.

Die Dämonen des immer und niemals

Nichts ist gleichbleibend. Geisteszustände und innere Narrative kommen und gehen wie Wolken am Himmel. Wenn deine innere Rhetorik in absoluten Sätzen spricht, ist das ein sicheres Zeichen dafür, dass Mara da ist:

Ich bringe die Dinge immer in Unordnung.
Ich schaffe es niemals zu sagen, was ich meine.
Ich habe immer Angst davor, dumm zu erscheinen.
Ich weiß niemals, wann es besser ist, nichts zu sagen.
Ich werde immer abgelenkt.
Ich kümmere mich niemals genug.
Ich gehe immer zu schnell.
Ich erinnere mich niemals daran, achtsam zu sein.

Wenn Praktizierende mit Geschichten von *immer* und *niemals* zu mir kommen, bitte ich sie, sorgfältig auf die Momente zu achten, wenn ein bestimmtes Muster fehlt. Der Eindruck der Beständigkeit bewirkt, dass Muster unlösbar erscheinen: »Es ist immer so« ist niemals wahr oder hilfreich. Nimm deine kritischen Gedanken wahr. Halte Ausschau nach Überzeugungen, die *immer* und *niemals* enthalten, und fühle die Wirkung ihrer scheinbaren Festigkeit. Untersuche deine Erfahrung in unterschiedlichen Momenten, um jene zu finden, denen die Sichtweise der Beständigkeit fehlt, und nutze diese Momente, um deine urteilenden Sichtweisen darüber, wie du *immer* oder *niemals* bist, aufzulösen.

Keine Probe, keine Wiederholung

Hier ist eine Übung, die ich Praktizierenden häufig gebe, um ihre Anhänglichkeit an ihren inneren Kritiker aufzulösen. Du achtest darauf, wie du gewohnheitsmäßig ein bestimmtes Szenario antizipierst oder *probst* und auch, wie du es danach analysierst oder *wiederholst*. Und dann übst du, *weder das eine noch das andere zu tun:* keine Probe, keine Wiederholung.

Keine Probe bedeutet nicht, dass du nicht die Rede schreiben sollst, die du halten wirst, oder ein wenig darüber nachdenkst, was du bei einer schwierigen Sitzung sagen möchtest. Es bedeutet stattdessen vielmehr, dass du mit dem Vorstellen aufhörst: *Wie werde ich sein? Was werden sie von mir denken?* Und so weiter. Du verhinderst, dass dein Geist dies tut. Oder wenn du feststellst, dass dein Geist trotz deiner festen Absicht dies doch tut, dass du aufhörst. Du löst dich davon wie in einer Meditation, wenn deine Aufmerksamkeit sich in irgendeiner Ablenkung verfangen hat. Du lässt diesen Gedankenstrom allein. Du fängst an zu sehen, dass die Probe nur eine Art ist, dich im *Vorfeld* zu beurteilen. Sie erzeugt vorzeitig Angstgefühle und ein vertrautes, beschränktes Ich-Erleben, das dann selbstverstärkend wirkt. Also übst du, die Probe wegfallen zu lassen. Bereite das vor, was nötig ist, ohne deine Selbstverurteilung zu verstärken.

Keine Wiederholung bedeutet: Du übst, aufzuhören, darüber nachzudenken, *was ich gesagt habe, was sie gedacht haben, wie ich war.* Wiederholung ist niemals objektiv. Sie ist verzerrt durch die Linse des Geisteszustands, durch den du blickst. Jede Wiederholung fügt eine Schicht der Verzerrung hinzu, bis du keinen klaren Blick mehr hast in Bezug auf das, was geschah oder wie du dich benommen hast. Wenn du deine Erfahrung durch einen ängstlichen, zweifelnden oder kritischen Geisteszustand wiederholst, wirst du buchstäblich die Beweise für deinen eigenen inneren Gerichtsprozess und deinen Schuldspruch durch Selbstverurteilung konstruieren. Wenn du einmal gesprochen oder gehandelt hast, lass es in Ruhe. Wenn du mit einem Zweifel an deiner Erfahrung zurückbleibst, befasse dich mit dem Zweifel selbst – kümmere dich um das Gefühl, *statt dich in die Geschichte dessen, was geschah, einzumischen.*

Diese Praxis ist einfach und kraftvoll. Höre damit auf, zu proben und zu wiederholen, und du wirst einen Großteil der Ursache deiner Besorgnis und deines Zweifels beenden sowie zunehmend deiner Erfahrung vertrauen. Und du wirst deine Weisheit und Klarheit im Moment des Sprechens und Handelns finden.

Ein Körnchen Wahrheit

Wenn wir bei der Selbstbewertung bleiben, dann, weil wir spüren, dass sie irgendwie die inhärente Weisheit über uns enthält. Wir sind so gewöhnt an Maras »moralische Führung«, dass wir befürchten, ohne sie in die Irre zu gehen:

- Wenn ich mich nicht länger bewerte, wer wird mich in meinem Leben auf dem richtigen Weg halten?
- Wenn ich mich nicht ausschimpfe, werde ich keine bessere Person.
- Wenn ich mich nicht selbst überprüfe, werden all meine schlechtesten Instinkte nicht kontrolliert.

Aus diesem Grund ist es so wichtig, eine innere Zuversicht und ein Vertrauen in deine Erfahrung herzustellen. Wenn du deine eigene Autorität wirst, musst du nicht länger Maras Angstmacherei zuhören.

Und doch hat Mara manchmal recht! Es ist wahr, dass wir auf eine Art und Weise sprechen und handeln, die nicht hilfreich oder unfreundlich ist – es kann gleichermaßen wahr sein, dass es dir guttäte, ein bisschen disziplinierter in deiner Meditationspraxis zu sein oder zu Hause ein wenig für Sauberkeit und Ordnung zu sorgen. Oder dass es einer größeren Anstrengung wert ist, sich bei der Arbeit, oder wenn du mit Freunden verabredet bist, nicht zu verspäten.

Wenn du also diese oder andere Wahrheiten über dich erkennst, wie lernst du von deiner Erfahrung, ohne in die Falle Maras zu geraten, mit dir zu zanken und dich herabzusetzen? Der entscheidende Unterschied ist, was du bewertest: Weisheit reflektiert dein *Verhalten;* Mara verurteilt deine *Identität.*

Eine Schülerin sprach kürzlich mit mir darüber. Sie war besorgt, dass sie ohne Maras Zensur irgendwie ihren moralischen Kompass verlieren würde. Sie erwähnte ein Beispiel, bei dem sie verärgert mit ihrem Partner gesprochen hatte, wobei sie ihren Frust und ihre Irritation durch einen Streit über eine häusliche Angelegenheit ausgedrückt hatte. Ich bat sie, mir von der Situation zu erzählen und ihre Reaktivität zu erforschen, ohne eine Ego-Urteil zu bilden. Sie machte einen wichtigen Unterschied zwischen Reue und Schuld: Erstere hilft dir, deine ungeschickten Handlungen zu reflektieren, und ist sehr nützlich. Letztere bewertet deinen Selbstwert und ist immer nutzlos:

Schuld: »Ich sprach barsch. Wie konnte ich so schrecklich zu jemand sein, den ich liebe? Ich hätte mich entschuldigen sollen. Ich hätte mich niemals so verhalten sollen. Ich bin immer so reaktiv und rachsüchtig. Ich hasse, wie ich bin. Wie konnte ich so verletzend zu dem sein, den ich liebe?«

Weise Reue: »Ich sprach barsch. Ich bin traurig darüber, dass ich jemand verärgert habe, den ich liebe. Ich würde mich gern entschuldigen und mich beim nächsten Mal anders verhalten. Ich erkenne, wie reaktiv und rachsüchtig das war. Ich kann spüren, wie es sowohl mich als auch denjenigen verletzte, den ich liebe.«

Bitte mach dich mit dieser Unterscheidung vertraut – um deines eigenen Herzens und Wohlbefindens willen. Sie ist von entscheidender Wichtigkeit. Von ihr hängt es ab, ob du aus deinen Fehlern lernst oder dich für sie bestrafst.

Du kannst auf diese Weise auch üben, wie du mit anderen sprichst, insbesondere mit deiner Familie und vor allem mit deinen Kindern. Wie wir gesehen haben, ist die Art, wie mit Kindern gesprochen wird, entscheidend dafür, wie sie mit sich selbst sprechen werden.

Du kannst sie wissen lassen, dass ihr Verhalten nicht in Ordnung ist, ohne ihnen den Eindruck zu geben, dass sie selbst nicht in Ordnung sind:

Urteilende Eltern	***Geschickte Eltern***
Du bist so unordentlich. Du musst dein Zimmer aufräumen.	Dein Zimmer ist wirklich unordentlich. Ich möchte, dass du es aufräumst.
Du bist so schnell aufgebracht. Beruhige dich. Sei kein Baby.	Ich sehe, dass du gerade wirklich aufgebracht bist.
Das ist so einfach. Komm schon, das kann jeder.	Es hat den Anschein, dass du unsicher bist, ob du es schaffen kannst? Was könnte helfen?

Ich habe mit Hunderten von Schüler:innen persönlich und online daran gearbeitet, ihre Abhängigkeit von Selbstverurteilung zu entdecken, sich mit ihr zu beschäftigen und sie aufzulösen. Diese Arbeit hat ein gewaltiges Ausmaß. Sie untermauert alle anderen wirklich transformierenden Praktiken, denn wenn du nicht der Auswirkung der Selbstverurteilung bewusst geworden bist und sie zumindest gemindert hast, wird sie alle anderen Durchbrüche, die du machst, unterminieren und Samen des Zweifels, des Streits und der Enttäuschung in dir säen. Auf meiner Webseite www.MartinAylward.com/i-see-you-mara/ gibt es einen sechswöchigen Onlinekurs, der diese Materie detailliert und tiefgehend behandelt.

Jenseits des psychischen Selbst

Wir haben drei Schlüsselelemente des psychischen Selbst erforscht: Selbstbild, Selbstidentität und Selbstverurteilung. Inmitten all dieser psychischen Komplexität bist du jedoch gerade jetzt genau hier – *ohne Weiteres.* Spüre einen Moment lang deine Erfahrung, während du hier sitzt und das Material verarbeitest, das wir erforscht haben. Wie ist dein Ich-Erleben in diesem Augenblick? Wir tendieren dazu, in unserer Erfahrung zu leben, als ob wir die Kontrolle über unseren Körper und Geist hätten. Unter diesem Faksimile des Besitzes und der Kontrolle (»Mein Körper, mein Geist, mein Leben!«) könntest du dich jedoch ernsthaft fragen: »Wer bin ich?«

Dieser physische Körper hat seine eigene Intelligenz und Rhythmen. Er hat auch geerbte Instinkte, die uns zu Geiseln unserer Imperative von Überleben, Sex und gesellschaftlicher Anerkennung machen. Diese wiederum werden von unseren psychischen Mechanismen überlagert. Dieses Erleben des *Wer-ich-bin*, mit dem du sitzt, ist konditioniert, erfunden und wird von diesen anderen Schichten eingeschränkt.

Dies bedeutet zugleich, dass die Vereinigung all dieser Konditionierung *genau hier* ist. Hier in diesem Körper, in dieser Situation, in diesem Moment. Genau inmitten dieses biologischen, instinktiven, psychischen Materials befinden sich alle Möglichkeiten. Hier begegnest du dir selbst. Hier widmest du dich deiner Erfahrung und erforschst sie. Hier entwickelt sich Verständnis. Hier geschieht die Befreiung.

Also bleib hier. Bitte. Verlass dich nicht.

Verweile in der Erfahrung deines körperlichen Lebens, von Augenblick zu Augenblick.

Nimm wahr, wie die Selbstbilder aufsteigen, sodass du sie durchschauen kannst. Nimm die Identitäten wahr, nach denen du greifst, und lass sie los. Sieh die gewohnheitsmäßigen Bewertungen, die Mara dir aufträgt, und mach dich von ihnen frei. Bleib in der Totalität deiner Erfahrung präsent, sodass sie offener, zugänglicher und freier wird.

KAPITEL 5

Ein erwachender Körper

Wir sind außerordentliche Geschöpfe. Wir sind so an unsere menschliche Arbeitsweise gewöhnt, dass wir sie für selbstverständlich halten: diesen menschlichen Körpergeist hier vor dem Bildschirm des Laptops, der Tasten drückt und Gedanken niederschreibt, und dein menschlicher Körpergeist, der diese Worte liest und aufnimmt. Krankheit oder Verletzung können uns die Fragilität unserer Körper bewusst machen – wenn du dir schon einmal ein Bein gebrochen hast und auf Krücken angewiesen warst, wirst du dich daran erinnern, wie Gehen plötzlich als das Wunder erkannt wird, das es ist. Aber solange eine Krankheit nicht chronisch wird, gleiten wir leicht in Selbstzufriedenheit zurück, wenn das Leiden abheilt. (Wenn es *heilt!* Das ist auch ziemlich außerordentlich.)

Während seiner sechs Jahre als Mönch in Thailand wurde meinem Lehrer Christopher Titmuss die tägliche Übung gegeben, seine rechte Hand langsam zu heben und zu senken und über diesen Vorgang zu kontemplieren (jeden Nachmittag für drei Stunden!). Kontemplation bedeutet nicht, darüber nachzudenken und sich Sehnen und Muskeln, Synapsen und »Befehle vom Gehirn« vorzustellen. Über den Umstand zu kontemplieren, dass der Körper sich nach Wunsch bewegt (überhaupt bewegt!), bedeutet, tiefgehend über das Wunder zu staunen, das wir sind.

Nimm dir ein paar Augenblicke Zeit für eine Kontemplation.

REFLEXION

Leg deine Hand auf deinen Schoß. Hebe und senke sie einige Male langsam. Wenn du deine Ideen und Erklärungen außer Acht lässt, kannst du sagen, wie es geschieht? Fühle die Bewegung von innen. Wenn wir unser Wissen über diesen Körper zurückhalten, können wir dieses Mysterium betreten. Vielleicht kennen wir diesen lebendigen, atmenden Körper überhaupt nicht gut. Eine tiefe Beziehung mit dem Körper ist keineswegs das, was wir womöglich denken, was sie sei.

Sechs Eintrittswege

Die buddhistische Meditation nutzt sechs bestimmte Wege, um den Körper wahrzunehmen und über ihn zu meditieren. Gleich einem Forscher, der in unbekannte Regionen vorstößt, betreten wir das mysteriöse Universum unseres inneren Lebens mit unserem Gewahrsein als Kompass und diesen sechs Karten der körperlichen Erfahrung, um uns durch unser gefühltes Gelände zu führen. Buddha und viele weitere Autoren haben sich mit diesen Karten in den vergangenen 25 Jahrhunderten auseinandergesetzt und sie in aller Ausführlichkeit kommentiert und analysiert. Hier sind einige kurze Notizen zu jeder.

1. Dieser atmende Körper

Wie schon erwähnt, litt ich als Kind an chronischem Asthma und hatte immer wieder akute Anfälle, bei denen ich ins Krankenhaus kam. Als ich mit 19 ernsthaft zu meditieren begann, war ich daran gewöhnt, ständig einen Inhalator bei mir zu haben, den ich auch oft brauchte. Atmen war eine Quelle der Angst, der Einschränkung und der Panik gewesen, seit ich sieben Jahre alt war, und dies verlieh der Herausforderung, »achtsam zu atmen«, eine zusätzliche Schicht. Während meines ersten dreimonatigen Retreats im Jahr 1990 atmete ich in Schichten aus Abwehr in meiner Brust. Als ich die jahrelange Einengung in meiner Brust spürte, entdeckte ich emotionale Nuancen des Sich-erstickt-Fühlens in meiner Familie. Ich stellte fest, dass die Enge in meiner Brust wie auch die Einschränkung meiner Atmung unbewusste Versuche waren, meine Erfahrung zu kontrollieren – vor allem meine Gefühle.

Atmen ist erstaunlich. Nach 30 Jahren der Meditation ist es mir zugleich sehr vertraut und doch – natürlich – immer neu. Jeder Atemzug wurde niemals vorher geatmet. Jeder Atemzug ist anders. Gehe tief in die Atmung und du wirst mit der Natur aller Dinge konfrontiert – subtil, wandelbar, vergänglich, nicht fassbar, sich frei entfaltend.

Du bist nicht »derjenige, der atmet«. Wenn du dafür zuständig wärst, würdest du keine fünf Minuten überleben. Du würdest es vergessen. Du würdest einschlafen. Du hast so viele andere Dinge zu tun. Dennoch atmet der Körper. Du magst das für selbstverständlich halten, aber betrachte es eine Weile und du wirst vielleicht eine tiefe Ehrfurcht und tiefes Staunen über das wirkliche Wunder eines lebendigen Körpers verspüren. Sich mit dem Atmen gründlich und mutig zu befassen ist die feste Grundlage dafür, wirklich im Körper zu Hause zu sein.

REFLEXION

Nimm dir kurz Zeit, in deine Atmung hineinzuspüren.

Fühle die Bewegung und Energie des Einatmens – die Ausdehnung, die die Zellen mit Sauerstoff versorgt.

Spüre tiefgehend in das Ausatmen hinein – die natürliche Qualität eines gewissen Entspannens, Loslassens, Zur-Ruhe-Kommens.

Nimm auch den Moment der Stille am Ende des Ausatmens wahr – manchmal nur ein flackernder Moment vor dem nächsten Einatmen, manchmal bietet er (zunehmend, wenn wir damit vertrauter werden und unser Atemrhythmus sich entspannt und ganz natürlich verlangsamt) eine flüchtige Vorstellung einer gewissen weiten, weit offenen und leeren Stille.

Atme weiter und nimm wahr. Nutze die Ausdehnung jedes Einatmens, um deine Wahrnehmung der Präsenz zu steigern. Nutze die Entspannung jedes Ausatmens, um vollständiger in deiner Erfahrung zu ruhen.

Nimm wahr, ob du unbewusste Anspannungsmuster in deinem Körper hältst, und falls dem so ist, stelle fest, ob sie nachgiebiger werden können, während du dich in das nächste Ausatmen hinein entspannst.

Man gewöhnt sich niemals wirklich an das Atmen. Du kannst es nicht. Jeder Atemzug ist nach einem Augenblick vorüber und dann ist da ein neuer, an den man sich gewöhnen muss. Sitze kontinuierlich und ernsthaft wieder und wieder mit deiner Atmung in der Meditation – und dein Leben wird sich verändern. Du wirst sensibler für deine innere Erfahrung. Du wirst schneller merken, wenn du dich anspannst, reaktiv wirst oder eine Abwehrhaltung einnimmst. Du wirst weniger von deinem eigenen Geist getäuscht. Du fühlst dich in deinem Körper mehr zu Hause.

2. Sitzen, Gehen, Stehen, Liegen

Jemand fragte einmal den Buddha: »Muss ich die ganze Zeit über Achtsamkeit üben?« Er antwortete in etwa: »Nur wenn du sitzt.« Oder stehst. Oder liegst. Oder dich von einer dieser Tätigkeiten zur anderen bewegst.

Diese vier sind die Haltungen der formalen Meditationspraxis. Du kannst in jeder Haltung meditieren, aber sie gleichen sich nicht und kultivieren unterschiedliche Qualitäten:

Sitzen: *Die Haltung der Makellosigkeit.* Wenn du an Meditation denkst, kommt dir diese Haltung in den Sinn. Ein sanftmütiger Yogi mit elegant und mühelos gekreuzten Beinen und Ruhe und Glückseligkeit, die auf sein Gesicht geschrieben sind. Die Realität ist natürlich ein bisschen anders. In Meditation zu sitzen bedeutet, im Feuer zu sitzen – sich in die Erfahrung hinein zu lehnen, sich der Unbequemlichkeit zu stellen und Präsenz zu kultivieren angesichts all dessen, was deine Aufmerksamkeit auf sich zieht.

Stehen: *Die Haltung des Nicht-Flüchten-Könnens.* Als ich zu meditieren begann, fiel mir die Meditation im Stehen sehr schwer. Ich lernte, ohne zu viele Beschwerden zu sitzen, wobei ich mich manchmal mit einer angenehmen Träumerei ablenkte. Ich lernte, wenigstens bei der Gehmeditation *achtsam auszusehen*, selbst wenn ich geistig abwesend war. Aber die stehende Haltung gab mir das äußerst unangenehme Gefühl, direkt mit mir selbst konfrontiert zu sein und *nicht flüchten zu können.* Ein helfender, die Haltung betreffender Umstand war, meine Knie zu entspannen und meinen Beckenboden sanft zu bewegen, bis ich wirklich fühlte, dass meine Wirbelsäule gut ausgerichtet und aufrecht war. Wie auch mein Gewicht von den Fersen, wo es aus Gewohnheit hinwanderte, zum Ballen zu verlagern, was zu mehr Energie, innerer Ruhe und Klarheit führte. Weiter half auch, das Gefühl zu nutzen, nicht flüchten zu können, sodass ich nach und nach die stehende Haltung lieben lernte. Wenn ich in einem Retreat bin, wende ich das Stehen an, um die Zeit der ununterbrochenen formalen Praxis zu verlängern. Wenn meine Beine zu steif oder zu unangenehm werden, wechsle ich eine Weile ins Stehen über – und dann wieder zurück ins Sitzen.

Gehen: Die Haltung der Reflexion. Auf allen einmonatigen Retreats, die ich in den 1990er-Jahren in Indien besuchte, sah ich Christopher in der Abenddämmerung in den Gärten des Klosters auf und ab gehen, bevor er seine täglichen Dharma-Vorträge gab. Er redete brillant und überzeugend, wobei er Ideen synthetisierte, weiterdachte, auf Anekdoten und Beispiele zurückgriff und uns herausforderte, das Versprechen eines erwachten Lebens im Hier und Jetzt zu erfüllen. Er sprach, ohne auf Notizen zurückzugreifen, und als ich ihn fragte, wie er sich auf seine Reden vorbereitet, sagte er mir, er mache es durch Auf-und-ab-Gehen. Er ergänzte, dass die Gehmeditation der Reflexion und der Einsicht zuträglich sei.

Ich stellte in meiner eigenen Praxis fest, dass dies exakt zutrifft. Wenn du wirklich ein Thema betrachten, es instinktiv und rational erforschen möchtest, dann hilft die sanfte rhythmische Bewegung des gehenden Körpers, jede Unruhe zu beseitigen. Dies führt dazu, dass ein klarer Geist zurückbleibt, um zu reflektieren. Die Augen sind bei der Gehmeditation (natürlich!) offen, das trägt auch zur Reflexion bei. Ob es sich um eine formale Praxis – eine kurze Strecke auf und ab zu gehen – oder um einen eher zwanglosen Abendspaziergang mit dem Hund handelt– das Gehen scheint die Bedingungen für klares Denken, Inspiration und neue kognitive Verbindungen zu schaffen. Von Christophers Beispiel inspiriert und auch weil ich herausfand, dass es wirklich für mich funktioniert, verbringe ich die Minuten vor einer Lehrrede auch auf diese Weise.

Gehen ist auch eine wirklich hilfreiche Haltung auf öffentlichen Plätzen. Zur morgendlichen Hauptverkehrszeit strahlen Bahn- und U-Bahn-Stationen eine beklemmende Atmosphäre von Ungeduld, Stress, Erschöpfung und Verdrießlichkeit aus. Dennoch gibt es einen schönen, langen, geraden Bahnsteig, auf dem man auf und ab gehen kann, als ob er für Meditierende eingerichtet worden wäre. Die Enden des Bahnsteigs weisen selbst zu den geschäftigsten Zeiten gewöhnlich Raum auf, und ich finde es sowohl beruhigend als auch stärkend, in den Minuten vor der Ankunft des Zuges hier auf und ab zu gehen. Beruhigend, da Gehen, wie oben erwähnt, Unruhe und Erregung entlädt. Stärkend, da man inmitten dieser aufgeregten Psychosphäre, in einer von unbewusster Unzufriedenheit getränkten Atmosphäre, präsent und im Gleichgewicht ist, empfänglich und sanft, und so auch diesen Moment der Erfahrung in diesem Menschenleben würdigen kann.

Liegen: Die Haltung der Hingabe. Der Hinweis ist im Namen enthalten – die Haltung der Hingabe. Wenn man sich in die Liegemeditation begibt, hat man buchstäblich *nichts* zu tun. Du musst dich nicht anstrengen. Deine Muskeln müssen nichts tun. Du kannst deine Glieder schwer und weich werden lassen. Lass das Bett oder den Boden oder das Gras deinen ruhenden Körper halten. Lass los, vollständig.

Die Meditation im Liegen kann besonders nützlich sein, wenn du dich hinlegen musst, um zu meditieren, vielleicht weil du eine Wirbelsäulenverletzung erlittest oder an einer chronischen Erschöpfung leidest. Um zu verhindern, dass du einschläfst, kannst du, wenn du auf dem Rücken liegst, eine Hand heben – der Ellbogen bleibt auf dem Boden, die Finger zeigen nach oben. Wenn deine Hand sinkt, wirst du es bemerken. Es wird dir zeigen, dass du schläfrig geworden oder am Einschlafen bist.

Ich persönlich finde nicht, dass am Schlafen irgendetwas falsch ist, außer wenn du deine *ganze* Meditationspraxis im Liegen ausführst (wobei du die Makellosigkeit und Klarheit der sitzenden Haltung verpasst)! Für manche Menschen ist es besonders hilfreich, die Sanftheit, Erholsamkeit und Ruhe des Liegens zu kultivieren. Auf Retreats ermutige ich die Menschen, sich so viel auszuruhen, wie sie möchten oder brauchen – tatsächlich jederzeit, mit Ausnahme der formalen Sitz- und Gehmeditationen sowie während der Lehrreden.

Einer meiner ersten Lehrer verbrachte einige Zeit der Schulung in einem japanischen Zen-Kloster, wo »Jeder-Moment-Zen« besonders betont wurde. Eines Morgens fragte ihn sein Lehrer: »Bist du letzte Nacht beim Ein- oder Ausatmen eingeschlafen?«

Bewusste Praxis im Liegen kann gleichzeitig tiefe Entspannung *und* große Klarheit und Wachheit kultivieren. Man legt alle Sorgen beiseite, ob der Schlaf über einen kommt oder nicht, und erlaubt jeglicher körperlichen Kontrolle, sich zu entspannen. Um das Loslassen von sogar sehr subtilen körperlichen Anspannungen zu unterstützen, kann es helfen, den Körper auf unterschiedliche Weise zu scannen – von oben nach unten oder an einer Seite hoch und an der anderen herunter, wobei in jeden Bereich hineingespürt wird, die dortigen Empfindungen wahrgenommen, mit der Einladung, dass es ihnen gut gehen möge.

Sich Zeit zu nehmen, um sich bewusst hinzulegen, ist auf tiefgehende Weise beruhigend für das Nervensystem. Ich reise zwischen Zeitzonen hin und her, um auf Retreats zu unterrichten, und verbringe daher einen Großteil meines Lebens mit einem Jetlag. Ich versuche mich nach dem Mittagessen für etwa 20 Minuten hinzulegen, falls es die Situation gestattet. Es fühlt sich wie eins der besten Dinge an, die ich für mein Nervensystem und meine Gesundheit generell tue, ob ich einschlafe oder nicht.

Manchmal spürst du den Schwung des Tages in dir surren, wenn du dich hinlegst, selbst wenn du die Absicht hast, dich zu entspannen. Du fühlst dich energetisch überkoffeiniert. Müde, aber aufgedreht. Der Geist ist geschäftig, der Körper erregt – Erholung wird nicht eintreten. Der Fehler ist zu versuchen, *dich zu beruhigen.* Schau, ob du dich stattdessen einfach auf die Erregung einstimmen kannst. Spüre in das elektrisierte Gefühl in deinem Körper hinein. Versuche die allgemeine Unruhe deines Geistes nachzuverfolgen, statt dich über die unterschiedlichen Stückchen mentalen Inhalts zu beschweren. Auf diese Weise wird die Erregung gespürt, ohne sie zu nähren, und du gibst deinem Nervensystem die Möglichkeit, sich selbst zu regulieren, sich auf natürliche Weise zu verlangsamen. Wenn du aufhörst, ein Feuer am Laufen zu halten, werden die Flammen von allein ausgehen. Wenn du das ein paar Mal tust, wirst du geübt darin, Agitation zu begegnen und sie abklingen zu lassen.

3. Bewegen und Handeln

Dieser dritte Weg zu verkörpertem Gewahrsein ist im Grunde *Achtsamkeit in Aktion.* Irgendeine Aktion. *Jede* Aktion. In deiner gelebten Erfahrung zu leben. *Zu sein, wo du bist.*

Zunächst scheint es schwierig, präsent zu sein. Es ist leichter, geistig abwesend zu sein oder sich in einem inneren Drama zu verfangen, und es braucht eine immense Anstrengung, deine Aufmerksamkeit zurück ins Hier und Jetzt zu befördern. Aber wie wir schon erforscht haben (im Kapitel »Dieser menschliche Körper«), ist es tatsächlich stressig, im Denken gefangen zu sein. Präsent zu sein ist hauptsächlich von Entspannung und Klarheit gekennzeichnet. Präsenz kann ruhig, natürlich und fast kontinuierlich werden.

Je präsenter du bist, umso bewusster kannst du deiner verschiedenen Gewohnheiten werden – deiner Zwänge, Anspannungen und Verwirrungen, deiner Fixierungen und deiner Selbstgefälligkeit. Es geht um mehr, als einfach nur *bewusst zu sein.* Du beginnst auf natürliche Weise, infrage zu stellen, was du tust. Probiere einige der folgenden Fragen aus, während du durch deinen Tag gehst:

REFLEXION

Wem oder was widme ich Energie und Aufmerksamkeit?

Was erhoffe ich mir von unterschiedlichen Handlungen?

Welche Folgen haben meine Handlungen auf mich selbst, auf andere und die Umwelt?

Was könnte ich glauben, in Bezug darauf, wie ich mich verhalte und was ich sage, was tatsächlich nicht wahr sein könnte?

Wie viel hetze ich unnötigerweise?

Wie aufmerksam bin ich gegenüber den Menschen um mich herum?

Die Kunst der Verlangsamung

Die meisten Menschen bewegen sich die meiste Zeit über schneller, als sie müssten. Ich rede nicht davon zu rennen, um den Bus zu bekommen – ich meine, mit einem inneren Imperativ, einem übermäßig aufgedrehten Motor, einem erregten Nervensystem und einem überaktiven Geist, der dich mit den Fingern klopfen lässt, während du auf den Kaffee wartest, mit deinem Handy spielen lässt, wenn es nichts gibt, was du von ihm brauchst, und dich wie gehetzt gehen lässt, weil – nun ja – es einfach deine Gewohnheit ist. Sich schnell zu bewegen, obgleich stressig, gibt uns ein Gefühl des Sinns, als ob Geschwindigkeit und Haltung sagten: »Sieh, wie fleißig und wichtig ich bin; ich habe keine Zeit herumzulungern.« »Ich habe so viel zu tun«, prahlen wir voreinander, als ob wir vorzögen, dass es anders wäre. Wir sagen einander: »Ich brauche wirklich ein wenig *Raum*«, aber sobald du ein wenig freie Zeit hast, sitzt du dann einfach da und übergibst dich der Leere? Nein, du füllst sie, indem du *irgendetwas tust!*

Entschleunigung ist eine Kunst und Praxis. Als wir in das Moulin de Chaves zogen, das Meditationszentrum im Südwesten Frankreichs, wo ich lebe und arbeite, hatten die vier Stockwerke des Hauptgebäudes keine Räume. Keine Türen. Keine Dielen. Keine Decken. Wir fingen an zu renovieren, Retreats zu planen und die administrativen und rechtlichen Angelegenheiten zu managen. Während der ersten Wochen dort bemerkte ich immer wieder, wie ich die vier Treppen hochrannte. Meine Gedanken waren schon oben angelangt, darauf fixiert, wohin ich ging und was ich tun musste, wenn ich dort angekommen wäre. Und während der Körper Fangen spielte, hetzte ich die Treppen den ganzen Tag hoch und runter.

Als ich mir dessen bewusst wurde, machte ich das Verlangsamen zu einer Übung. Das bedeutet nicht, dass ich niemals die Treppen hochrannte, aber ich übte, *meinen Geist meinen Körper nicht verlassen zu lassen* – mich nicht zu überholen. Diese eine Achtsamkeitsübung veränderte, wie ich durch meinen Tag ging. Der Körper entspannte sich ein wenig und wurde ruhig, aber wichtiger noch: Der Geist verlangsamte sich. Die innere *Beziehung* zum Bewegen, Handeln und Tun wandelte sich. Ich fühlte mich weiträumiger, weniger gehetzt. Ich fand Zugang zu der mysteriösen und kontraintuitiven Wahrheit, dass man *mehr* Zeit hat, wenn man langsamer macht. Das bedeutet nicht, dass die Uhr anders ticken würde, aber Zeit ist tatsächlich subjektiv. Hetzen verstärkt das Gefühl von Zeitdruck. Du fühlst dich gequetscht, geschäftig, von der Zeit schikaniert. Verlangsamen führt zu Ruhe, Sanftheit und Entspannung.

Bis du nicht wirklich darauf achtest, wirst du wahrscheinlich nicht erkennen, wie sehr du hetzt. Wir versuchen sogar, rasch Tee zu bereiten, obwohl du das Wasser nicht schneller zum Kochen bringen kannst. Einer meiner Lehrer pflegte zu sagen: »So etwas, wie auf etwas anderes zu warten, gibt es nicht.«

Es kann einen guten Grund geben, sich schnell zu bewegen. Es gibt niemals einen guten Grund zur Hast.

REFLEXION

Nimm wahr, wie du die Treppen hochsteigst. Oder Tee bereitest. Oder deine Zähne putzt. Oder dich anziehst. Oder das Geschirr spülst. Oder deine Einkäufe erledigst. Spüre den inneren Imperativ, der dich geschäftig fühlen lässt. Der dein Ich-Erleben zu einer vorwärtstreibenden Kraft komprimiert, die *Ich* genannt wird. Darauf fokussiert, was ich tue und wohin ich gehe. Was geschieht, wenn du nur ein wenig nachgiebiger wirst und abbremst? Spüre, wie das deine Erfahrung verändert. Dein Ich-Erleben. Deine Fähigkeit, im Moment innere Ruhe zu finden.

Das Wichtigste

Mit verkörperter Präsenz in deiner Bewegung und deinen Aktivitäten kannst du auch sehen, in was du am meisten Energie steckst. Welche Gewohnheiten du nährst. Du erkennst, was du als das Wichtigste ansiehst und ob deine Absichten – *was deine Priorität deinem Wunsch nach sein soll* – und deine Handlungen – *was du tatsächlich zu einer Priorität machst* – übereinstimmen.

Shunryu Suzuki Roshi, der Autor von *Zen-Geist – Anfänger-Geist* sagt, das Wichtigste sei es, herauszufinden, was das Wichtigste ist! Die meisten Menschen haben nur vage Ideen, was ihnen am wichtigsten ist. Wenn du es nicht weißt, wie kannst du das Wichtigste unterstützen?

Ich habe einen Schüler, der es liebt zu meditieren. Er besucht Retreats. Er liest Bücher über das Dharma. Er ist sehr inspiriert von den Geschichten der großen Yogis, Einsiedler und Mystiker. Er erzählt anderen von den unzähligen Vorzügen der Meditationspraxis. Die Sache ist nur … er meditiert nicht besonders viel! Er *sagt*, es sei das Wichtigste. Er wird dir sagen, dass *du* meditieren solltest. Aber er lässt seinen Worten nicht sonderlich viele Taten folgen. Es besteht eine große, inkongruente Lücke zwischen seinen Absichten und seinen Taten. Das ist natürlich nur allzu gewöhnlich. Wie vielen unserer guten Absichten und Neujahrsvorsätzen geht es so.

Der erste Schritt besteht darin herauszufinden, was das Wichtigste ist. Je nach Kontext verändert sich das natürlich. Der wichtigste Aspekt meines inneren Lebens könnte die Verpflichtung sein, jeden Morgen zu meditieren. Der wichtigste Aspekt meiner Beziehung könnte sein, meiner Partnerin wirklich zuzuhören. Der wichtigste Aspekt meiner Arbeit könnte darin bestehen, Ehrlichkeit und Integrität in das zu bringen, was ich sage und wie ich meinen Lebensunterhalt verdiene. Das Wichtigste, an das ich mich erinnern sollte, wenn ich meine Familie besuche, könnte darin bestehen, geduldig mit einem Verwandten zu sein, der mich reizt, oder mich um mich selbst zu kümmern, wenn ich bei jemandem bin, der mich leicht aufregt. Das Wichtigste heute könnte sein, ein bestimmtes

Maß an Arbeit zu schaffen, um meine Verpflichtungen zu erfüllen, oder eine Pause zu machen und mich von einer vorangegangenen Geschäftigkeit zu erholen.

Also … was ist das Wichtigste in den unterschiedlichen Situationen, Beziehungen und Wünschen *deines Lebens?* Und weiter … *was tust du, um es zu unterstützen?* Wie sehr stimmen deine Absichten und Handlungen überein? Gute Absichten zu haben ist leicht – die Straße zur Hölle ist, wie du dich erinnerst, mit ihnen gepflastert! Die entsprechenden Handlungen benötigen kontinuierliche, engagierte und ernsthafte Arbeit.

Ich hatte das große Glück, »das Wichtigste« für mich im Alter von 19 Jahren zu entdecken. Innerhalb von etwa 15 Minuten, während ich meine erste Dharma-Rede hörte, wusste ich absolut klar und unmissverständlich, dass ich für den Rest meines Lebens die Meditation ins Zentrum stellen würde. Auf einmal war so viel, was verwirrend gewesen war, klar. All diese existenzielle Verunsicherung, die ich erfahren hatte, hatte einen Kristallisationspunkt. Ich konnte meinen Geist befreien! Vielleicht war es, weil ich jung war und wenige andere Ablenkungen hatte. Vielleicht war es die Wucht, mit der mich diese ersten Lehrreden trafen. Vielleicht gab es in diesem Moment genug Klarheit zu erkennen, dass ich, wenn ich das Glück hatte, das Wichtigste zu finden, auch den Anstand haben sollte, ihm zu folgen. Es wäre dem Leben gegenüber nicht respektvoll, es nicht zu tun – als würde ein wertvolles Geschenk überreicht werden, das einfach vergessen und ungeöffnet liegen gelassen wird.

Der zweite Schritt besteht darin, sich die Lücke zwischen Absichten und Handlungen anzusehen. Wenn du einmal *das Wichtigste* gefunden hast, wäre es eine große Tragödie, wenn es inmitten der unterschiedlichen kleinen Dramen und Details des Alltagslebens, die leicht so viel Zeit und Energie beanspruchen, verloren ginge. Finde das Wichtigste und ist es durchaus einfach, die kleinen Dinge loszulassen. Du kannst etwas mit Anmut loslassen, wenn du weißt, dass du es für die Tiefe, Schönheit und Bedeutung des Wichtigsten aufgibst.

Verkörperung und Mysterium

Schließlich, wenn es um Präsenz im Handeln geht, bringt dich verkörperte Präsenz vermehrt in Kontakt mit dem grundlegenden Mysterium von Erfahrung. An früherer Stelle gab ich das Beispiel, einfach deine Hand zu heben und zu senken. Dabei geht es nicht nur darum, »achtsam« oder in der Erfahrung präsent zu sein. Es kann eine tiefe Betrachtung sein, wie Erfahrung überhaupt geschieht. Kannst du wirklich den Unterschied verstehen zwischen der Willensäußerung »Ich möchte, dass sich die Hand bewegt … oh, schon macht sie es« – und der Handlung? Wie entstand der Wille? Wie geschieht die Bewegung? *Wer oder was ist das- oder derjenige, der all das tut?* Was hält Körper, Herz und Geist und alles Leben rege? Es ist leicht, eine Antwort zu finden, aber Antworten sind nutzlos. Antworten befriedigen nicht unsere wirklich profunden Fragen.

Mit der Zeit wirst du langsamer machen und empfindsamer werden, wenn diese Achtsamkeitspraxis des Körpers und Geists in deinen Bewegungen und Aktivitäten Einzug hält. Deine Fähigkeit zu kontemplieren entwickelt unvorstellbare Gepflogenheiten: neugierig zu sein, deine Erfahrung direkt zu erforschen, auf eine sehr unmittelbare, nonkonzeptuelle Weise zu verstehen – Verbindungen herzustellen zwischen *deiner* Erfahrung und *der Natur der* Erfahrung. Wie mit deiner Hand präsent zu sein. Die Art, wie eine Hand in der Meditation auf der anderen liegt, als ob sie füreinander sorgten, aufeinander ruhend. Die Art, wie Hände sich bewegen und geben und empfangen. Das Gefühl meiner Hände, wie sie sich gerade über die Tastatur bewegen. Wie Hände Werkzeuge des Greifens und Kämpfens oder des Kümmerns und Helfens sein können.

Bewohne deinen Körper, während du dich bewegst und handelst. Wenn du glücklich und entspannt bist – wenn du traurig oder verwirrt oder wütend oder verletzt bist. Lass das körperliche Leben zu dir sprechen.

4. Der zusammengesetzte Körper

Die vierte Art, tiefgehend das körperliche Leben zu betrachten, ist durch die unterschiedlichen Körperteile und -funktionen. Die traditionelle Lehre im Satipatthana Sutta fordert uns auf, die Einzelheiten zu reflektieren:

> *Man reflektiere über diesen Körper, der von Haut eingehüllt und voll von Unreinheit ist, von den Füßen aufwärts und von der Spitze des Kopfs abwärts, Folgendes denkend: »In diesem Körper gibt es das Haar des Kopfes, die Behaarung des Körpers, Nägel, Haut, Fleisch, Sehnen, Knochen, Mark, Nieren, Herz, Leber, Milz, Lunge, Eigenweide, Fäkalien, Galle, Auswurf, Eiter, Blut, Schweiß, Fett, Tränen, Speichel, Schleim, Ohrenschmalz, Urin.«*

Du erkennst die physischen, »fleischlichen« Komponenten des Körpers als einen Weg an, die Fetischisierung der Jugend, Schönheit und Langlebigkeit zu lockern. Denn, seien wir doch ehrlich, du alterst, verfällst und wirst sterben. (Gleich mehr dazu.)

Andererseits musst du bei dieser Reflexion vorsichtig sein. Unsere Kultur ermutigt uns, kritisch mit dem eigenen Körper zu sein. Die Medien verstärken die Körperideale, und wenn diese mit unaufgelöster Scham und Selbsthass kombiniert werden, entwickeln manche Menschen eine schmerzlich ungesunde Beziehung zu ihrem eigenen Körper. (Sie zeigt sich häufig an Symptomen wie Anorexia, Bulimie, Selbstverletzung, körperdysmorphe Störung). Wer sich also mit seinem Körper unwohl fühlt, tut gut daran, zu üben, sanft, akzeptierend und gütig mit sich selbst zu sein – dies ist eine hilfreichere Praxis für all die, die ihren eigenen Körper nicht mögen oder ihn verabscheuen.

Andererseits kann es helfen, die Fleischlichkeit, die »Fleisch-und-Piss-und-Schleim-und-Scheißhaftigkeit« des Körpers zu sehen, um deine Fixierungen zu lösen. Zum Beispiel: Es ist normal, dass der Körper schwitzt. Mitesser und Ausschläge bekommt. Es ist natürlich, dass er altert und Falten bekommt, schmerzt und steif wird und mit dem Alter verfällt.

Dies zu betrachten kann auch ein Bewusstsein schaffen für das Wunder, dass der Körper erstaunlich gut funktioniert, wenn man in Betracht zieht, wie komplex alles ist:

- Der Rhythmus und die Bewegung des Atems, der Sauerstoff extrahiert, um alle Zellen zu versorgen.
- Die Anpassungen an Temperaturänderungen – nur ein paar Grad Abweichung auf jeder Seite bedeuten entweder Fieber oder Frieren.
- Die Alchemie der Verdauung, die Nahrung in Fleisch und Knochen und Energie transformiert.
- Das Wachsen (und Grauwerden und Ausfallen) deiner Haare.
- Die Instandhaltungsarbeit verschiedener Organe, die Unreinheiten herausfiltern und Mineralien organisieren.
- Die sich wandelnde, alternde, sich selbst reparierende und zunehmend faltiger werdende Haut.
- Die Tatsache, dass du im Angesicht des Ablaufs so vieler komplexer und verwobener Prozesse überhaupt am Leben bist.

Ich bin manchmal tief beeindruckt von der natürlichen Intelligenz des Körpers: Er macht sein eigenes Ding. Die Nägel wachsen nicht auf Befehl. Ich entscheide nicht, ob das Haar bleibt, grau wird oder ausfällt. Wenn ich all das *selbst* managen müsste, wie lange würde ich durchhalten? Wenn man auf diese Weise über den Körper nachsinnt, wird er eine Quelle des Dankes und des Staunens.

5. Dieser elementare Körper

Ich erinnere mich daran, wie ich 1990 in Wat Suan Mokh, Ajahn Buddhadasas Waldkloster in Thailand, darüber unterrichtet wurde, die elementare Natur des Körpers zu betrachten. Der Monsun war nah und die

Luft so feucht, dass nichts jemals vollständig trocken wurde. Die Kleidung roch nach Schimmelpilz (das war kein Problem für die Bettwäsche, da wir auf dünnen Schilfmatten auf Betonplatten schliefen und Holzblöcke als »Kissen« hatten, die rücksichtsvoll mit einer bogenförmigen Senkung versehen waren, um sanft den Kopf darin zu betten – Luxus!).

Ajahn Buddhadasa beschrieb die Dharma-Praxis einmal als »der Natur das zurückgeben, was wir uns zu Unrecht von ihr angeeignet haben« – eine Reise, die von »Ich bin der Besitzer ›meines‹ Lebens« hin zur Intimität mit allem Leben führt. Diese Art des Betrachtens erforscht die natürlichen Elemente – Erde, Wasser, Luft und Feuer. Du spürst in deine eigene Erfahrung des Körpers hinein, um herauszufinden, was er mit dem gesamten Körper des Lebens teilt.

Während ich nun die einzelnen Elemente durchgehe, spüre in *deine eigene gefühlte Erfahrung*. Wenn du die Elemente auf diese Weise wahrnimmst und erforschst, statt nur über sie zu lesen, kannst du ihnen in deinem eigenen Körper begegnen.

Erde: Das Erdelement ist schwer und dicht. Spüre deinen Po auf dem Stuhl, deine Füße auf dem Boden. Spüre die Schwere und Dichte dieser Empfindungen und erlaube ihnen, dich zu *erden*. Spüre tief die Unmittelbarkeit reiner körperlicher Empfindung, und du kannst nicht wirklich feststellen, wo dein Körper endet und der Boden unter dir beginnt. Du gehörst zur Erde. Die Natur deines Körpers ist erdig. All die Festigkeit und Masse deiner körperlichen Existenz stammt von der Erde und wird zu ihr zurückkehren, wenn du irgendwann beerdigt oder zu Asche verbrannt wirst. Du bist von der Erde nicht getrennt. Nicht anders als die Erde. Du stammst ebenso vom Grund unter dir, wie du der Körper bist, der darauf sitzt.

Wasser: Das Wasserelement ist flüssig. Fühle den Speichel in deinem Mund. Die Wasserhaftigkeit in deinen Augen. Spüre die Fluidität, die dein ganzes Körperfeld durchzieht. Alles fließt. Alle Erfahrung ist flüssig, sich bewegend und wandelnd. Sie nimmt die Gestalt deines Bewusstseins an wie Wasser, das ein Gefäß füllt und dann wieder herausfließt. Spüre in die Wasserhaftigkeit, das Flüssigsein all deiner Erfahrung. Lass alles fließen. Dein Körper ist flüssig. Ein neugeborenes Baby besteht zu über 90 Prozent aus Wasser. Du hängst von Wasser ab. Dehydrierung würde dich umbringen. Du bist wässrig in deinem Sein.

Luft: Das Luftelement ist weiträumig, luftig. Die Luft geht beständig in dich hinein und verlässt dich über deine Nasenlöcher und deine Lunge – sie versorgt deine Zellen mit Sauerstoff und belebt dein Sein. Spüre deinen Atem tiefgehend, die Art, wie die Luft »der Welt« und die Luft deiner Atmung untrennbar sind. Innen und außen vereinigen sich und lösen sich auf. Fühle den Raum, der deine körperlichen Empfindungen umgibt. Den Raum zwischen deinen Gedanken. Evoziere die offene, weiträumige Natur deines Geistes und all deiner Erfahrungen. Spüre die Luft auf deiner Haut, dieselbe Luft, die du als Atem spüren kannst. Bewusstsein ist wie Luft – unsichtbar und doch wesentlich, subtil und doch offensichtlich. Das Luftelement verleiht allen Dingen Raum. Deine Erfahrung ist inhärent luftig.

Feuer: Das Feuerelement ist Hitze – die belebende Wärme deines Körpers in diesem Augenblick. Spüre in die Wärme deines Bauches hinein, die Hitze im Zentrum deines lebendigen Körpers, die dich warm hält, das Feuer der Verdauung, das Nahrung in wärmende Hitze transformiert. Ein lebendiger Körper ist ein warmer Körper. Spüre jetzt die Lebendigkeit in dir als das Feuer, das in dir brennt, als alle Nervenenden, die aufleuchten, als jeden Gedanken, der dir ins Bewusstsein kommt. Der Kessel deiner Erfahrung wird von der Hitze der Welt befeuert.

Auf diese Weise nachzusinnen ist eine andere Art, das *Ich, mir und mein* zu entspannen, das sich ansonsten über unsere Erfahrung legt, – die Identifikation mit diesem Körper als demjenigen, *der ich bin.* Lass stattdessen alles ganz natürlich. Elementar. Lass die Last los, es zu *deinem* zu machen. Gib der Natur das zurück, was du unnötigerweise und stressvoll mit dir verwechselt hast.

6. Den Tod betrachten

Der Tod ist sicher.
Der Todeszeitpunkt ist unsicher.
Was soll ich tun?

Diese traditionelle buddhistische Reflexion relativiert die Dinge. Das Leben ist kurz. Wie viel deines Lebens ist schon vorüber? 30 Prozent? 50 Prozent? 80 Prozent? Es könnten bereits 90 Prozent sein – niemand von uns weiß, ob wir gar den Rest dieses Tages überstehen.

Diese sechste traditionelle Praxis lädt uns ein, unser Leben im Lichte unseres unvermeidlichen Todes zu betrachten. Traditionell meditieren Praktizierende mit einem verwesenden Leichnam, darüber reflektierend, dass dies auch ihr Schicksal ist, während das Fleisch der Leiche sich aufbläht und verrottet, stinkt und von Maden gefressen wird.

Ich habe viele Stunden in Indien und Nepal damit verbracht, in Feuerbestattungsstätten zu sitzen und Körper in den Flammen aufgehen zu sehen, die nur einige Stunden zuvor lebendig gewesen waren. Ich erinnere mich daran, wie ich außerhalb von Kathmandu eine Familie beobachtete, die mit ihrer toten Mutter ankam. Die Priester boten Gesänge und Segnungen an – der Scheiterhaufen wurde mit Weihrauch und Weihwasser besprenkelt, bevor er angezündet wurde. Die Luft roch bald wie beim Grillen, während das Fleisch brutzelte und brannte. Kochendes Wasser und brennende Sehnen können merkwürdige Bewegungen hervorrufen, und plötzlich erhoben sich die Arme der toten Frau – teilweise grotesk, teilweise einnehmend – zu einem letzten an ihre Familie gerichteten Winken aus den Flammen heraus. Die Arme verdrehten sich in einem merkwürdigen Winkel, bevor sie wieder auf ihre Brust sanken, einen letzten Abschied und Frieden andeutend.

Ich sah eine Weile zu (eine Feuerbestattung wie diese nimmt einige Stunden in Anspruch), bevor ich in die Hügel zu meinem täglichen Gang aufbrach. Stunden später ging ich wieder an den Ghats am Flussufer vorbei, und nun war nichts mehr von ihr übrig. Ihre Verwandten waren gegangen. Zwei *doms* (die Menschen, die die brennenden Ghats unterhalten) durchsiebten die Aschereste (nach Gold aus ihren Zähnen suchend) und dann, mit einer unscheinbaren Geste der Finalität, fegten sie den allerletzten Staub von der Bestattungsfläche in den Fluss. Es blieb keine Spur.

Dieses Gegangensein – das Leben einer Frau verschwand vollständig in einem Aschefleck am Flussufer – machte einen tiefen Eindruck auf mich. Ich stoppte meinen Gang und starrte über mich. Alles, was ich aufnahm, schien gleichzeitig so plastisch und lebendig und doch auch hohl und leer zu sein. Alles war an Verfall und Auflösung gebunden.

Die Sache hatte verschiedene Nuancen. Die erste war ein Gefühl der Trostlosigkeit: Ich und alle, die ich jemals gekannt und geliebt habe, wie auch alle Dinge, die es jemals gab, sind an dieses Schicksal gebunden. Nichts bleibt. Alles schwindet. Jeder Moment befördert uns näher daran, ausgelöscht zu werden, heraus aus der Existenz.

Ich setzte mich an den strömenden Fluss, der jeden Moment und alle Existenz zu deren Tod zu tragen schien. Ich spürte meine eigenen Zellen sterben, meinen Körper zerfallen und meinen Geist versagen. Alle um mich herum erschienen mir als laufende Skelette, wartende Leichen. Ich sah Sterne ausbrennen und die ganze unergründliche Totalität der Existenz ihre Todesmaske tragen. Ich verweilte mit dem Heben und Senken meiner Atmung, jedes Ausatmen ein tödliches Ende, ein Fenster ins Nichtsein in diesem zeitlosen, stillen Moment am Ende jedes Ausatmens, wo alle Dinge aufhören zu sein. Vollständiges Gegangensein. Dies war, verstand ich bis ins Mark, worauf ich, worauf wir alle unaufhaltsam zustrebten.

In dieser Dunkelheit und diesem Nichtsein begann ich, etwas anderes zu sehen. Diese undurchdringbare Leere der Nichtigkeit war ungemein still. Friedvoll. Eine große, alles umfassende Stille. Ein Ende aller Aufregung und existenzieller Angst. Der Fluss strömte immer noch, Menschen bewegten sich in der Nähe, die Wolken trieben am Himmel entlang, doch nichts rief auch nur die kleinste Störung hervor. Alles stieg aus der stillen

Nacht des Bewusstseins auf und starb in sie zurück. Frieden und Stille umfingen alle Dinge. Es war klar, dass die Natur des Geistes unergründlich leer, unendlich tief, vollkommen still war.

Die Uhren tickten, aber die Zeit verrann nicht länger. Und dann begann ich in diesem Gegangensein und Nichtvorhandensein eine neue Bedeutsamkeit darin zu spüren, dass ich immer noch atmete. Aus dem schwarzen Loch am Ende jedes Ausatmens ging neues Einatmen hervor. Wieder und wieder. Leben und Ausdehnung und Sauerstoff. Schöpfung. Ein neues Universum in jedem Moment. Die Leere des Lebens war auch die Quelle seiner Dynamik und Kreativität. Mit jedem Einatmen werden die Zellen erneut energetisiert. In jedem Augenblick wird die Welt geboren. Neue Eindrücke. Neue Gedanken. Ständig. Und deshalb sind dieser Baum, diese Person, der Fluss ständig am Ankommen, während sie sich zugleich auf dem Weg der Zerstörung befinden. Sie werden in jedem Moment neu geboren. Während die Essenz aller Dinge das Gegangensein ist, an den Tod gefesselt zu sein – ist der *Ausdruck* aller Dinge ihre *Präsenz*, ihre Lebendigkeit, ihr vollkommenes *Hiersein*.

So mächtig ist es, den Tod zu betrachten. Zu sehen, wie flüchtig und fragil das Leben ist, bedeutet auch Zeuge dessen zu sein, wie wertvoll und dynamisch es ist. Die einzige Sicherheit im Leben ist der Tod. Und gerade jetzt liegt in diesem Raum vor unserem unvermeidlichen Untergang eine große Möglichkeit. Große Lebendigkeit.

Wie wirst du sie am besten nutzen?

Diese sechs Arten, den Körper zu betrachten, sind wertvolle Werkzeuge, um zu erforschen, wer du zu sein denkst und wie du dem Leben begegnest. Die ersten drei werden gewöhnlich in Meditationslehren betont, da sie direkte Verkörperungspraktiken sind: beim Atmen, in unterschiedlichen Meditationshaltungen und beim Bewegen und Handeln präsent zu sein. Die letzten drei sind in ihrem Wesen reflektiver: den Körper in seinen Teilen und Funktionen, seiner elementaren Natur und in seinem vergänglichen Zustand zu betrachten.

Die vielen Facetten der Achtsamkeit

Es gibt viele verschiedene Arten, wie wir unserer Erfahrung weise, verkörperte Aufmerksamkeit widmen können. Statt Achtsamkeit auf eine »wertungslose, auf den gegenwärtigen Moment gerichtete Aufmerksamkeit« zu reduzieren, hebt Buddha viele unterschiedliche Nuancen und Funktionen hervor, präsent zu sein. Er vergleicht *sati* (das Pali-Wort für Achtsamkeit, Präsenz, verkörperte Präsenz) abwechselnd mit einem Schafhirten, der im Schatten eines Baums ruht, einer militärischen Nachtwache, die nach Zeichen einer angreifenden Armee Ausschau hält, einer Wagenlenkerin, die die Leidenschaft ihrer Pferde zu kontrollieren und zu zügeln versucht, und einem Wachmann, der entscheidet, wer einen Bereich betreten und verlassen darf.

Achtsamkeit ist nicht passiv, sie passt sich an die Umstände an. Wenn alles gut ist – der Geist ruhig und die Situation ungefährlich – kann sich deine Aufmerksamkeit wie der Schafhirte im kühlen Schatten entspannen. Nur ein Auge überwacht sanft die Gedankenschar, falls sich einer in gefährliches Gebiet verirrt. Wenn du dich in einem emotionalen Drama verfängst, muss deine Aufmerksamkeit eher wie die Wagenlenkerin sein, an den Zügeln deines Wildpferdgeistes ziehend, die emotionale Ladung deeskalierend, das Drama erkennend und loslassend, bevor es unkontrollierbar davongaloppiert. Bei anderer Gelegenheit kann deine Aufmerksamkeit wie die Nachtwache sein, die nach attackierenden Gedanken und Geisteszuständen Ausschau hält. Wie ein trockener Alkoholiker, der Freunde in einer Bar trifft, von Gedanken ans Trinken angegriffen wird, oder ein unglücklicher Single, der von Paaren umgeben ist, in eine Spirale selbstmitleidiger Gedanken geraten kann, scannt deine Aufmerksamkeit in Situationen, in denen du weißt, dass dein Geist verletzbar ist, deine mentale Landschaft auf Zeichen der Gefahr. Dann wieder kann deine Achtsamkeit manchmal wie der Wachmann sein, der die »Sinnestüren« der Erfahrung beobachtet, jeden Gedankenbesucher beim Ankommen antrifft und dein Urteilsvermögen nutzt, um zu sehen, welcher es wert ist, eingelassen und ermutigt zu werden, und welcher aus dem Gebäude herausgeleitet werden muss.

Wie sich der Geist bewegt

Der Geist bewegt sich auf rätselhafte Art und Weise. Aber wenn wir präsent bleiben, beginnen wir unsere Muster zu verstehen. Es gibt drei Hauptarten, wie sich der Geist bewegt, und drei bestimmte Modi, die wir durch Übung kultivieren können.

Die erste Art ist, wenn der Geist *unter Zwang steht*. Jede Erfahrung von ausreichender Intensität erfordert deine Aufmerksamkeit. Wenn jetzt vor deinem Fenster ein Feuerwerk losginge, würde sich deine Aufmerksamkeit sofort dorthin richten. Oder – um ein berühmtes Beispiel zu nutzen – wenn ich dich bitte, nicht an einen pinken Elefanten zu denken, wird sich deine Aufmerksamkeit unvermeidlich mit diesem Konzept befassen. Wenn du merkst, dass dir kalt ist, wandert deine Aufmerksamkeit zu dieser Erfahrung, schnell gefolgt vom Impuls, dich aufzuwärmen, und dem Gedanken, eine Jacke anzuziehen oder die Heizung aufzudrehen.

Ähnlich ist es bei emotionaler Intensität: Wenn dich etwas verärgert, was du liest, wird deine Aufmerksamkeit in Richtung dieses Zustands gezogen, und Gedanken folgen, um ein Narrativ zu schaffen: »Das ist unverschämt, wie kann sich diese Person/Regierung/Konzern so verhalten?« Jedes Mal, wenn etwas Intensives geschieht, wird deine Aufmerksamkeit dorthin gezogen, und es gibt nichts, was du dagegen machen kannst.

Die zweite Art, wie der Geist funktioniert, ist *durch Gewohnheit*. Wenn nichts besonders Intensives geschieht, was deine Aufmerksamkeit auf sich zieht, wird sie wahrscheinlich dorthin wandern, wohin sie gewöhnlich geht, wie ein alter Hund auf einem vertrauten Spaziergang. Einige von uns wandern aus Gewohnheit in die Zukunft, in die Fantasie oder in Sorgen, wir bauen Luftschlösser und stellen uns Szenarien vor, die wir entweder herbeisehnen oder fürchten. Andere beschreiten hauptsächlich die kurvenreichen Wege der Erinnerung, die sich entweder in die Nostalgie oder das Bedauern verästeln, wobei wir uns erzählen, *wie es war*, und unsere ansonsten schon lange tote Erfahrung wiedererwecken. Und wieder andere gehen wiederholt in der Gegenwart herum, wobei sie kommentieren, analysieren und bewerten, was immer auch gerade geschieht. Wir alle wissen, was es bedeutet, in diesen drei Feldern der Zeit umherzuwandern, aber wenn du darauf achtest, kannst du wahrscheinlich herausfinden, dass du eine »bevorzugte« Richtung hast, einen Ort, an den dich die Gewohnheit am häufigsten führt.

Die dritte Art, auf die sich der Geist bewegt, ist *durch Praxis* – absichtlich deine Aufmerksamkeit auf etwas Nützliches zu richten, statt blind dem Zwang und der Gewohnheit zu folgen. Es gibt drei besonders wichtige »Aufmerksamkeitseinstellungen« für die meditative Praxis: Auf Pali werden sie *vitakka, vicara* und *viveka* genannt. Wir betrachten diese drei Vs in folgender Reihenfolge: die Aufmerksamkeit auf etwas richten, mit der Aufmerksamkeit umgehen und die Aufmerksamkeit umarmen.

Drei Arten der Aufmerksamkeit

Die Aufmerksamkeit auf etwas richten (vitakka) ist wie ein Finger, der auf ein bestimmtes Objekt zeigt. Es ist die Aufmerksamkeit, die du während der Meditation schulst, indem du deine Aufmerksamkeit zurück zur Atmung bringst, wenn sie in die Zerstreuung abgewandert ist. Du kannst nicht verhindern, dass deine Aufmerksamkeit sich wegbewegt, wenn sie von einem starken Sinneseindruck erfasst wird, aber du kannst die Art und Weise, wie deine Aufmerksamkeit sich aus Gewohnheit bewegt, radikal ändern. Verschiedene Studien zu Meditation und Neuroplastizität haben gezeigt, wie eine verbesserte Aufmerksamkeit Stress mindert, Wohlbefinden fördert und glücklich stimmende Neurotransmitter produziert. Du kannst die Arbeiten von Rick Hanson, Richard Davison, Dave Vago und anderen lesen, wenn du Genaueres wissen willst. Mich persönlich beeindrucken nicht die wissenschaftlichen Daten, wie Aufmerksamkeit sich verändern kann, sondern die wirklichen rohen Daten, der gelebte Beweis eines klareren, helleren, glücklicheren und ruhigeren Geistes.

Meditationsanfänger sind häufig entmutigt, wenn sie merken, wie ihre Aufmerksamkeit ständig abgelenkt wird. Menschen sagen mir: »Ich habe Meditation einmal ausprobiert, aber es war nichts für mich.« Nun ja, sie ist für keinen von uns wirklich geeignet! Die Gewohnheiten des Geistes lassen ihn all dem Verlangen, den Überzeugungen oder Meinungen hinterherrennen, was auch immer an ihm zerrt. Die gute Nachricht ist, dass es egal ist, dass deine Aufmerksamkeit auch weiterhin wandert. Das wirklich Wesentliche ist, dass du sie zurückbringst! Jedes Mal, wenn du bei der Gewohnheit des Wandergeists einschreitest, geschehen verschiedene wichtigen Dinge:

1. Du kultivierst *klares Sehen*. Du *erkennst*, wo deine Aufmerksamkeit ist. Wenn du das wieder und wieder machst, wirst du mit deinem Muster vertraut und einsichtiger, wie der Geist funktioniert.

2. Du hast einen authentischen Moment der Wahl – den Gedanken, der deine Aufmerksamkeit eingefangen hat, *loszulassen*. Du hattest diese Wahl nicht, als dein Geist zunächst von dem verführt worden ist, was deine Aufmerksamkeit auf sich gezogen hat, da du unbewusst warst. Aber in diesem Augenblick der Präsenz kannst du dich hiervon lösen. Du kannst die Gewohnheit loslassen, den Gedanken allein lassen und dich von deinem habituellen Denken unabhängig machen.

3. Folglich kannst du, wenn du von deinen gewohnheitsmäßigen Gedankenströmen befreit bist, bewusst zur Präsenz *zurückkehren* – zu körperlichen Empfindungen, zur Bewegung deiner Atmung oder zu deinen

Schritten auf dem Boden. Statt von dem mitgezogen zu werden, was immer deine Aufmerksamkeit auf sich zieht, gestaltest – und optimierst – du nun bewusst deine Erfahrung. Du entscheidest nicht, was dir zustößt, aber du *kannst* entscheiden, wie du damit umgehst.

4. Du *stellst* verkörperte Präsenz *wieder her.* Du findest dein Zuhause wieder im offenen Raum des Gewahrseins, im ausbalancierten Ort inmitten deiner sich wandelnden Erfahrung. Du wirst nicht mehr von jedem Verlangen oder jeder Abwehrhaltung oder jeder Ablenkung mitgezogen, sondern stellst das Gegenteil wieder her – einen Geist, der *nicht fordernd, nicht abwehrend und nicht abgelenkt ist.* Du lebst für diesen Moment, in Frieden mit dir selbst und in der Präsenz des Lebens.

Manchmal gebe ich diese vier Punkte Meditierenden als praktische Anleitung:

Erkennen
Loslassen
Zurückkehren
Wiederherstellen

Auf diese Weise übst du, deine Aufmerksamkeit auszurichten – deine Aufmerksamkeit geschickt wieder und wieder und wieder auf etwas zu lenken, bis es dir in Fleisch und Blut übergeht zu erkennen, wo du bist, nicht hilfreiche oder unnötige mentale Geschäftigkeit loszulassen, zur Unmittelbarkeit des Lebens zurückzukehren und wieder innere Ruhe und Klarheit herzustellen.

Mit der Aufmerksamkeit umgehen (vicara)

Die menschliche Fähigkeit, das Innenleben zu erforschen, ist außergewöhnlich. Wir können unsere Erfahrung nicht nur erleben, sondern auch *zur gleichen Zeit* über sie reflektieren! Und wir können bewusst diese Fähigkeit entwickeln, damit wir tief in das eintauchen können, was uns widerfährt, und zugleich dessen Natur betrachten können, wodurch es zum Werkzeug unserer eigenen Entwicklung wird. Diese außerordentliche menschliche Fähigkeit benötigt bewusstes Training, allerdings füllen wir auf uns allein gestellt unsere Köpfe großteils mit mentalem Abfall – vage recycelten Erinnerungen, vage vorgestellten zukünftigen Szenarien, vage erzählten gegenwärtigen Momenten und zwanghafter Reaktivität auf jeden starken Reiz, auf den wir treffen.

Die Aufmerksamkeit zu erforschen kann eine Erfahrung im Geist halten, wobei wir uns die Zeit nehmen, ihre Form, Textur und ihre Konturen zu spüren. *Vicara* ist – wie das Partyspiel, bei dem einen die Augen verbunden werden und ein Objekt in die Hand gelegt wird, um es zu fühlen, zu entdecken, zu erforschen und zu benennen – die Qualität der Aufmerksamkeit, die unsere mental-emotionale Erfahrung erforscht und *mit ihr umgeht*. Du lernst deine eigenen Geisteszustände sehr genau kennen. Du begegnest deinen Gefühlen *von innen* statt nur durch das Drama dessen, was geschieht. *Vicara* macht beispielsweise den Unterschied, ob du deinem Partner die Schuld gibst, dass er dich ärgerlich gemacht hat, oder *wahrzunehmen*, dass du ärgerlich wirst, und anschließend fähig zu sein, diesen emotionalen Zustand und seinen Ursprung in dir zu erforschen, sich um ihn zu kümmern und zu verstehen. Du fühlst ihn, kennst ihn, verstehst ihn … also verwickelst du dich in kein Ego-Drama mit ihm.

Tiefe Neugier zu kultivieren bedeutet, in deinen Geist zu blicken wie in einen Spiegel, der reflektiert, was immer auch im Bewusstsein erscheint. Während *vitakka*, die Aufmerksamkeit auf etwas richten, davon handelt, wie du dich umdrehen und direkt in den Spiegel sehen kannst statt irgendwo sonst hin, handelt *vicara*, der Umgang mit der Aufmerksamkeit, davon, den Spiegel zu polieren und das zu untersuchen, was reflektiert wird. Das ist keine intellektuelle Untersuchung, obwohl sie das Denken auch nicht ausschließt. Es ist eine körperzentrierte, »kinästhetische

Neugier«. Das Bewusstsein führt und das Denken folgt. Wenn ich mich mit Schüler:innen treffe, ist es das, was wir häufig zusammen tun. Ich unterstütze sie dabei, ihre Erfahrung zu erforschen. Obwohl Menschen gewöhnlich mit dem Ego-Drama beginnen, wer was getan oder gesagt hat, können sie dazu ermutigt werden, sich von ihrer Identifizierung mit ihren Gefühlen zu lösen und sie stattdessen wahrzunehmen und zu erforschen.

Reflektierendes Denken ist ein wichtiger Bestandteil davon, die Erfahrung zu erforschen, aber wenn Gedanken die Überhand über das Gewahrsein gewinnen, führt das dazu, dass du nur *darüber nachdenkst*, was geschah. Wenn verkörpertes Gewahrsein die Erforschung leitet und das Denken folgt, entdecken wir die Kunst der Erforschung.

Aufmerksamkeit umarmen (viveka)

Der Geist wird von Details angezogen. Beispielsweise ist deine Aufmerksamkeit gerade mehr auf diese Worte gerichtet statt auf den leeren Raum auf dieser Seite, der sie umgibt, und mehr auf das Objekt dieses Buches statt auf den leeren Raum ringsum. Die Aufmerksamkeit rastet in das ein, was immer sie anzieht, und je intensiver die Wirkung des jeweiligen Objekts ist, desto fixierter wirst du und desto obsessiver denkst du daran. *Viveka,* die Aufmerksamkeit umarmen, ist die Art, wie du eine weiträumige Perspektive, eine breite Sicht wiederherstellen kannst. Du begegnest den Erfahrungsobjekten mit einer offenen, entspannten, umarmenden Aufmerksamkeit – in Kontakt mit den Einzelheiten, aber geräumig. Raum schaffend für die Erfahrung, ohne sich darin zu verfangen.

Die meisten Menschen lernen diese Qualität der Aufmerksamkeit niemals wirklich kennen. Sie bewegen sich von einem Reiz zum nächsten, ihre Aufmerksamkeit wechselt sich ab, fordernd, abwehrend, abgelenkt sowie gewohnheitsbedingt und großteils unbewusst auf das reagierend, was immer auch gerade geschieht. Sie springt herum, der Gnade der Gewohnheitsflipper ausgeliefert im Flipperspiel des Lebens. Aber wenn du wirklich deine Aufmerksamkeit schulst, kannst du wie der Dude in *The Big Lebowski* verweilen. Diese geräumige Unterkunft der Erfahrung ist tiefgehend entspannend. Es ist das, was mit dem Spruch »In der Welt, aber nicht von ihr« gemeint ist. Mit der Erfahrung vertraut zu sein, aber sich nicht in ihr zu verfangen. Das macht die Erfahrung transparenter, sodass du, wie es Leonard Cohens Lied beschreibt, »das Gefühlt bekommst, dass dies nicht wirklich real ist. Oder es ist real, aber es ist nicht wirklich da«.

Diese meditative Übung kann dir ein Gefühl dieser weit offenen, umarmenden Aufmerksamkeit geben.

REFLEXION

Nimm dir einen Augenblick Zeit, um zu spüren, wie du hier sitzt. Während du diese Worte liest, spüre das Gewicht deines Körpers auf dem Stuhl wie auch den Rhythmus und die Bewegung deiner Atmung. Fühle deine Hände und Arme. Erlaube deinem Körper, so entspannt wie möglich zu sein.

Nimm wahr, wie du mit diesen Worten in Berührung bleibst (sowohl visuell auf der Seite als auch kognitiv, das verstehend, was du liest), während du zugleich auch deine körperlichen Empfindungen spüren kannst. Fühle, wie in deinem Bewusstsein Raum für beides ist.

Fühle deine körperliche Erfahrung umfassender. Spüre, wie dein Gewahrsein Raum hat für das, was gerade gefühlt wird. Sieh, wie du die Empfindungen fühlen und gleichzeitig Raum um die Empfindungen herum haben kannst – wie du deine Beine spüren, in deinen Beinen sein kannst, während du zugleich im Raum ruhen kannst, in dem du fühlst. Erforsche dies eine Weile lang.

Probiere nun das visuell: Nimm als Erstes wahr, auf was du siehst (dieses Buch). Nimm nun den visuellen Raum um dieses Buch herum wahr, den Raum im Zimmer oder Park oder wo auch immer du bist. Nimm dir Zeit; finde heraus, ob du den Raum um das Objekt spüren wie auch sehen kannst.

Finde nun heraus, ob du die Geräumigkeit ein bisschen weiter ausdehnen und die Randlosigkeit des visuellen Felds spüren kannst. Endloser Raum. Weit offen.

Und schließlich: Stelle fest, ob du das Gewahrsein spüren kannst, in dem dein visuelles Feld erscheint – das Bewusstsein, welches das Sehen registriert – die offene, hellwache, weiträumige Umarmung des Gewahrseins, die jede Erfahrung willkommen heißen und einschließen kann.

Die Aufmerksamkeit zu umarmen ermöglicht dir, von Natur aus zu entspannen. Sich in den Raum, der die Erfahrung umgibt, hineinzubegeben. Dies ist der natürliche Ruheort des nicht reaktiven Geists. Und danach kannst du in jeder Erfahrung suchen, jederzeit.

Drei verkörperte Einsichten

Sämtliche Arten, wie wir bisher das Ich-Erleben gefühlt, erforscht und dekonstruiert haben, orientierten sich an einem klaren Ziel: Befreiung. Das manifestiert sich in drei verkörperten Einsichten oder drei Freiheiten:

- *Der Freiheit von Zwang*, wenn du verstehst, wie du dich in Begierden verfängst.
- *Der Freiheit von Anspannung*, wenn du unbewusste Anspannungsmuster lockern kannst.
- *Der Freiheit von Verwirrung*, wenn du unbewusste Ansichten loslassen und ein klareres Gefühl der Wirklichkeit gewinnen kannst.

Dies ist ein verkörpertes Erwachen, und es gibt drei Kerneinsichten, die diesem Befreiungsvorgang zugrunde liegen, und alle drei verändern die Art, wie wir uns selbst und die Realität auf signifikant andere und tiefere Weise verstehen, als wir es zuvor gewohnt waren.

Die erste Veränderung führt dich davon weg, deinen Körper als Objekt zu betrachten, und dahin, ihn als Erfahrung zu sehen. Wenn du dich auf den Körper als eine Sache beziehst, verleihst du »diesen drei Kubikmetern Fleisch« eine irreale Festigkeit und Dauerhaftigkeit. Wenn du den Körper stattdessen als Erfahrung betrachtest in seiner sich ständig wandelnden, fluiden Natur, ermöglicht dir das als dieses instinktiv gefühlte *Körperfeld* zu leben, ein Feld der Sinneserfahrung, das sich zugleich auf alles, mit dem es in Berührung kommt, auswirkt – und davon berührt wird. Wie ein Fisch im Wasser bist du durch und durch getränkt von verkörperter Präsenz – vertraut mit allen Objekten, ohne dich für ein fixiertes Subjekt zu halten. Du bist zutiefst in deinem Körper und all seinen Erfahrungen zu Hause.

Die zweite Veränderung besteht darin, eine Erfahrung nicht mehr besitzen oder kontrollieren zu wollen, sondern sie von allein geschehen zu lassen. Planeten drehen sich, das Gras wächst, der Atem atmet und das Herz schlägt. Die Natürlichkeit des Lebens geschehen zu lassen und die *natürliche Intelligenz* des Körpers in dir wirken zu lassen *(als du!)* ist äußerst entspannend, entlastend und befreiend. Statt die Verantwortlichkeit für dein körperliches Leben als gegeben anzusehen – und im weiteren Sinne für *dein* ganzes Leben, *lässt du es* stattdessen *geschehen*. Du empfängst, statt zu dirigieren, du antwortest, statt zu reagieren. Die Veränderung zeigt sich darin, dass du aufhörst, dich als ein separates, in Zeit und Raum fixiertes Wesen anzusehen und wahrnimmst, dass da weder Rand noch Zentrum ist. Untersuche das Feld deiner Erfahrung, und du wirst feststellen, dass du keine festen Ränder findest. Weder dein auditives Feld noch dein visuelles Feld noch dein Gefühlsfeld haben erkennbare Ränder. Das Gewahrsein erweitert sich mehr denn je in Richtung imaginativer und doch unauffindbarer Grenzen. Wende dich nach innen und es ist dasselbe. Du findest eine immer größere Subtilität von Empfindungen und Gefühlen, aber kein zentrales Steuerpult, keinen Kern des Selbst.

Mit einem Körper als sich wandelndem Feld, sich frei entfaltend, randlos und ohne Zentrum, begegnest du dem Leben unvermeidlich in einer Weise, die weit über eine Beschäftigung mit dir selbst hinausgeht. Es stellt sich heraus, dass *genau hier* bis ins Unendliche reicht und von nun an das ist, wohin wir gehen: hinaus über den individuellen Körper und hinein in den kollektiven – zum Ich in allen Dingen und allen Dingen in mir.

Walt Whitman sagte: »I am large, I contain multitudes.« (»Ich bin groß. Ich umfasse Scharen.«) Wir werden Whitmans Scharen treffen.

KAPITEL 6

Dieser kollektive Körper

Die Weisheit sagt mir, dass ich nichts bin;
Die Liebe sagt mir, dass ich alles bin.
Zwischen diesen beiden
Fließt mein Leben.

SRI NISARGADATTA MAHARAJ

Ich liebe diese Zeilen von Sri Nisargadatta Maharaj (1897–1981). Er war ein bemerkenswerter nondualer spiritueller Lehrer aus Mumbai, Indien, der bis 1981 lebte, und ist Autor von *Ich bin*, das mein Lehrer als »das größte spirituelle Lehrbuch des 20. Jahrhunderts« bezeichnete. Diese wenigen Zeilen von »Mr. Natürlich« (eine grobe Übersetzung seines Namens) erinnern uns daran, dass wir über ein partielles, begrenztes und eingeschränktes Ich-Erleben hinausgehen können, in beide Richtungen. Du kannst dich innerlich erforschen, nichts findend, dich mit nichts identifizierend, bis sich das Ich-Erleben vollständig auflöst. Das ist das Sehen durch die Linse der *Weisheit.* Oder du kannst das Äußere erforschen, einschließlich allem in deinem Erfahrungsfeld, wobei du dein

Ich-Erleben ausdehnst, bis du dich mit *allem* identifizierst – dem ganzen Kosmos, der Umarmung der Liebe.

»Die ganze Welt entsteht in diesem Körper.« Sowohl die »innere Welt«, die wir das *Ich* nennen – mein Körper, mein Herz und mein Geist, meine Geschichte und Probleme und Geschichte – als auch die »äußere Welt« der Menschen, Orte und Situationen – alles, was als das *Nicht-Ich* erscheint. Es ist wichtig, dass du zwischen dem, was das »Selbst« und »Nicht-Selbst« ist, unterscheiden kannst, aber wenn du deine Haut als Grenze deines Körpers für fundamental wahr hältst, wirst du dich isoliert und entfremdet von der Totalität des Lebens wiederfinden.

Manchmal schmilzt diese Grenze und offenbart eine tiefe Intimität mit allem, was ist. Es kann spontan geschehen, durch die Natur oder Musik oder Drogen oder Sex oder Gefahr. Diese Intimität wird bewusst in der Meditation kultiviert. Erfahrungen wie diese zeigen dir, dass du nicht so getrennt bist, wie du *denkst*, sie werfen unvermeidlich tiefe Herzensfragen über unsere wahre Beziehung zueinander auf. Wie getrennt sind wir wirklich? Wenn ich grundlegend von allen anderen Wesen nicht getrennt bin, wie bringe ich die persönliche Sorge um *meine* Wünsche und Bedürfnisse mit *deinen* und *ihren* in Einklang – all dieser sogenannten »anderen«.

Diese Dichotomie spielt sich gesellschaftlich ab – wir schaffen nicht nur zwischen dem Selbst und der Welt Grenzen, sondern auch im toxischen Stammessystem von *wir* und *sie*. Sieh dir die Geschichte von Krieg und Religion an, mit all den guten und bösen Gestalten, den Auserwählten und Häretikern. Sieh dir die aktuelle Politik an. Sieh dir den Nationalismus und die fremdenfeindliche Rhetorik an – Rassismus, Homophobie und alle Formen von Vorurteil und Marginalisierung. Sieh dir die Tragödie an, wie wir einander dämonisieren, uns gegenseitig die Schuld geben und uns aus unseren Herzen ausschließen.

Tragischerweise sind viele noch unfähig, die »Wir«-Grenzen sehr weit auszudehnen. Die Identifikation mit Grenzen folgt einer klaren Entwicklungsreihenfolge. Sie verläuft von egozentriert – »*Alles* dreht sich um mich« – über familienzentriert – »Ich liebe meine Familie und ich handle, um sie zu versorgen und zu beschützen« – zu gruppenzentriert, mehr oder minder entlang von Stammeslinien, ob wir uns mit einem Fußballteam, einer religiösen oder politischen Zugehörigkeit oder einer Nation oder Volkszugehörigkeit identifizieren. Jede Gruppe, die Insider erschafft, die »meine Leute« sind, erzeugt Outsider, die es nicht sind. Sie sind die *anderen*. Anders, entgegengesetzt, und in ihrer Andersartigkeit werden sie *irrelevant*, und daher aus meinem Herzen ausgeschlossen. Auf diese Weise dämonisieren wir Einwanderer, verachten unsere politischen Gruppierungen und sind in derselben Dynamik gefangen, die in Familienfehden wie auch geopolitischen Konflikten wirkt.

Als ich ein Teenager war, zogen wir die Linien der Gruppenidentität um unseren Musik- und Kleidungsgeschmack, die uns als Goth, Punk, Nerd oder »moderne Romantiker« – eine urkomische Bezeichnung – auswiesen. Eine schmale Gruppenidentität ist wirklich eine jugendliche Entwicklungsstufe. Eine Gruppenidentität ist beruhigend, aber da wir von dem Versprechen verführt werden, zu einem »Wir« zu gehören, sehen wir nicht die Gefahr, ein korrespondierendes »Ihr« zu erschaffen. Während du in zunehmendem Maße spürst, dass dein wahrer Körper das ganze Universum ist, präsentiert sich das gesamte Leben *hier* in deinem Gewahrsein, und du kannst nicht länger die Folgen ignorieren: Alle Wesen sind in dir und du bist in ihnen. Deine Praxis muss sich dahingehend wandeln, in dieses Kollektiv hineinzuwachsen, einschließlich des *unendlichen* Körpers. Wir werden diese drei Aspekte dieser tiefen Kollektivität erforschen: Solidarität, Gemeinschaft und Liebe.

Solidarität, Gemeinschaft und Liebe

Auf Meditationsretreats erfahren Menschen häufig ein tiefes *Intersein* mit allen Dingen und kommen in Berührung mit der Wahrheit von Walt

Whitmans berühmter Zeile: »Ich bin groß. Ich umfasse Scharen.« Diese Erfahrungen zeigen kraftvoll, dass *meine Körpergrenze* und die Gruppengrenze meines bestimmten *Wir* lediglich Abstraktionen sind. Wir koexistieren – wir *inter-si*nd (um Thich Nhat Hanhs evozierenden Begriff zu gebrauchen) in tiefer Solidarität mit allem Leben. Das Problem mit Meditationsretreats ist jedoch folgendes: Sie betonen das Meditieren stark! Am Ende des Retreats hast du all diese großartigen Meditationsanweisungen gehört, aber sehr wenige Anleitungen für den Rest des Lebens. Du hast nun eine wunderbare Führung für die 20, 30 oder 60 Minuten deiner täglichen formalen Praxis, aber alles, was du für die restlichen 23 Stunden hast, sind die klassischen Aufforderungen für alle Zwecke: »Sei achtsam« und »Übe Mitgefühl«. Das sind großartige Aufforderungen ... aber sie müssen ein bisschen genauer dargelegt werden, und sie in einer chaotischen Welt in der Beziehung mit *anderen Menschen* anzuwenden ist herausfordernd. Wir sind im Grunde untrennbar mit 7 Milliarden anderen Menschen verbunden, zuzüglich allem anderen Leben auf dem Planeten und zuzüglich jener, die noch geboren werden, sowie allen anderen Bewohnern anderer Galaxien und Universen. Wir müssen unser Verständnis, womit und mit wem wir uns identifizieren, wirklich erweitern. Es geht darum, dass wir uns von selbstzentriert zu familienzentriert zu gruppenzentriert zu weltzentriert zu kosmoszentriert wandeln, bevor uns die Zeit und die Luft und das Wasser und der Raum ausgeht und wir sterben, wobei wir uns letztlich wieder in das ursprüngliche Einssein mit allen Dingen auflösen. (Das Leben wird schließlich seine unendliche Allumfassenheit wieder geltend machen, ob du es magst oder nicht, selbst wenn es nur in Form der Erde ist, die deinen verwesenden Körper erneut aufnimmt.)

Wir möchten andere nicht aus unserem Herzen ausschließen. Aber schau dir die Konflikte in deinem eigenen Leben an – auf der Arbeit, in deiner Familie und so weiter. Jeder Konflikt entsteht dadurch, dass du den anderen auf irgendeine Weise falsch oder schlecht machst. Natürlich ist der andere gleichermaßen von seiner eigenen Richtigkeit überzeugt, aber ebenso wie man zwei Personen braucht, um Tango zu tanzen, entsteht ein Konflikt nur dann wirklich, wenn beide Parteien von richtig oder falsch überzeugt sind. Es ist natürlich, nicht einer Meinung zu sein, aber wenn du in deine eigene Position investierst, verschließt du dein Herz und ignorierst Rumis berühmte Einladung, ihn im Feld »jenseits von Richtig und Falsch« zu treffen.

Vielleicht ist deine Absicht bereits kosmoszentriert und umspannt das Universum. Alle Wesen überall einzuschließen ist eine ausdrückliche Ausrichtung des Buddhismus, die in den Versen zur Praxis der liebenden Güte, *metta* genannt, enthalten ist:

> Mögen alle Wesen glücklich sein.
> Mögen alle Wesen frei von Leid sein.
> Mögen alle Wesen auf allen Ebenen in allen Universen Frieden, innere Ruhe und Freiheit erfahren.

Aber wenn du auch nur einen Hauch nicht absolut grenzenlos weit geöffnet bist, hast du wahrscheinlich noch ein wenig »Wir-Blindheit« in dir, eine Grenze um jene, die du als dein Kollektiv ansiehst. Wir identifizieren uns vorrangig mit jenen, denen wir ausgesetzt sind: der Familie, weil es hier so viel geteilte Zeit, Geschichte und Erfahrung gibt, weiter mit jenen, mit denen wir aufgrund wiederholten Kontakts vertraut sind – Nachbarn, Kollegen, all die, mit denen wir regelmäßig interagieren. Aus diesem Grund sind Städte freigeistiger als ländliche Regionen: Vertrautheit gebiert Annahme, im Gegenteil zur üblichen Auffassung, dass sie Verachtung gebiert. Wenn du in einer multiethnischen Nachbarschaft wohnst, wenn du gleichgeschlechtliche Paare in deiner Straße Händchenhalten siehst, wenn du transgender Kollegen hast, dann werden diese Dinge zu deiner Normalität und gehen leichter ins »Wir« deiner kollektiven Identität ein. Wenn du nur einen schmalen Ausschnitt dessen erfährst, was »normal« konstituiert, tendieren die Grenzen dazu, enger zu sein. (In

Umfragen zur Einwanderung sind die Regionen mit den hartnäckigsten Anti-Einwanderungsansichten die mit den wenigsten Einwanderern.)

Wir fürchten, was wir nicht kennen, und füllen die Lücken mit unserer eigenen Vorstellung. Ich lebe in einem Dorf mit 700 Einwohnern im ländlichen Südwesten Frankreichs. Als wir 2005 dorthin zogen, um unser Meditationszentrum zu eröffnen, wurden meine Frau und meine Kinder in dreierlei Hinsicht als exotisch angesehen: braunhäutig, buddhistisch und britisch. Die Menschen betrachteten uns durch die Linse eines gewissen Argwohns, der hauptsächlich aus der Unvertrautheit mit diesen drei Bs hervorging. Aber mit der Zeit – durch die Begegnung mit anderen Eltern an den Schultoren, Unterhaltungen in der Bäckerei, Teilnahme an örtlichen Veranstaltungen – zeigte sich, dass der menschliche Kontakt stärker ist als Vorurteile.

Dein Wir-Feld zu erweitern muss eine ständige Praxis werden, wenn du wirklich alle Wesen in deinem Herzen und Bewusstsein einschließen willst. Hier sind drei Dimensionen dieser Praxis: Solidarität, Gemeinschaft und Liebe.

Solidarität mit dem Leben

Wenn ich auf Meditationsretreats lehre, bin ich oft in einem Wir-Feld, das vielen Menschen sehr willkommen heißend und einschließend erscheinen und sich so anfühlen kann. Es ist eines der schönen Dinge an einem Retreat – die Offenheit, Annahme und Fürsorge in einem stillen Feld der Solidarität geteilter Praxis. Aber wenn ich mich in der Meditationshalle umblicke, dann nehme ich auch wahr, wer *nicht da ist.* Es handelt sich beispielsweise gewöhnlich um eine ziemlich weiße Szene. Wenn wir in Situationen geraten, wo die ethnische Mischung der breiteren Bevölkerung nicht gut (oder sogar *gar nicht*) repräsentiert ist, müssen wir uns wenigstens fragen, wieso das so ist, wie wir in einem vorangegangenen Kapitel gesehen haben. Ungeachtet dessen, was für ein einschließendes

Ideal du vielleicht hast, musst du dich fragen, mit wem du eine Beziehung hast und mit wem nicht – und wieso. Mit wem du dich identifizierst und mit wem nicht. Wen du leicht lieben kannst und wen du aus deinem Herzen ausschließt.

Das kann leicht und unbewusst geschehen. Wie bei der Frau letztes Jahr auf einem Retreat mit mir, die erzählte, wie sie in einem Retreatzentrum in England ankam und mit guter Absicht und in einem freundlichen Ton gefragt wurde, ob sie allein oder mit ihrem Ehemann gekommen sei. Sie identifiziert sich als homosexuell, und die Frage steckte sie in eine Schublade, in die sie nicht passte.

Auf welcher Seite einer Situation wie dieser wir uns auch finden … wir können üben. Es ist eine reiche innere Arbeit, all die Annahmen zu erforschen, die wir basierend auf unseren unbewussten Vorurteilen hegen, insbesondere in Hinsicht auf ethnische Zugehörigkeit, Sexualität, Geschlecht, Klasse und verschiedene andere Identitätskategorien, die wir entweder sehen oder schlicht annehmen. Und wenn wir selbst bewertet, ignoriert, unzutreffend etikettiert, abgelehnt, missverstanden oder marginalisiert werden, können wir auch jegliche Tendenz zu Rechtfertigung oder Hass, die aufsteigen könnte, wahrnehmen. Es kann manchmal schwer sein, Vergebung zu praktizieren, aber wenn es nicht schwer wäre, müsste es nicht geübt werden! Wenn du fühlst, dass du aus dem Herzen von jemand oder seinen Überlegungen ausgeschlossen worden bist, dann ist das der Zeitpunkt, wo du wirklich sehen kannst, wie bereit du bist, niemand aus deinem eigenen Herzen auszuschließen – vor allem nicht denjenigen, der dir das anscheinend gerade angetan hat.

Im Januar 2015 gab ich einen Meditationskurs in San Francisco, als der »Charlie Hebdo«-Angriff in Paris geschah. Es war schockierend und traurig. Ich verfolgte die sozialen Medien, als Freunde in Paris mit dem Hashtag *#IamCharlie* erst ihre Trauer, dann ihren Trotz und dann ihre Solidarität ausdrückten. (Solidarisches Hashtagging ist seitdem normal geworden, wobei Facebook gebrauchsfertige »Solidaritätsbanner« anbietet.

Viele gestalteten ihre Profilbilder regenbogenfarbig, als die US-Regierung schließlich gleiche Eherechte einräumte.)

Ich redete mit meiner Frau, die zu Hause in Frankreich war. Sie fühlte sich auch solidarisch mit der nationalen Tragödie. Dennoch spürte sie als braunhäutige Frau eine gleich starke Solidarität mit allen muslimischen Franzosen, die in den Tagen, die auf den Angriff folgten, verbalen und körperlichen Attacken ausgesetzt waren. Solidarität fühlt sich gut an (wir lieben ein heimeliges »Wir-Feld«, das Gefühl der Solidarität mit »meinen Leuten«), aber wo setzt du ihre Grenzen an?

Ich bin auch *#IamCharlie*, aber ich bin auch all die pakistanischen Familien, die durch US-amerikanische Drohnenangriffe getötet wurden. Und ich bin auch die 2000 Menschen, die in Nigeria von Boko Haram am Tag vor der »Charlie Hebdo«-Attacke massakriert wurden, was in den internationalen Nachrichten nur wenig Aufmerksamkeit erfuhr. Warum? Weil sie außerhalb von unserem Wir-Feld waren. TV- und Pressenachrichten sind nationenzentriert, dann ethnienzentriert. Wenn französische Personen getötet werden, entrüstet sich die französische Presse. Wenn afrikanische Personen getötet werden, ist es immer noch eine menschliche Tragödie, aber irgendwie als eine von jemand anderem.

Eine Beziehungspraxis fordert uns auf festzustellen, wo unsere menschliche Solidarität anfängt und endet. Wir *müssen* uns kollektiv weiterentwickeln, um *jeden* in unser Herz zu schließen. Dieses Öffnen ist unangenehm und macht uns verletzlich, aber manchmal ist Unbequemlichkeit wichtig und notwendig. Manchmal ist es wichtiger, offen zu sein, statt sich behaglich zu fühlen – wichtiger, das Herz zu fragen und mit ihm zu ringen, statt die Grenzen geschlossen zu halten.

Gemeinschaft und Einstimmigkeit

Der Buddha sprach von den drei Juwelen der Praxis: Buddha, Dharma und Sangha. *Buddha* bedeutet Erwachen – das allmähliche und plötzliche

Erwachen dazu, wie die Dinge sind. *Dharma* meint das Wesen der Dinge und die Lehren, die diese Praxis unterstützen. Und schließlich *Sangha* – das sind, oh, andere Menschen! Als Europäer bin ich in einer intensiv individualistischen Kultur aufgewachsen, in der wir Raum, Privatsphäre und persönliche Autonomie wertschätzen – der ganze Fokus liegt auf den Rechten und Freiheiten des Individuums. Das wird am deutlichsten durch den wahnhaften American Dream als heilig verehrt: Du kannst das sein, was immer du sein willst – eine neoliberale Binsenweisheit, die die systemischen Vorurteile, die Marginalisierung und die Unterdrückung, denen einige Teile der Bevölkerung ausgesetzt sind, ignoriert.

Kulturen haben unterschiedliche Beziehungen zur Gemeinschaft mit anderen Menschen. Während US-amerikanische und europäische Kulturen die individuelle Identität betonen, sind viele andere Kulturen kollektiver – die wesentliche Identität gründet sich auf die Beziehung des Zugehörens, auf ein Gefühl des Identifizierens mit der Gemeinschaft statt mit dem Individuum. Mein indischer Freund Wakhil aus Varanasi wurde auf eine südindische Pilgerreise eingeladen. Seine einzige Bedingung für die Reise war, dass er unter keinen Umständen allein schlafen muss. Er erzählte mir: »Ich gehe auf diese Reise, solange sie mir kein Einzelzimmer geben. Mein ganzes Leben lang habe ich neben meinen Brüdern, Onkeln und anderen Familienmitgliedern geschlafen. Wie armselig, einsam und beängstigend ist es, allein in einem Raum zu schlafen.« Im Moulin de Chaves fühlen sich Menschen häufig nur dann fähig auf das Retreat zu kommen, wenn sie sicher sein können, ein eigenes Zimmer zu bekommen. Ein Zimmer zu teilen ist für einige ein Deal Breaker. »Kein Einzelzimmer? Kein Retreat!«

Unsere Individualität hat einen Preis. Während sie wichtige Qualitäten wie Zuversicht, Handlungskompetenz und Unabhängigkeit kultiviert, erzeugt sie auch Unsicherheit und Entfremdung. Ich erinnere mich daran, wie ich spät nachts in Delhi in einem leeren Warteraum einer Bahnstation saß. Nach einer Weile kam ein Mann herein. Er schaute auf all die leeren

Sitzplätze und kam direkt auf mich zu, um sich neben mich zu setzen. Es war naheliegend, dies zu tun. Im Gegensatz dazu sitzen in europäischen und amerikanischen Warteräumen die Menschen generell *so weit wie möglich* vom nächsten, gefürchteten Menschen entfernt. Teilweise aus Respekt vor dem anderen Individuum (lass uns diesen Teil behalten!), teilweise aber auch, da unsere individualistische Kultur eine gewisse Vorsicht, Ängstlichkeit und Misstrauen vor anderen menschlichen Wesen gebiert. Und aus diesem Teil müssen wir herauswachsen.

Wir *brauchen* Gemeinschaft – einander, warme Körper. Studien zeigen uns zunehmend, wie Suchterkrankungen, Depression und Angststörungen tiefgehend mit dem Mangel an Verbindung zusammenhängen (als ob wir das nicht gewusst hätten). Allein wohnend, leben manche Menschen wochenlang ohne einen einfachen, körperlichen Hautkontakt mit anderen Menschen – ohne Umarmung.

Die Covid-Pandemie (die zur Zeit des Schreibens noch nicht begonnen hatte, aber nun, da ich redigiere, zum definierenden Merkmal der Gegenwart geworden ist) hat uns die Gefahr des Hyperindividualismus gezeigt. Laute Gegenstimmen zu Masken, Social Distancing und häuslicher Isolation sind häufig viel mehr auf *meine Rechte* als Individuum fokussiert statt auf *unsere Verantwortung*, sich umeinander zu kümmern.

Dennoch kann sich Kontakt auch bedrohlich oder invasiv anfühlen. Für einige Menschen ist es ein Vorzug eines Schweigeretreats, dass sie mit niemand sprechen müssen! Und manche sind von Natur aus einfach introvertierter. Sie *mögen* es schlicht, allein zu sein. Nichtsdestotrotz leben wir in einer Beziehungswelt und einer, die uns näher zusammen zwingt. Mit dem wachsenden Risiko, dass steigende Meeresspiegel Bevölkerungen zum Umziehen zwingen und zunehmende Extremtemperaturen Massenernten und die Nahrungsverfügbarkeit beeinträchtigen – wie werden wir es schaffen, wenn wir uns in Richtung Konflikt bewegen statt Zusammenarbeit, in Richtung Rückzug statt Kontakt, in Richtung individueller Habgier statt gemeinschaftlicher Bedürfnisse?

Meditative Erfahrungen können uns in tiefe Erfahrungen von Intimität und Zugehörigkeit führen. Tiefes Intersein mit dem ganzen Universum kann in einem Atemzug oder Sonnenuntergang erkannt werden, aber wie leicht schrumpft diese Ausdehnung zurück in die befangene Identifikation, wenn du deine Augen öffnest und *andere menschliche Wesen* siehst! Unsere Praxis lädt uns ein zu sehen, wo wir schrumpfen – und wieso.

Wir müssen eine Gemeinschaft schaffen, in der wir zugleich miteinander leben und einen Weg finden, wie wir miteinander leben. Vielleicht werden die folgenden Reflexionen und weitere zu lebensrettenden Praktiken in den nächsten Jahrzenten des ökologischen Umbruchs und der gesellschaftlichen Transformation werden:

- Wie kannst du mit anderen sein und verkörpert bleiben?
- Wie kannst du in Beziehung bleiben, wenn du eine andere Meinung als dein Partner, deine Kollegin oder deine Nachbarn hast?
- Wie kannst du deinen Familienmitgliedern, Menschen wie dir, zuhören, selbst wenn du mit ihrer Meinung nicht übereinstimmst?
- Wie kannst du zum Wohlergehen, zur Sicherheit und inneren Ruhe derjenigen um dich herum beitragen?
- Wie kannst du Bindungen der Fürsorge, Empathie und der gegenseitigen Unterstützung stärken?

Wir können unterschiedliche grundlegende Tendenzen, die alle auf Angst basieren, in unserem Kontakt mit anderen Menschen erkennen. Sie rühren von unserer Angst, ignoriert, abgewiesen und nicht gesehen zu werden, und sie entsprechen den »drei Giften« in der buddhistischen Psychologie – fordern, abwehren und verblendet sein. Eine fehlangepasste Tendenz *fordert* Kontakt in der Form von Aufmerksamkeit. Eine andere *wehrt* sich gegen Kontakt, der sich zudringlich anfühlt. Eine dritte ist verblendet in Hinsicht auf Kontakt und die Natur oder die Absichten des anderen.

Wenn wir das Mikroskop der meditativen Aufmerksamkeit nutzen, um unsere Tendenzen heranzuzoomen, kannst du sehen, welchen Stil du aus deinen eigenen Beziehungsmustern kennst:

Ein fordernder Beziehungsstil ist gemeint, wenn du dich aus dir heraus- und in den anderen hineinlehnst, wobei du versuchst, es dem anderen recht zu machen oder ihn zu beeindrucken, oder dich mit viel ängstlicher Erwartung fragst, was der andere über dich denken könnte. Du fühlst dich von der Anerkennung oder Wertschätzung des anderen abhängig, ohne sie fühlst du dich mangelhaft oder unsicher. Der Stil kann sich als Arroganz oder Bedürftigkeit zeigen, in Abhängigkeit davon, was du vom anderen bekommen oder wie du ihn beeindrucken möchtest. Grundsätzlich jedoch überprüft der Neurotische ständig: »Liebst du mich?«

Der abwehrende Stil tritt auf, wenn du dich in dich selbst zum Schutz, als Versuch der Selbstgenügsamkeit, Unabhängigkeit und Unverletzbarkeit zurückziehst. Andere können kompliziert oder bedrohlich, unverlässlich oder nicht vertrauenswürdig erscheinen, in Abhängigkeit deiner Persönlichkeitsentwicklung und deiner vorangehenden Konditionierung. Diese Haltung zeigt: »Ich brauche niemand.«

»Verblendetes« In-Beziehung-Sein ist schwieriger festzumachen. Du könntest zwischen Hingabe und Rückzug wechseln, mal von anderen verzückt und mal von ihnen betrogen. Dieser Persönlichkeitstyp fühlt sich oft leicht beleidigt oder missverstanden. Sein Mantra könnte lauten: »Du kennst mich nicht!«

Welchen dieser drei Typen erkennst du wieder? Deinen eigenen Beziehungsstil kennenzulernen ist ein wichtiger Teil davon, ihn zu erforschen und sich von ihm zu befreien. Tendierst du beispielsweise dazu, dich zurückzuziehen? Falls dem so ist, kannst du das nicht einfach abstellen, aber du kannst neugierig bleiben: *Wovor ziehe ich mich zurück? Wovor könnte ich Angst haben? Muss ich mich so sehr zurückziehen?* Die Antwort muss kein definitives Nein sein. Wenn dich das Muster des Rückzugs schon lange begleitet, könnte es sich sehr sicher und notwendig anfühlen, sich von anderen zurückzuziehen. Aber was könnte geschehen, wenn du ein wenig nachgiebiger wirst? Ein wenig nach vorn kommst, in deinem Körper und deinen Gefühlen lebst, nur ein bisschen?

Oder wenn die Tendenz besteht, aus dir hinauszugehen, kannst du dies auch erforschen: *Was geschieht, wenn ich zu mir selbst zurückkomme? Was passiert in meinem Körper, während ich auf die andere Person fixiert bin?* Es ist eine gewisse Ironie darin enthalten, dass wir uns in einem Versuch der Kontaktaufnahme, einer Suche nach Intimität und Verbindung aus uns herauslehnen – aber tatsächlich verhält es sich so: Je mehr wir zu Hause in uns bleiben, desto mehr sind wir präsent für die wirkliche Erfahrung der Intimität mit jemand anders. Denn letztlich findet *jegliche* Intimität *hier* statt, in deiner verkörperten Erfahrung. Sobald du dich aus dir herauslehnst, um zu gefallen oder den anderen zu beeindrucken, machst du den anderen, nun ja, zum *anderen*. Je mehr du zu Hause bleibst in deiner gefühlten Erfahrung, ob du mit jemand übereinstimmst oder streitest, desto mehr ist Intimität möglich, denn wo ist der andere? Oh, er ist hier. Hier im Gewahrsein, hier in der Wahrnehmung, dem Gefühl, dem Kontakt. Wenn du einen sogenannten anderen im tatsächlichen Erkennen begegnest, dass das Treffen hier stattfindet, dann verkehrt ihr vertraut *einstimmig*. Das ist die Grundlage für wirkliche Verbindung und sie ist mit jedem möglich. Immer. Ob sie fähig sind, mit dir vertraut zu verkehren oder nicht.

Menschliche Wesen sind allesamt erstaunlich. Wir *alle*. Wir verdienen unser Interesse, unsere Sorge, unsere Solidarität und unser Verständnis. Manche Handlungen sind schwer zu verstehen. Mit manchen Handlungen kann man unmöglich solidarisch sein. Aber jedes Herz spürt dieselbe grundlegende Erfahrung – Schmerz, Verwirrung, Kampf, Freude. Jedes Herz sehnt sich nach innerer Ruhe. Dies verstehend, verstehen wir unsere menschliche Gemeinschaft. Es geht sogar nicht wirklich um mein Herz oder dein Herz, meine Gefühle oder deine Gefühle. Wir haben menschliche Gefühle, ein menschliches Leben, einen menschlichen Körper, Herz und Geist.

Als Spezies waren wir uns niemals bewusster, wie eng wir miteinander leben, die Luft, das Wasser und das Land eines Planeten zu teilen. Umweltverschmutzung respektiert keine nationalen Grenzen. Bäume agieren als Lungen des ganzen Planeten, unabhängig von ihrem Standort. Und die Covid-Situation hat nur allzu klar gemacht, wie wechselseitig verbunden wir unvermeidlich sind. Dennoch ist dieses Gewahrsein unserer grundlegenden Verbundenheit für manche zu viel, und sie ziehen sich unbewusst in fremdenfeindliches Stammesdenken zurück, mit den Schuldzuweisungen, der Verfolgung und dem Hass, die wir auf so deprimierende und gefährliche Weise in unserer politisch und gesellschaftlich gespaltenen Welt sich abspielen sehen. Um unserer menschlichen Gesellschaft und unserer tiefen Solidarität mit allem Leben halber müssen wir alle unsere Sichtweisen und unsere Herzen ausdehnen. Und unsere Möglichkeit dafür ist hier, bei den Menschen um dich herum, in diesem Augenblick.

Alles, was du brauchst, ist ...

> *Wenn ich verzweifle, erinnere ich mich daran, dass die ganze Geschichte hindurch der Weg der Wahrheit und Liebe immer gewonnen hat. Es gab Tyrannen und Mörder, und eine Zeit lang können sie unbesiegbar erscheinen, aber am Ende fallen sie immer. Denk daran ... immer.*
>
> MAHATMA GANDHI

Liebe ist, was wir brauchen. Wir alle. Liebe ist das Herz einer Beziehung. Liebe löst Teilung auf, ob zwischen Menschen oder in deinem eigenen Herzen. Liebe deine eigenen dunklen Gedanken und sie werden aufhören, Monster zu sein. Befasse dich freundlich mit jemand, der dich nicht mag und nicht mir dir übereinstimmt, und du wirst nicht nur aufhören, seine Reaktivität zu nähren, du schmilzt auch deine eigene. Aber diese Liebe ist nicht flauschig und lieblich und *nett.* Es ist eine intensive Praxis zu lieben, was ist, ob du es magst oder nicht – und denjenigen vor dir zu lieben, ob du mit ihm einer Meinung bist oder nicht.

Es ist schwer, von Liebe zu sprechen, ohne Romantik heraufzubeschwören. Und ich habe nichts gegen Romantik – aber unglücklicherweise scheint sie *all* die Liebe aufgesogen zu haben. All die Popsongs, Valentinskarten, romantischen Komödien und Märchen – »und sie lebten glücklich bis an ihr Lebensende« – haben die romantische Liebe kulturell so sehr in den Vordergrund gerückt, dass nicht viel Platz bleibt für die anderen tiefen Besonderheiten des menschlichen Herzens. Liebe ist die Führerin, die Medizin, die eigentliche Essenz einer Beziehung, aber du kannst nicht eine romantische Liebe mit jedem eingehen, also brauchen wir eine andere Karte für die Region des Herzens – eine, die unterschiedliche Nuancen der Liebe zeigt und unsere Herzen in deren Richtung lenkt.

Die Griechen hatten eine solche Karte, die sechs Qualitäten der Liebe unterschied: *Philia* ist Freundschaft, herzlicher Respekt, platonische oder »brüderliche« Liebe. *Eros* ist romantische Liebe, sexuelle Leidenschaft. (Platon schloss bei *eros* auch ein, vor der bestimmten Schönheit einer Person angezogen zu werden, ungeachtet dessen, ob sexuelle Leidenschaft eine Rolle spielt.) *Agape* ist die Liebe zu Gott und die Liebe *von* Gott – selbstlose, altruistische Liebe. *Storge* meint »Empathie, Zärtlichkeit«, nährende Liebe, die Liebe von Eltern für ihre Kinder. *Pragma* ist die stetige, tiefe Liebe, die sich im Lauf einer langen Partnerschaft oder Ehe entwickeln kann. Und *philautia* ist Selbstliebe – eine liebevolle Aufmerksamkeit sich selbst gegenüber, sich selbst mit Achtung zu begegnen.

Diese Nuancen bleiben jedoch dualistisch. Die griechischen Varianten der Liebe werden gegeben und empfangen – es gibt ein Subjekt und ein Objekt. Wie wir als Nächstes sehen werden, erforschte Buddha demgegenüber die Herzqualitäten als grenzenlose und göttliche Wohnstätten des Herzens – Qualitäten, die alle Grenzen auflösen, aber in erster Linie diejenigen von Gebenden und Nehmenden. Wenn das Herz wirklich weit ist, kannst du nicht sagen, ob du der oder die Liebende oder Geliebte bist – du fühlst dich nicht als das Subjekt, die *Quelle* der Liebe, sondern stattdessen, dass der Geber und Nehmer *in Liebe* existieren. Als Liebe.

Alles ist Liebe, sagt uns der spirituelle Gemeinplatz. Aber wie kann alles Liebe sein, wenn es so viel Hass, Verwirrung und Tragödien gibt? Und wie kannst du bedeutungsvoll diese Liebe *praktizieren?*

Die unendliche Dehnbarkeit des Herzens verdient ihren eigenen offenen Raum, deswegen wenden wir uns nun dem Herzen zu.

KAPITEL 7

Dieser Körper der Liebe

Vier Geschmacksrichtungen der Liebe

Wenn du mit der buddhistischen Praxis vertraut bist, kennst du wahrscheinlich diese vier Pali-Begriffe: *metta, karuna, mudita* und *upekkha* – und wahrscheinlich ihre deutsche Übersetzung als liebende Güte, Mitgefühl, Mitfreude und Gleichmut. Während wir sie erforschen, werde ich ein wenig andere Begriffe für sie nutzen, und wir werden uns verschiedene Merkmale anschauen:

- Die Nuance der Liebe: Wie die bestimmte Herzqualität der Erfahrung begegnet.
- Die grenzenlose Qualität: Die Art, wie das Herz sich ausdehnt, sich öffnet … liebt.
- Die universelle gefühlte Wahrnehmung: Wie das Herz diese Form der Liebe erfährt, körperlich und energetisch.
- Die transformative Qualität: Was genau befreit wird und was typischerweise dem Herzen ohne diese Qualität widerfährt.

Wir werden diese Konzepte der Reihenfolge nach erkunden. Wir werden sehen, wie jede Qualität als Antwort des Herzens auf eine bestimmte Art der Erfahrung erscheint. Die Qualitäten können absichtsvoll auf unterschiedliche Weise kultiviert werden, aber im Grunde sind sie Ausdruck eines freien oder befreiten Herzens.

Vier Geschmackrichtungen der Liebe: Eine Karte des befreiten Herzens

Pali-Name	*Nuance der Liebe*	*Grenzenlose Qualität*
Metta	**Die Liebe, die sorgt:** Sorge – Wohlwollen – Freundlichkeit	**Grenzenlose Freundlichkeit:** die Grundeinstellung des freien Herzens, das grundlegend allem und jedem gegenüber offen eingestellt und wohlgesinnt ist.
Karuna	**Die Liebe, die erwidert:** Mitgefühl, die Solidarität des Herzens mit Leiden	**Grenzenloses Mitgefühl:** die Reaktion des freien Herzens auf den unvermeidlichen Schmerz und Verlust, die mit dem Leben einhergehen.
Mudita	**Die Liebe, die sich freut:** Freude, Entzücken, Vergnügen, Dankbarkeit, Staunen, Wertschätzung	**Grenzenlose Freude:** die Fähigkeit des freien Herzens, sich an allem Schönen zu erfreuen und darüber zu staunen.
Upekkha	**Die Liebe, die erlaubt:** Weiträumigkeit, Friede, Offenheit, Nichtreaktivität, Gleichmut	**Grenzenloser Raum:** die Offenheit des freien Herzens, die sich allem, was erscheint, öffnen und es einschließen kann, ob man ihm zustimmt oder es ablehnt, ob es angenehm oder schmerzhaft ist.

Gefühlte Wahrnehmung	***Transformation***
Das strahlende Herz: wird als eine Wärme in der Herzregion erfahren, deren Ausstrahlung du spüren kannst, sich ausdehnend und nach außen hin verbreitend.	**Gegenmittel für Kleinlichkeit:** Je mehr du dich sorgst, umso weniger verfängst du dich in nutzlosen oder kleinlichen Dramen und Details.
Ein ungeschütztes Herz: wird als ein Schmerz im Herzen erfahren, als eine Art Kummer – der Schmerz des Herzens, das in Solidarität mit Leiden aufbricht, ob es das eigene oder fremdes ist.	**Gegenmittel für Bewertung:** Je mehr man die Wahrheit schmerzhafter Erfahrung anerkennt und fühlt, desto weniger wertend oder streng ist man. Man lernt, echte Tränen zu weinen und anderen eine helfende Hand zu reichen, als neutraler Ausdruck von Liebe.
Champagner im Herzen: wird als ein Sprudeln in der Herzgegend erfahren, wie die feinen Bläschen des Champagners. Überschwang, Freude, Glückseligkeit. Glücklich darüber sein, dass es Freude und Schönheit im Leben gibt.	**Gegenmittel zu Belohnung durch Konsum:** Wenn du von echter Freude und Entzücken genährt wirst, bist du weniger abhängig von gröberem Vergnügen, weniger bedürftig nach Belohnung, weniger davon abhängig zu bekommen, was du möchtest.
Ein weit offenes Herz: wird erfahren als Raum, Offenheit und das Gefühl im Brustraum, für das Platz zu schaffen, was immer auch erscheint. Das Herz fühlt sich weit, geräumig und fähig an, jede auftauchende Erfahrung zu umarmen.	**Gegenmittel zu einer schrumpfenden Komfortzone:** Ein weit offenes Herz fühlt sich von Natur aus geduldig an. Man ist wohlwollend und weiträumig im Angesicht von Unwohlsein – und zunehmend fähig, frei zu verweilen, ob es angenehm ist oder nicht.

Metta – die sorgende Liebe

Metta bedeutet ein grundlegendes Wohlwollen, eine Freundlichkeit dem Leben gegenüber. Es ist die leuchtende Wärme, die wir alle von den Momenten kennen, wenn wir jemandem einfach freundlich gesinnt sind. Wir wünschen uns, dass es demjenigen gut geht. Ohne Voraussetzungen und Bedingungen. Wir möchten, dass sie zufrieden und ruhig sind, sich am Glück erfreuen und kein Leid erfahren.

Solche Aussagen bilden die formale *metta*-Praxis, bei der man fürsorgliche Wünsche auf sich selbst, andere und alle Wesen richtet. Diese Praxis ist im Lauf der letzten Jahrzehnte zu einer Art Orthodoxie in der westlichen buddhistischen Meditationsszene geworden. Ursprünglich jedoch wurden alle vier der grenzenlosen Qualitäten nicht als Praktiken angesehen, sondern schlicht als Ausrichtung des Herzens. Die Ermutigung bestand darin, Güte in die ganze Welt auszustrahlen, Erfahrungen in das eigene Herz mit einer fürsorglichen Umarmung aufzunehmen, wie mit mütterlicher Liebe, wie in diesem Ausschnitt aus dem Karaniya Metta Sutta:

> *Gleich einer Mutter, die mit ihrem Leben ihr Kind,*
> *ihr einziges Kind schützt,*
>
> *so würdigt man mit einem grenzenlosen Herzen*
> *alle lebenden Wesen;*
>
> *Güte über die ganze Welt ausstrahlen:*
>
> *Sich nach oben zum Himmel hin*
> *ausbreitend und abwärts in die Tiefen –*
>
> *nach außen und unbegrenzt, befreit von Hass und Böswilligkeit.*

Ich lehrte früher auf einem Retreat, das in einem Ordenshaus, Prieuré St. Thomas genannt, gehalten wurde. Es befindet sich eine halbe Stunde südlich von Paris. Dort gibt es eine schöne, polierte Holzstatue vom klassischen Bild der Maria, die Jesus als Baby hält. In dieser besonderen

Statue ist ein Gefühl von unglaublicher Zartheit, eine Mutter, die ihren Sohn in der Liebe ihres mütterlichen Blicks badet. Die Statue muss von jemand geschnitzt worden sein, der ein wirkliches Gefühl für die Herzensqualität hatte, die vom Bildnis dargestellt wird. Wenn Menschen auf dem Retreat eine schwere Zeit hatten, insbesondere wenn *sie sich selbst* eine schwere Zeit machten, schickte ich sie eine Weile zu der Statue, um dort zu meditieren. Dabei ermutigte ich sie, denselben zärtlichen Blick auf ihre eigene Erfahrung zu richten.

So fühlt sich *metta* an. Egal wohin es gerichtet wird, es ist warm und wohlgesinnt. Wir alle kennen die Erfahrung von Fürsorglichkeit, aber gewöhnlich im Rahmen bestimmter Parameter (den Grenzen unseres Wir-Felds) – Kinder, Familie, geliebte Menschen (für manche ist es einfacher, mit Tieren zu sein als mit Menschen, und es sind die Haustiere, die den einfachsten Zugang bieten).

Das Herz zu befreien weist uns hin auf eine unendliche Kapazität der Fürsorge. Tatsächlich ist dies die Grundeinstellung, der natürliche Ruheort oder ein genuin freies Herz. Die Liebe eines essenziell gütigen Blicks ist die Weise, wie das Herz das Leben sieht. Sie ist nicht transaktional, sucht keine Belohnung, denn die Liebe ist die einzige Belohnung. Es gibt keinen erfreulicheren Zustand als zu lieben. Sie beschwingt, verleiht einen Hauch von Erfüllung, ein Gefühl, dass alles liebenswert ist und man, wenn man das Herz für alle öffnet, auch selbst in der unendlichen Umarmung der Liebe gehalten wird. Es ist das Gefühl, dass niemand von der Umarmung meines Herzens ausgeschlossen ist und niemand hiervon sogar ausgeschlossen sein *könnte*.

Die essenzielle gefühlte Wahrnehmung dieser Güte ist eine warme Ausstrahlung im Herzen. Es fühlt sich körperlich nicht unähnlich an, wie wenn ein medizinischer Brandy das Innere der Brust erwärmt, obgleich es subtiler und feiner ist und von dieser Ausstrahlung begleitet wird.

Das englische Wort für Güte, *benevolence*, bedeutet im wörtlichen Sinne »wohl-wünschend«. Dies ist die natürliche Erweiterung dieser

Ausstrahlung in Richtung derer, die unseren Erfahrungraum betreten. Wir selbst oder die andere, Freundin oder Fremder. Es geht nicht darum, ob sie sich nach außen oder innen wendet, zu dem einen, den wir das »Selbst« oder den »anderen« nennen, sondern vielmehr um die Erfahrung des Herzens, das eine gütige Atmosphäre hat. Was immer erscheint, wird willkommen geheißen, geehrt und ihm wird gestattet, würdevoll und gnädig vorbeizuziehen.

Wieso ist es schwer, fürsorglich zu sein?

Wir alle sehnen uns danach, zu lieben und geliebt zu werden. Wir wissen, dass Fürsorge, ob für uns selbst oder andere, das Herz beruhigt. Wir verbreiten beruhigende Zitate über die Liebe in den sozialen Medien, auf Hintergründen von Bergen und Meeren, die die große expansive Schönheit der Liebe andeuten. Wie kommt es dann, dass es manchmal so schwer ist? Wie kommt es, dass die Türen des Herzens scheppernd zufallen und wir uns zurückziehen in den schützenden, konkurrierenden Kampf des Selbst gegen die Welt? Erstens weil die Gewohnheit der Selbstabsorption wirklich stark ist. Es sieht aus, als wäre ein ganzes Universum dort draußen, und irgendwie bin ich davon getrennt. Und in dem Ausmaß, in dem wir die Selbsttrennung durch unsere Wahrnehmung, unser Denken und unseren Identitätssinn verstärken, saugen *meine* Bedürfnisse, *meine* Sicherheit, *meine* Probleme und *mein* Leben einfach den ganzen Herzensraum auf. Meine Güte!

Dann gibt es weiter auch den Abdruck deiner persönlichen Geschichte – die Überzeugungen, die jeder von uns mit sich trägt, bis sie erforscht und aufgelöst werden, die uns sagen, dass wir grundlegend nicht liebenswert sind – dass Menschen mich verlassen / kritisieren / ignorieren / verletzen / misshandeln werden. Aus diesem Grund sind die Wunden der Kindheit, insbesondere wenn sie bis zum Äußersten der Vernachlässigung, Gewalt und Misshandlung reichen, so schädlich und ihre Folgen so verheerend.

Der Abdruck hat unser Vertrauen in unser eigenes Herz verdeckt, das erforscht und entwirrt werden muss. Liebe ist die Frucht dieser Entwirrung, und es ist auch der Weg in das geschützte Herz, sich dem eigenen Schmerz in der Art zuzuwenden, wie Maria sich Jesus in der polierten Holzstatue, die ich vorhin beschrieben habe, zuwendet.

Es kann sich so anfühlen, als ob es einfach zu viel wäre, so wohlwollend zu sein. Als ob ich mich, wenn ich wirklich der ganzen Welt mein Herz öffnen würde, irgendwie selbst verlieren würde, verschluckt von dem Ozean der alles umschließenden Fürsorge. Und das ist wahr, in gewisser Weise. Liebe ist mächtig, und in den ersten Momenten, wenn diese weite Ausstrahlung des Herzens wirklich gefühlt wird, kann es überwältigend, sogar beängstigend sein, da wir uns fühlen können, als ob wir uns selbst verlieren würden, unsere üblichen Bezugspunkte verlieren würden, unsere Selbstsicherheit verlieren würden, von Liebe überschwemmt, wie eine Insel in steigender Flut. Wir sind so an Selbstbedenken gewöhnt, dass wir von ihrem Fehlen desorientiert werden, verängstigt von diesem großen offenen Herzen. Metta zu üben bedeutet, sich mit dieser Ausdehnung, dieser Ausstrahlung des Herzens vertraut zu machen, damit wir uns in ihr stabilisieren können. Ebenso wie wir oben den natürlichen Fortschritt von egozentriert über gruppenzentriert zu weltzentriert erforscht haben, bewegen wir uns, wenn wir mit unserem zarten Herzen vertraut werden, wenn wir unseren alten Abwehrmechanismen erlauben, abzufallen und zu schmelzen, natürlich von egozentrierter Sorge als etwas, was »ich tue«, zu einer befreiten Vision der Fürsorge, in der weder das Lieben noch das das Geliebtwerden mir gehört, sondern vielmehr die inhärente Natur des freien Herzens.

Jeder gibt sein Bestes

Wir alle führen uns nur gegenseitig nach Hause.

RAM DASS

Die buddhistische Psychologie sieht Menschen als aus grundlegender Güte »gemacht« an. Niemand möchte ein Arschloch sein. Jeder versucht, seine Bedürfnisse zu befriedigen, und hofft, von anderen auf dem Weg geliebt und wertgeschätzt zu werden. Dennoch werden die Versuche jeder Person durch den Nebel ihrer eigenen Muster gefiltert. Denke einmal daran, wie sehr du von deinen eigenen Wünschen, Ängsten und Gewohnheiten angetrieben wirst. Wenn du andere sich auf eine Art verhalten siehst, die du nicht gutheißt, kannst du dann nicht wenigstens die Samen derselben Überzeugungen und Verhaltensweisen in deinem eigenen Geist sehen, selbst wenn sie im Maßstab kleiner sind? Wenn ich Ram Dass' Zeile von oben weiterführen sollte, würde ich sagen:

Wir alle geben unser Bestes.
Wir alle vermasseln es ständig.
Wir alle führen uns gegenseitig nach Hause.

Ich persönlich habe alle möglichen urteilenden, böswilligen, kleinlichen, grausamen und intoleranten Impulse durch mein Gewahrsein flackern sehen. Aber ich nehme sie nicht persönlich. Ich mache aus ihnen kein Problem und ich unterhalte sie nicht. (Wie Suzuki Roshi über den Umgang mit dem Geist sagte: »Lass deine Vorder- und Hintertür offen. Lass Gedanken kommen und gehen. Biete ihnen einfach keinen Tee an.«) Entscheidend dabei: Ich stelle mir nicht vor, dass ich oder jemand anders diese Gedanken nicht haben sollte. Meine Kurzform für das, was ich vernünftigerweise von meinem Geist erwarten kann, ist, dass er oft bedürftig, habgierig, faul und verrückt ist. Auf diese Weise bin ich weder überrascht noch alarmiert von meinen eigenen Gedanken, während ich ihnen beim Vorbeiziehen zuschaue, wie sie ihr eigenes bedürftiges, habgieriges Ding machen.

Ein wirklich umfassendes Herz unterscheidet sich davon, sich lediglich einer Person, einem Ort oder einer Sache gegenüber »liebevoll zu fühlen«. Wir nutzen den Begriff *»Lieben«* häufig in der Bedeutung von »sehr mögen« oder »in Verbindung mit einer Sache starke angenehme Empfindungen erfahrend«. »Ich liebe Schokolade« sagen wir oder »Ich liebe es, Konzerte zu besuchen« oder sogar »Ich liebe dich«. Wenn wir Letzteres sagen, würden wir gerne denken, es bedeute, dass ich mich um dich kümmere, dich unterstütze, nähre und versorge, dass ich für dich da sein werde während der sprichwörtlichen »guten und schlechten Zeiten, der reicheren und ärmeren«. Es ist allerdings interessant zu bemerken, dass, wenn der Impuls aufkommt, diese drei ikonischen Wörter über unsere Lippen zu bringen, dies häufig einfach als Reaktion auf Vergnügen und Befriedigung geschieht. Du tust oder sagst etwas, was ich mag, und Tada: »Ich liebe dich!«

Selbstfürsorge

Sei gut zu dir selbst. Güte ist entspannend, und es ist nicht möglich, dich tief auf deine Erfahrung einzulassen, wenn du mit dir selbst streitest, dich beschuldigst oder dich selbst fertigmachst. Du kannst die schmerzhaften, tragischen Folgen bei jenen sehen, die nicht weit darin kommen, diese Qualität zu entwickeln. Während du alterst, wird dein Muster stärker (»Was immer du nährst, das wächst«), und wenn es nicht Liebe ist, die dein Herz nährt, dann wird es unvermeidlich das Gegenteil davon sein. Wenn dein Herz sich nicht selbst der Fürsorge und Güte hingeben kann, wird es im Gefängnis von Misstrauen und Meckern verbleiben.

Es ist ein populäres spirituelles Klischee, dass du jemand anderen nicht wirklich lieben kannst, wenn du dich nicht selbst liebst. Viele sind jedoch ziemlich gut darin, sich sanft und großzügig der Bedürfnisse anderer anzunehmen, und werden doch streng und vergessen sich selbst, wenn es um wirkliche Selbstfürsorge geht. Dein Herz ertrug Schmerzen und Enttäuschungen, Verluste und Betrug, in all deinen Lebensjahren. Du verdienst es, mehr als du weißt, sanft von deinem Herzen gehalten zu werden, was immer du erfahren hast, das verspreche ich dir. So viele Menschen haben sich so sehr an eine Art halb geschützte, halb abgelenkte Beziehung zu ihrer inneren Erfahrung gewöhnt, dass sie nicht wissen, wie es sich anfühlt, sich wirklich um sich selbst zu sorgen. Wir kompensieren auf alle möglichen unbefriedigenden Arten, aber es gibt keinen wirklichen Ersatz für genuine Selbstfürsorge.

Ich bin häufig unterwegs, unterrichtend und reisend – allein schlafend, allein essend. Sich für ein weiteres »Dinner for one« in ein Restaurant zu begeben ist ein Nährboden für Langeweile und Einsamkeit. Und diese Bedingungen, die zunächst elend klingen, laden geradezu zur Selbstfürsorge ein. Sie laden mich ein, mich selbst zu begleiten, mich selbst zu halten, mein eigener Freund zu sein – derjenige, der mir gut zuhört. Allein in einem Hotelzimmer zu sein lädt mich dazu ein, mich auf eine andere Weise um mich zu kümmern, als wenn ich zu Hause bin. Allein zu essen ist eine Einladung an mich, mein eigener Gast zu sein! Mich selbst zu versorgen, wie Maria Jesus versorgt hätte. Bitte probiere das selbst aus, wenn du dich das nächste Mal einsam oder verlassen fühlst. Finde heraus, was für eine angenehme Gesellschaft du dir sein kannst!

Auf diese Weise wird Einsamkeit zu einem Tor zur Intimität. Sich dem Gefühl der Einsamkeit zuzuwenden zeigt dir, dass du tatsächlich nicht allein bist. Du wirst gehalten und du hältst. Dies ist eine kraftvolle Art und Weise, eine so verbreitete schädliche Gewohnheit aufzulösen: es sich selbst schwer zu machen. Jeder, der grundlegend im Einklang mit sich selbst ist, hat diese toxische Gewohnheit hinter sich gelassen. Es bedeutet nicht, dass du niemals etwas bereust oder einen Fehler machst, wegen dem du dich schlecht fühlst. Du kannst deine Handlungen bewerten und etwas wiedergutmachen, wenn du einen Fehler gemacht hast, aber du *verurteilst* dich nicht länger. Das ist der Unterschied zwischen *Reue und Schuld.* Erstere ist nützlich: *Lass mich zurückblicken, und wenn ich mich nicht weise oder unfreundlich verhalten oder gesprochen habe, lass mich daraus lernen.* Letztere ist jedoch schlicht ein Selbstangriff, eine Entschuldigung dafür, es dir selbst schwer zu machen. Was, wie wir in großer Ausführlichkeit in einem früheren Kapitel gesehen haben, niemals nützlich ist. Echte Selbstfürsorge und Sanftheit des Herzens sind das ultimative Heilmittel für Verurteilung. Jesus gab hierfür das Beispiel, als er mit einem von einer Schwertwunde blutenden Ohr zum Gefängnis gezerrt wurde und sagte: »Vergib ihnen, denn sie wissen nicht, was sie tun.«

Metta praktizieren

Es ist bereits viel Gutes über die formale Metta-Praxis geschrieben worden, über die Sätze der guten Wünsche, die nach innen oder außen gerichtet werden. Deswegen werde ich mich hier nicht auf sie konzentrieren – teilweise weil andere es schon getan haben, teilweise weil sie kein Praxisfeld für mich waren. Ich kenne viele, die von der Wiederholung der Sätze sehr profitiert haben, aber ich persönlich wurde immer mehr vom *Gefühl* der Güte angezogen statt von einer *Formel*, um sie zu erzeugen. Metta ist eine inhärente Qualität des Gewahrseins. Wenn du willst, dass sich deine Erfahrung öffnet, begegne ihr freundlich. Ermögliche dem natürlichen liebevollen Wunsch des Herzens genug Luft und Exponierung zu haben, damit er von allein wächst, bis er ein offensichtlicher Bestandteil deines Funktionierens ist, ein natürlicher Ruheort des Herzens. Hier sind einige Möglichkeiten, wie du dein Herz in diese Richtung neigen könntest:

Beginne mit jemandem, den du leicht lieben kannst – enge Freunde, Kinder oder Haustiere. Liebe sie, was sowieso leicht und natürlich ist, und *fühle die natürliche Ausdehnung deines Herzens.* Spüre die Cognac-Wärme, die sich in deiner Brust ausbreitet. Spüre die Liebe, die liebt, die es liebt zu lieben. Stelle dir vor, wie sie sich ausdehnen könnte, und stelle fest, ob du es wagen kannst, das zuzulassen. Du könntest herausfinden, dass du eine größere Fähigkeit hast, dich um andere zu sorgen, als du dir jemals vorstellen konntest.

Es gibt kein Verhalten, keine Reaktion, kein Urteil oder Vorurteil und keine gewalttätige Aktion, die ich gesehen habe, für die ich nicht denselben Impuls in meinem Bewusstsein erkennen konnte, wie klein oder flüchtig er auch gewesen sein mag. Und welche Hoffnung auf Liebe oder welchen Wunsch nach Sicherheit und Geborgenheit ich auch kenne, ich kann absolut sicher sein, dass andere diese Wünsche teilen. In anderen Worten: Diese Welt der Menschen und Wesen ist *genau wie ich*. Wenn du feststellst, dass du andere aus deinem Herzen ausgeschlossen hast – zweifelsohne aus »gutem Grund« –, wie ist es anzunehmen, dass diese Person »dieser Depp, dieser Feind, dieser starrköpfige Idiot« tatsächlich *genau wie ich ist*. Betone die Ähnlichkeiten statt der Unterschiede. Es wird dazu führen, dass du dich all diesen sogenannten anderen näher fühlst. Auf diese Weise kümmern wir uns um die Welt.

Aber was ist die Welt? Es ist der Bereich der Erfahrung – die ganze Gestalt dessen, was wir *das Selbst, die anderen und die Umgebung*, allesamt nicht voneinander trennbar, nennen. Und es ist möglich, eine tiefe Freundlichkeit für alle zu kennen. Du kannst eine Liebesaffäre mit der Welt haben, du kannst dich um Bäume kümmern, von der Erde geliebt werden, während du flach auf dem Boden liegst, von Dunkelheit umarmt und vom Wind liebkost werden. Ohne diese tiefe, delikate Intimität mit dem Leben verschließt sich das Herz aus kleinlichem Selbstinteresse. Aber wo endet »die Welt« und wo wird die Abstraktion von ihr in deinem Geist geschaffen? Kannst du dich von der Welt trennen oder sind das Selbst und die Welt immer und unwiderruflich miteinander verwoben? Nicht trennbar aneinandergebunden. Du bist die Welt – das ganze Universum, ganz buchstäblich. Dies im Mark deines Seins zu wissen ist, wo wahrhaftige Fürsorge herkommt – mühelos, natürlich, unaufhaltbar.

Karuna: Die Liebe, die erwidert

Das englische Wort für Mitgefühl, *compassion*, bedeutet wörtlich »mit jemand leiden«, abgeleitet von seiner lateinischen Wurzel, das heißt solidarisch mit Leiden zu sein – sich ihm zu widmen, auf es zu reagieren, versuchen, es zu lindern. Das ist Liebe in Aktion.

Mitgefühl ist die Liebe, die erwidert, die Liebe, die sich nicht abwendet, die Liebe, die den Schmerz pflegt, die Liebe, die sich dem Leiden öffnet.

Es ist schwer, das zu lieben, was schmerzhaft ist. Wir wollen uns entweder abwenden, weil es schmerzt, oder zumachen, um uns selbst zu schützen. Oder wir können von Trauer oder unserer Unfähigkeit, alles besser zu machen, überwältigt werden. Dennoch ist es tatsächlich der beste Weg, um psychologisch darauf vorbereitet zu sein, dem unvermeidlichen Schmerz, Verlust, Herzschmerz und der Trauer zu begegnen und auf sie zu reagieren, wenn man sich in sie hineinlehnt. Wir lernen, uns dem zuzuwenden, was schmerzhaft ist, weil die Hinwendung selbst beruhigend ist. Befreiend. Es ist Liebe.

Sich dem Schmerz zuwenden

Um diese Kehrtwende zu machen, musst du nicht darauf warten, dass du oder eine dir nahestehende Person in eine schwierige Lebenslage kommt. Es gibt jeden Tag genug an Schmerz und Enttäuschung, Frust und Angst, um eine zarte Beziehung mit dem Unwillkommenen und Nichtgewollten zu kultivieren. Die Praxis des Mitgefühls besteht in einem hohen Maße darin, sich mit der unvermeidbaren Einsamkeit und Angst, Erregung und Unsicherheit, Verwirrung und Verzweiflung anzufreunden, die uns die ganze Zeit bestürmen. Diese schwierigen Orte im Herzen werden durch direkten Kontakt, Neugier und Wohlwollen gereinigt und transformiert.

Denke an dein Alltagsleben – jeden Tag wirst du zumindest ein wenig mit körperlichen Beschwerden, emotionaler Enttäuschung und mentaler Erregung konfrontiert. Wir betrachten diese leicht als Belästigungen, die loszuwerden sind, aber tatsächlich sind sie die Stützräder unserer Fähigkeit, mit jeglichem und *allem* Schmerz zu sein. In seiner *Göttlichen Komödie* steht auf Dantes Schild über dem Eingang zur Hölle geschrieben: »Lasse alle Hoffnung hinter dir, du, der hier eintritt.« Statt eine Botschaft der Hoffnungslosigkeit zu sein, wie es zunächst den Anschein hat, ist dieser anfangs einschüchternde Satz tatsächlich eine »Überlebensanleitung«, um durch höllische Konditionen zu kommen: Lasse dein obsessives, ängstliches Denken darüber hinter dir, wie die Dinge anders sein könnten oder sollten, dir darüber Sorgen machend, wem die Schuld zu geben ist, wobei du endloses Selbstmitleid erzeugst. Dann kannst du tatsächlich *der Art, wie die Dinge gerade sind,* begegnen und sie managen. Winston Churchill hat auf seine lakonische Art eine berühmte ähnliche Ermutigung angeboten: »Wenn du durch die Hölle gehst, geh weiter.«

Wie erfährt ein freies Herz Leiden und wie reagiert es darauf? Indem es das Leid fühlt – vollständig. Indem es sich nicht abwendet und nicht zumacht. Die universale gefühlte Wahrnehmung von Mitgefühl ist ein tiefer, unangenehmer Schmerz im Herzen. Es tut weh. Aber wenn du dich bereits dein Leben lang abgewendet und zugemacht hast, was wirst du tun? Du wendest dich ihm zu – sanft, am Anfang vielleicht nur ein bisschen. Du lässt ihn ein. Du lässt dein Herz brechen. Was sich beim Hereinkommen unbeherrschbar anfühlt, bis du erkennst, dass es bricht … aufbricht. Das ist in Wirklichkeit das Heilmittel für ein geschütztes Herz. Der Schmerz des Lebens – deiner, meiner, mit allem Drum und Dran – scheint zu viel zu sein, wenn du versuchst, ihn nur in deinem eigenen armen, kleinen emotionalen Brustkorb zu fassen. Lass ihn wirklich ein und er wird dich transformieren. Er wird dir Mut und Sanftheit und die Fähigkeit geben, im Dienst des natürlichen Wunsches des freien Herzens zu reagieren, zu reden und zu handeln. Ebenso wie du deine Hand, wenn du dir den Zeh anstößt, ausstreckst, um den Schmerz zu lindern, wendet sich ein freies Herz dahin, wo immer der Schmerz ist.

Wir haben viele inspirierende Beispiele: Nelson Mandela und der Dalai Lama sind vielleicht die offensichtlichsten – Männer, die sich Gewalt und Verfolgung mit großer Herzensgüte widersetzten. Aber übersieh nicht aktuellere Beispiele (und lass Männer nicht das ganze Rampenlicht stehlen!).

Malala Yousafzai zeigte unglaubliches Herz in ihrem unermüdlichen Eintreten für die Bildung von Mädchen. Ihr wurde 2012 bei einem Ermordungsversuch durch die pakistanischen Taliban in den Kopf geschossen. Seitdem brachte es ihre liebevolle und furchtlose Arbeit zu internationaler Aufmerksamkeit.

Emma Gonzales verarbeitete die Tragödie der Massenschießerei an ihrem Gymnasium in Florida im Jahr 2018, indem sie als Aktivistin und Vorkämpferin für strengere Waffengesetze in den USA ihre Stimme erhob. Du brauchst nur einen kleinen Teil der Geschichten dieser jungen Frauen zu hören oder sie für einen Moment im Fernsehen zu sehen, um zu beobachten, wie Schmerz und Leiden kraftvoll vom Herzen in Liebe transformiert werden können. Wilde, mutige, unerschütterliche, klarsichtige, grenzenlose Liebe.

Diese Liebe ist die Liebe, die Malala erlaubt, zu reden und zu handeln und ihren Gegnern zu verzeihen, die Emma ermöglicht, ihre Arbeit im Angesicht rassistischer Anfeindungen, Hassreden und Todesdrohungen weiterzuführen. Die tibetischen Nonnen die Fähigkeit gab, ihren chinesischen Gefängniswärtern zu vergeben, nachdem sie gefangen genommen und unablässig gefoltert worden waren, aus dem einfachen Grund, weil sie ihre Gebete rezitierten. Sie sagten, ihre größte Angst im Gefängnis sei es gewesen, dass sie ihr Mitgefühl für ihre Gefängniswärter verlieren könnten.

Wenn du dich dem Schmerz zuwendest, kannst du nicht in Schuld und Rechthaben und Opferdenken stecken bleiben. Das Unglück, das Unwillkommene, das Ungerechte und das Unverantwortliche können jeden Moment eintreffen. Was wirst du machen, wenn sie an deiner Tür klopfen – wenn sie dein Herz betreten?

Tränen des Mitgefühls – Tod und Trauer

Während ich vor einigen Jahren durch Asien reiste, hatte der amerikanische Dharma-Lehrer Larry Rosenberg die Gelegenheit, an den Beerdigungen zweier buddhistischer Mönche unterschiedlicher Traditionen teilzunehmen. Bei der ersten meditierte er in Korea neben einem Mönch, der über den Verlust weinte. Er sagte: »Ich ging an demselben Tag ins Kloster wie er, der gestorben ist. Er war mein engster Dharma-Bruder und ich werde ihn sehr vermissen.« Irgendwann später auf der Beerdigung eines Mönchs in Thailand saß Larry neben einem anderen Mönch, der stoisch und stetig meditierte, geerdet in der Wahrheit der Unbeständigkeit, der Wahrheit bewusst, dass wir alle sterben müssen.

Welche ist die weisere Reaktion? Der klarere, der tiefere, der wahrere Weg, dem Tod zu begegnen? (Es ist okay, dies nicht zu wissen – es ist eine Fangfrage.) Es gibt keine »richtige« Weise zu trauern. Wie der erste Mönch ausdrückte, ist es ergreifend, die zu verlieren, die wir lieben. Wie der zweite zeigte, ist dies das natürliche Schicksal von uns allen, und wenn wir dessen bewusst sind, können wir die geliebte Person ehren und uns an sie erinnern, ohne den Boden unter unseren Füßen zu verlieren.

Was mich betrifft – das, was ich am stärksten spüre, wenn jemand stirbt, den ich kannte und der mir etwas bedeutete, ist Liebe. Liebe und Schmerzlichkeit und Mysterium. Liebe, die als Trauer aufsteigt und als Ratlosigkeit über das Mysterium, was immer ihnen auch widerfahren ist. Alles, was lebt, stirbt, und wir können weder die Umstände noch das Timing kontrollieren. Grundsätzlich ist keine Tragödie im Tod, obwohl es schmerzhaft für die Hinterbliebenen sein kann zu versuchen, mit ihrem Verlustschmerz, der Verwirrung und der Verletzung umzugehen.

Für manche ist Trauer intensiv und für eine Weile alles umfassend. Für andere kommt und geht sie in Wellen, und für wieder andere glimmt sie im Hintergrund, niemals ganz in Flammen aufgehend und niemals ganz ausgehend. Wie ich sagte, es gibt keine richtige Art zu trauern. Was jedoch hilfreich ist, ist den Großteil deiner Aufmerksamkeit auf die Gefühle zu lenken, nicht auf die Geschichte. Lass dich die Liebe und den Verlust spüren und verweile nicht beim Warum und Wie und Falls und Aber in Bezug auf den Tod der geliebten Person. Trauer geht aus der Liebe hervor. Erkenne an, dass du diese Person liebst. Sprich zu ihr, wenn du möchtest. Sag, was ungesagt geblieben ist. Ehre die Beziehung. Nimm dir die Zeit, um dich an die Unergründlichkeit dessen zu gewöhnen, jemanden zu verlieren und keinerlei Antwort darauf zu haben, was aus ihm geworden ist.

Die Klarheit des Leidens

Leiden kann auch den Geist beruhigen und ihn fokussieren. Inmitten einer plötzlichen Herausforderung oder Kalamität vergessen wir das Irrelevante, das Banale und das Oberflächliche. So geht es häufig Menschen, die an Krebs oder einer tödlichen Krankheit erkranken: Sie finden neue Klarheit und Würde im unvermittelten Fokus auf das Essenzielle, das Unmittelbare, das *Hier und Jetzt.* Es ist eine gewisse Freiheit des Herzens verfügbar inmitten des Schmerzhaften, wie ein wunderschöner Lotus, der unter den richtigen Umständen aus dem Schlamm des Ungewünschten wächst.

Als ich zum ersten Mal mit 19 Jahren im Himalaya war, mietete ich eine kleine, kalte Hütte in Dharamsala. Ich war an Ruhr erkrankt angekommen, und einige Wochen lang war ich schwach, hatte Schmerzen und delirierte, während ich mir die Seele aus dem Leib schiss und kotzte. Ich erwachte häufig, um festzustellen, dass ich das Bett verschmutzt hatte, und musste die Straße zum öffentlichen Wasserhahn hinabgehen, um dort den *lunghi* (eine Robe, die wie ein Sarong um die Hüfte getragen wird) und die Bettwäsche auszuwaschen, bevor ich erschöpft in mein Bett zurücktaumelte. Nach ungefähr zehn solchen Tagen erfand mein Geist alle Arten zweifelnder Gedanken. Sterbe ich? Werde ich jemals gesund werden? In meinem Delirium wusste ich weder, wie nah ich womöglich dem Tod war, noch, was ich bezüglich meiner Situation machen konnte. Aber da ich kurz davor die Dharma-Praxis entdeckt und umarmt hatte, war ich meiner Erfahrung sehr nahe. Ich beobachtete die Welle der Angst aufsteigen und vergehen. Ich sah Gedanken des Selbstmitleids und der Panik kommen und gehen. Dennoch war inmitten all dessen eine kristalline Klarheit:

> Ich bin hier. Mein Herz ist hier. Ich möchte nicht sterben, aber ich möchte auch nicht kämpfen. Und ich fühle mich, als ob ich genau dort bin, wo ich sein sollte. Ich würde mich sehr gerne besser fühlen, aber ich möchte nicht mit dem Leben, wie es gerade ist, kämpfen. Meine Freiheit und meine Leichtigkeit des Seins werden nicht bedingt durch meine Fantasie dessen, wie die Situation sein könnte oder wie sie sich verbessern sollte, sondern durch meine Fähigkeit, diesem Augenblick zu begegnen. Sich so gnädig und weiträumig wie möglich um diesen Atem zu kümmern, diese Bettlaken zu waschen, zu scheißen und zu zittern.

Es war eine sehr unangenehme Zeit, aber ich erfuhr ein äußerst wichtiges Gefühl der Freiheit in dieser Erfahrung. Es ist meine eigene Reaktivität, nicht Krankheit und Unglück, die der wahre Gegner meiner inneren Ruhe und meines Wohlbefindens sind.

All das kann ein bisschen passiv erscheinen. Man könnte fragen: *Warum bist du nicht zu einem Arzt gegangen, du Idiot?* Das ist eine gute Frage. Meine neu gefundene Bereitschaft, bei meiner Erfahrung zu sein, war nicht ganz in Balance mit einer pragmatischeren Weisheit. Aber diese Erfahrung formte mich tiefgreifend und trug zu einer gewissen Furchtlosigkeit in Bezug auf Unglück, Krankheit, Unheil und Tod bei. Ich bin dem Idealismus dieses 19-Jährigen und seinem jugendlichen Praxiseifer äußerst dankbar.

Die Essenz des Mitgefühls steckt in der Reaktion auf das, was schmerzhaft ist. Ein furchtloses Herz antwortet, wenn wir auch nicht voraussehen können, wie. Manchmal geschieht es durch Aufstehen und das Wort ergreifen, wie im Fall von Emma Gonzales. Zu einer anderen Zeit gibt es nichts, was wir tun können, außer (und das ist auch eine entscheidend wichtige Reaktion) den Schmerz einzulassen. Wir lassen uns selbst das Herz kennen, das fühlt und doch unerschrocken ist. Sich dem Leiden zuzuwenden, selbst wenn es nichts Konkretes gibt, was wir als Reaktion machen können, bereitet das Herz auf die Zeiten vor, in denen wir etwas tun *können*.

Auf uns kommt ein großer Wandel zu. Auf alle von uns. Der Klimawandel, steigende Meeresspiegel und Massenvertreibung stehen uns bevor. Gewaltsame Konflikte über knappe Nahrungsmittel, Süßwasserverfügbarkeit und schwindende natürliche Ressourcen werden auch in den kommenden Jahren und Jahrzehnten Druck auf uns ausüben. Ich habe keine Ahnung, wie sich diese Dinge entfalten werden, aber ich weiß, dass du ein resilientes, weit offenes Herz *brauchen* wirst, wenn du inmitten alldem vollständig leben willst. Und frei sterben, wenn die Zeit dafür kommt.

Quatsch in der Verkleidung von Mitgefühl

Wenn du dich in Richtung einer wahren, radikalen Freiheit des Herzens orientierst, dann musst du auch durch die vielen schwachsinnigen Antworten auf Leiden, die uns die Populärkultur vorgibt, navigieren. Wir sehen, wie Politiker Sozialausgaben kürzen und dabei versagen, sich mit Obdachlosigkeit, Ungleichheit, Rassismus und dem Klimanotfall auseinanderzusetzen – sie zeigen einen moralischen Aufruhr, wenn das Thema im Einklang ist mit ihren politischen oder ökonomischen Zielen, und zeigen die kalte Schulter, wenn dem nicht so ist. Die müden alten »Gedanken und Gebete«, die statt eines wirklichen Politikwechsels den Opfern von Massenschießereien angeboten werden, sind so formuliert, dass sie mitfühlend klingen, jedoch ohne eine tatsächliche Antwort. Mitfühlende Gemeinplätze von sich zu geben, ohne das zu tun, was wir tatsächlich tun können, um einen Unterschied zu bewirken, ist das, was mein Lehrer »Idiotenmitgefühl« nannte – oder Quatsch in der Verkleidung von Mitgefühl.

Schmerz in der Familie

Wie reagierst du, wenn du mit dem Schmerzhaften konfrontiert wirst? Tendierst du dazu, zuzumachen, überwältigt oder abgelenkt zu werden? Wir sind teilweise biologisch so konditioniert, uns von Schmerz zu schützen, wie wir in dem Kapitel zu den Instinkten gesehen haben. Diese sind weiter mit kulturellen Stempeln vermischt – der manipulativen Marketingmaschine, die andeutet, dass das Leben grenzenlos angenehm und leicht sein kann. Und dann fügen unsere Familienstempel eine weitere Schicht hinzu.

Wie wurde in deiner Familie mit Schmerz umgegangen? Hattest du einen Elternteil, der besonders kaltherzig war? Oder erstickend? Oder übermäßig ängstlich, dass die Kinder verletzt werden könnten? Reflektiere darüber, was du in deiner Herkunftsfamilie aufgenommen hast, und du findest womöglich wichtige Verknüpfungen zu deiner aktuellen Beziehung zu Beschwerden, Krankheit, Störungen und Unglück.

Was geschah beispielsweise, wenn es in deiner Familie einen Todesfall oder eine ernsthafte Erkrankung gab? Manchmal praktizieren wir »Sag es nicht den Kindern« in einem fehlgeleiteten Versuch, ihr Gefühlsleben zu schützen. Der kann darin enden, sich wie ein Vertrauens- und Ehrlichkeitsverrat anzufühlen. Bei anderen wird zu viel Aufmerksamkeit auf Schmerz gelegt. Einige Eltern, selbst ungeschickt im Umgang mit Unwohlsein, agieren dies dann an ihren Kindern aus, wobei sie ein Hinfallen des Kindes zu einer Katastrophe machen und die Gefühle des Kindes ersticken, sodass es keinen Raum hat, den Schmerz selbst zu verarbeiten: »Oh, du armes Ding. Was für eine schreckliche Sache passiert ist. Hier hast du eine Süßigkeit, damit du dich besser fühlst, und dann kleben wir einen großen Verband auf diese kleine Schramme.«

Andere Gewohnheiten der emotionalen Vermeidung schließen die Verleugnung des Schmerzes ein, die klassischerweise angewendet wird, wenn ein Kind verletzt wird: »Oh, das ist nichts. Wein nicht. Große Mädchen/Jungs weinen nicht. Komm schon, reiß dich zusammen.« Eine weitere Gewohnheit besteht darin, dem Kind beizubringen, die Schuld für jeden aufkommenden Schmerz nach außen zu projizieren: »Böser Baum! Dummer Baum, wieso musste er seinen Zweig so herabhängen lassen, als du vorbeigingst?«

Wenn du vermeiden möchtest, diese verwirrenden und nicht hilfreichen Signale an Kinder in deinem Leben zu geben, versuche, die Situation so zu beschreiben, wie du sie siehst, und tatsächlich herauszufinden, wie sie mit ihr umgehen:

»Das sah schmerzhaft aus. Wie fühlst du dich?«

»Ich sehe, dass dein Knie rot geworden ist. Tut es weh?«

»Das hörte sich wie ein harter Aufschlag an. Was brauchst du?«

Kurz gesagt gelten die gleichen Richtlinien, ob bei Kindern oder Erwachsenen: Erkenne die Erfahrung des anderen an, während du ihm den Raum gibst, sie selbst zu verarbeiten.

Mit Beschwerden praktizieren

Wenn du deine Fähigkeit nicht trainierst, das Unwillkommene und das Unangenehme zu tolerieren, wenn du dich nicht sanft und mitfühlend Leid, Trauer und Unannehmlichkeiten annehmen kannst, dann endest du beim Gegenteil. Ja, *was immer du nährst, das wächst*. Sieh dir die Menschen an, die diese Arbeit nicht getan haben, und du wirst feststellen, dass sie beim Älterwerden verurteilender werden. Intoleranter. Die Tendenz des geschützten Herzens, zuzumachen oder sich abzuwenden, wird stärker. Und es wird auf magische Weise mit all den gesellschaftlichen Konsequenzen, die wir um uns herum sehen, leichter, die Obdachlosen oder Flüchtlinge, die Armen und die Bedürftigen abzulehnen. Es wird einfacher, Menschen aus deinem Herzen auszuschließen.

Meditation ist in vielerlei Hinsicht ein kraftvolles Training, mit dem Unangenehmen zu verweilen. Still mit dir zu sitzen bedeutet, deinen knirschenden Körper und deinen unkooperativen Geist zu konfrontieren, und sich in die Unannehmlichkeiten hineinzulehnen ist ein kraftvolles Training für die Furchtlosigkeit des Herzens. Eine berühmte, alte Zen-Anekdote erzählt uns, wie ein Samurai, im Versuch, einen Zen-Meister zu beeindrucken, mit seinem Schwert vor ihm wedelt und erklärt: »Ich bin einer, der deinen Kopf abschneiden kann, ohne mit der Wimper zu zucken.« Der Meister schaut lächelnd zu dem säbelrasselnden Samurai und antwortet sanft: »Und ich bin einer, der sich den Kopf abscheiden lassen kann, ohne mit der Wimper zu zucken.«

Die Menschen fragen mich oft, wie lange oder wie viel sie mit Beschwerden sitzen sollten. Wie lang ist ein Stück Faden? Es hängt davon ab, was du kultivierst. Es ist großer Wert darin, in Beschwerden zu verweilen und sich in sie hineinzulehnen, aber nur, wenn du das im Dienst des Liebens tust – dich der Unannehmlichkeit *zuwendest.* Wenn du das tun kannst, dann bleib bitte sitzen. Und an dem Punkt, wenn du das nicht länger tun kannst, dein Rücken zu sehr schmerzt und deine Beine zu steif sind und deine Moral sich verflüchtigt hat und du deine Zähne zusammenbeißt und schiere Sturheit kultivierst, dann höre an diesem Punkt *bitte* auf. Kümmere dich um dich selbst. Meditation war nie als Kampf gedacht.

Finde Wege zu reagieren

Wo kannst du in deinem Leben, so wie es gerade ist, fürsorglich sein? Wem kannst du dienen? Wem könntest du eine helfende Hand reichen, wo könnte deine Unterstützung einen gewaltigen Unterschied machen und im Dienst wessen bietest du die Liebe an, die die Essenz mitfühlender Handlung ist?

2002 kam ein Schüler namens Tony zu mir, um mir am Ende eines Retreats in England zu danken. Es sei lebensverändernd gewesen, sagte er mir. Er habe das Leiden in der Welt gespürt und wolle einen Unterschied machen. Seine Ehrlichkeit und Überzeugung beeindruckten mich, sodass ich mich an ihn erinnerte, als er sechs Monate später auf ein anderes Retreat kam. Dieses Mal kam er in einem Wohnmobil und sagte mir, dass er seit dem letzten Retreat seine Wohnung verkauft, seinen Job und seine Freundin verlassen und all seinen Besitz verschenkt habe. Das war der Beginn seines neuen Lebens – und über das Retreat hinausgehend hatte er kein Ziel. Er war auf einer Mission, die Welt zu verändern, und er wusste nicht, wo er beginnen sollte, außer ein weiteres Retreat zu besuchen.

Ich sah Tony ein paar Mal im Laufe der nächsten Jahre. Dann hörte ich, dass es ihn nach China verschlagen und eine zufällige Begegnung mit einem Bettler dazu geführt hatte, dass er die erste Suppenküche Chinas ins Leben gerufen hatte. Da mir die Details nicht ganz bekannt sind, google ich ihn gerade, um die Fakten zu erfahren (Tony Day, Yellow River Soup Kitchen). Yellow River hat 12.000 Freiwillige, serviert Bedürftigen Hunderttausende Mahlzeiten und unterhält über 2000 verschiedene humanitäre Projekte. Tony folgte im Wesentlichen seinem mitfühlenden Herzen. Ohne Plan, ohne eine klare Vision. Aber auch, ohne zuzumachen. Er sonderte sich nicht von dem innigen Wunsch seines Herzens ab, anderen zu dienen. Liebe in Aktion – Mitgefühl.

Vielleicht scheint das jenseits unserer Reichweite zu liegen. Aber blick dich um. Zunehmend unmenschliche Kürzungen im Sozialsystem bedeuten, dass es eine wachsende Zahl obdachloser Menschen in fast jeder großen Stadt gibt und sogar auch in kleineren Städten. Dein Angebot mag keine ganze Suppenküche sein, aber wie wäre es mit einer einzelnen Tasse Kaffee für die nächste obdachlose Person, an der du vorübergehst? Oder ein Paar saubere Strümpfe? Oder ein wenig menschliche Konversation? Wenn wir unsere Augen und Herzen öffnen, können wir sehen, dass jemand ganz in der Nähe wirklich ein wenig Liebe gebrauchen könnte. Und das ist unsere Praxis. Lass die Buddhisten *wünschen*, dass die Menschen frei von Schmerz sind. Lass uns auf Menschen zugehen und ihnen *helfen,* mit dem Schmerz des Lebens umzugehen. Unsere Herzen, deins und meins, unser aller Herzen sehnen sich danach, zu lieben und geliebt zu werden.

Mudita: Die Liebe, die sich freut

Ein freies Herz wählt sich nicht seine Ausrichtung aus, es reagiert auf das, was immer sich ihm präsentiert. Grundlegende Fürsorge oder *metta* ist die Voreinstellung unseres Herzens, so wie ein Kompass automatisch natürlich und beständig in Richtung Norden zeigt. Falls es einen anderen magnetischen Einfluss gibt, wird die Nadel jedoch in eine andere Richtung zeigen. Falls das, was im Gewahrsein erscheint, schmerzhaft ist, wird das freie Herz in Richtung Mitgefühl oder *karuna* schwingen. Falls das, was erscheint, lieblich oder schön ist, wird die natürliche Reaktion eine der Freude und der Würdigung sein. *Mudita* ist diese Liebe, die sich der Schönheit öffnet – die grenzenlose Fähigkeit des Herzens zu lieben. Ein freies Herz sieht vieles, was es würdigen kann, und es ist leicht genährt, gehoben und erfreut.

Während sich diese Fähigkeit entwickelt und vertieft, siehst du mehr und mehr, was du wertschätzen und woran du dich erfreuen kannst. Du entdeckst mehr Momente, dich zu freuen, mehr Gründe, dankbar zu sein, mehr und mehr Beweise für die Schönheit des Lebens und seine Fülle. Wenn sich Angst und Panzerung auflösen, sind diese inhärenten Ausdrucksformen der grundlegenden liebenden Natur des Herzens das, was du findest. Während wir *metta* im Herzen als warme Ausstrahlung der Güte fühlen und Mitgefühl als Leiden des Herzens angesichts von Schmerz und Empathie ist, dann fühlen wir Freude sprudelnd – wie Champagner im Herzen: golden, zischend und feierlich.

Es gibt immer etwas wertzuschätzen, selbst wenn die Umstände hochgradig ungünstig oder unangenehm sind. Der Dalai Lama führt uns diese Qualität vor – seine Freude scheint grenzenlos und ansteckend zu sein, obwohl er den Großteil seines Lebens damit verbrachte, sich mit den Folgen der chinesischen Unterdrückung und dem Genozid seines Volkes auseinanderzusetzen. Etty Hellesum ist ein anderes Beispiel. Sie starb mit 22 in Auschwitz. In den zwei Jahren zuvor führte sie ein Tagebuch, in dem sie inmitten höllischer Bedingungen immer wieder auf die Tiefe der menschlichen Seele verwies. »Trotz allem«, schrieb sie, »ist das Leben voller Tiefe und Bedeutung.« Ihre letzte Notiz, die sie aus dem Zug warf, der sie nach Auschwitz brachte, beschreibt diese Leichtigkeit des Herzens und endet mit den Worten »Wir verließen singend das Lager«. Zwei Monate später war sie tot.

Oben erwähnte ich die zwei Wochen des Durchfalls und des Deliriums, in denen ich im Himalaya schwitzte und schiss. Genauso wie an die Schwäche und das Fieber erinnere ich mich allerdings auch an das Licht der Morgen, die Gebirgsluft, das Gefühl, das ich trotz allem nirgendwo sonst auf der Erde sein wollte. Es ist, wie Leonard Cohen uns berühmterweise in Erinnerung rief: »There is a crack, a crack in everything. That's how the light gets in.« (Auf Deutsch: »Es ist ein Riss, ein Riss in allem. Auf diese Weise gelangt das Licht hinein.«)

Freude ist manchmal *am nützlichsten,* wenn die Dinge nicht nach Plan laufen. Wir verfangen uns leicht in Schuld und Drama, aber der Verlust von vertrauten Erwartungen kann unsere Selbstzufriedenheit abstreifen. Als der japanische Dichter, Mönch und Vagabund Ryokan nach Hause kam, entdeckte er, dass sein ganzer Besitz geraubt worden war. Er schaut aus seiner leeren Hütte in den Nachthimmel und sagt: »Armer Kerl. Wie sehr wünschte ich, ich hätte ihm diesen wunderschönen Mond anbieten können.«

Wir verlieren, was wir lieben, unvermeidbar. Sonnenschein wandelt sich in Regen. Das Leben respektiert nicht unsere Präferenzen. Dennoch sind wir hier. Lebendig. Bewusst. Atmend. Ist es möglich, dass du ständig und vor allem *gerade* in einem Meer von Segnungen treibst? Selbst wenn es sich manchmal anfühlt, als würdest du ertrinken?

Die Segnungen deines Lebens

In der Schule hatte ich einen Freund, der sich immer über etwas Sorgen machte: Familie, Noten, Freundinnen, Mode – *alles*. Dann eines sonnigen Tages war merkwürdigerweise alles in Ordnung und er konnte nichts finden, worüber er sich sorgen konnte. Und das stimmte ihn wirklich besorgt. Er besaß die Klarheit, dies zu erkennen, und die Ehrlichkeit mir zu sagen: »Es macht mir Sorgen, dass ich nichts habe, worüber ich mich Sorgen machen kann.« Vielleicht erkennst du diesen Zustand. Sich zu sorgen kann extrem verführerisch sein – Probleme zu haben, die gelöst werden müssen, verleiht dir ein Gefühl des Sinns, einen Fokus, an dem du dein Ich-Erleben ausrichten kannst, einen scheinbar guten Grund dafür, *dich ernst zu nehmen*. Ein alter Freund und ich erinnern uns gegenseitig freundlich daran. Wenn einer von uns sich ein wenig zu sehr mit dem Drama und den Details unserer Leben beschäftigt, antwortet der andere: »Ja, ich weiß, du bist *sehr beschäftigt und wichtig!*«

Obgleich wir die Erregung und Unsicherheit von Sorgen nicht mögen, zögern wir, das Gefühl, uns beschäftigt und wichtig zu fühlen, aufzugeben. Aber wie könnte dein Leben transformiert werden, wenn du gewohnheitsmäßige Sorgen aufgibst? Wie könnte dein Herz transformiert werden, wenn du über die Segnungen deines eigenen Lebens nachdenken würdest?

Kürzlich lehrte ich in London, während es sehr kalt war. Mit so vielen sichtbaren Zeichen von immensem Reichtum und Privilegien in der Stadt, ist es leicht, diejenigen zu sehen, die mehr als wir haben, und sich irgendwie benachteiligt zu fühlen. Aber an diesem kalten Nachmittag reflektierten wir über unsere Fähigkeit, nach Hause zu gehen und es warm zu haben – ein Luxus, den viele nicht haben –, und wie einige sogar die genaue Temperatur in ihrem Zuhause wählen könnten. Wir erwogen unsere Fähigkeit, uns angemessen für das Wetter zu kleiden – wiederum ein Luxus, der nicht von allen geteilt wird – und sogar fähig zu sein, zwischen verschiedenen Outfits hierfür zu wählen. Wir machten damit weiter, wie wir es für selbstverständlich halten können, dass wir an diesem Abend essen würden – ein weiteres Privileg, dass sich nicht jeder leisten kann –, und wie wir vielleicht dazu fähig sind zu wählen, ob wir zu Hause oder auswärts essen oder diese oder jene Art Nahrung zu uns nehmen.

Wenn wir die Segnungen des Alltags für selbstverständlich halten, entziehen wir uns die offenherzige Wertschätzung, die *mudita* ist. Deine Segnungen zu zählen ist ein kraftvoller Weg, diese Qualität zu kultivieren, ob in der verbreiteten Methode, eine Art Dankbarkeitsliste zu erstellen, oder über dein Glück zu reflektieren. Unsere berühmte »negative Voreingenommenheit« wird die Aufmerksamkeit auf das lenken, was *nicht gut* ist – auf das, wovon du denkst, dass es in Bezug auf deine Umstände besser sein könnte oder sollte. Wie wäre es, wenn du bewusst deine Aufmerksamkeit wieder und wieder auf das richten würdest, was *gut* ist, bis es zu einer mühelosen Gewohnheit wird? Auf alles, was mit dir in Ordnung ist. Alles, was du zum Wertschätzen hast. Wie gesund du auch immer bist, wie reich, welche Kleidung, Unterkunft und Familie du auch immer hast und welche gesellschaftliche Unterstützung du auch immer erfährst. Vielleicht findest du einen bodenlosen Quell der Wertschätzung für die Segnungen in deinem Leben.

Das heitere Herz

Unser Sein hat eine grundlegende Heiterkeit. Das Herz, das seinen Zugang zur Freude kennt, ist unbezähmbar. Die Lebensumstände versuchen immer wieder, uns unterzutauchen, aber wie sehr du auch versuchst, eine Boje zu versenken, ihre Natur ist es, sich aufzurichten, aufzusteigen und zu treiben. Nur wenn die Luft aus ihr gequetscht wird, sinkt sie, und bis das Leben den letzten Atemzug aus dir presst, ist die Natur deines Herzens heiter. Je mehr du liebst und wertschätzt, was in und um dich herum ist, desto mehr entdeckst du diese essenzielle Heiterkeit – desto mehr spürst du den spritzigen Freude-Champagner eines freudigen Herzens.

Die Theravada-Tradition, in der ich geschult worden bin, ist nicht das beste Beispiel für Feierlichkeit und Freude. Es gibt eine gewisse Schönheit im Rhythmus des Chanten, in den vergoldeten Buddhas und den Opferzeremonien. Aber da ist auch ein Gefühl, dass Freude irgendwie in den Bereich der »sinnlichen Genüsse« gehört, der in dieser Entsagungstradition vermieden wird. Der Begriff *mudita* wurde zunächst unbeholfen als »teilnehmende Freude« übersetzt, was eine Freude lediglich am Glück des anderen andeutet. Das freie und freudige Herz unterscheidet nicht zwischen deinem Glück oder meinem. Es erfreut sich an Güte und Schönheit, wo immer sie auftreten.

Schönheit ist nährend und zieht das Gewahrsein auf sich. Trinke Tee aus einer feinen japanischen Teeschale und die Feinheit der Keramik zieht ganz natürlich deine Aufmerksamkeit und Wertschätzung auf sich (im Gegensatz zu der allzu britischen »Tradition«, Tee aus alten, beschädigten, zufälligen Tassen zu trinken!). Die Zen-Tradition versteht das auch. Kalligrafie, Blumenstecken, Gartenpflege und viele sonstige alltägliche Ausdrucksformen sind von einer Geste der Schönheit durchdrungen. Sie erinnern uns daran, dass dieser Augenblick, dieses Objekt, einfach diese gewöhnliche Menschlichkeit, die uns zu eigen ist, als Schatz gehütet und wertgeschätzt werden muss und man sich über sie freuen darf.

Sich an Schönheit zu erfreuen ist eine Einladung an das Herz: Nimm wahr. Würdige. Erfreue dich! Diese Qualität leitet auch die ästhetischen Entscheidungen, die wir am Moulin treffen, denn wenn du auf ein Retreat zu mir kommst, möchte ich, dass du den Ort genießt, dich an der Schönheit der Umgebung erfreust und dich darin hinein entspannst, hier zu sein. Und dass du *von Herzen froh* bist, auf dem Retreat zu sein.

Die Unterdrückung der Freude

Viele jedoch haben das Gefühl, dass sie es nicht verdienen, wirklich froh zu sein. Als Kind hast du vielleicht gehört, »dich zu beruhigen«, »nicht zu aufgeregt zu sein«, »nicht anzugeben« oder »zu übertreiben«. Wenn du diese Botschaft internalisiert hast, fühlst du dich befangen und unbehaglich, ungeniert ausgelassen oder froh zu sein. Wenn deine natürliche Ausgelassenheit gedämpft, sich über sie lustig gemacht oder sie beschämt wurde, sodass sie sich unterwirft, kannst du nicht länger wissen, wie du Zugang zu ihr findest oder wie sie sich anfühlt. Unaufgelöstes Unbehagen aus der Kindheit und Schuldgefühle, wenn du ausgelassen bist, können auch ambivalente Gefühle in Bezug darauf erzeugen, in einer Welt, in der so viele leiden, Freude zu empfinden. Wenn du dich nicht leicht freuen kannst, untersuche, welche Überzeugungen du über dich selbst hast. Ich erinnere mich daran, dass mir in der Schule gesagt wurde, »das Lächeln aus meinem Gesicht zu wischen«, »Das Leben besteht nicht nur aus Spaß und Spiel!« und dass »ich die Dinge ernster nehmen« müsse. Ich lernte, dass Freude frivol und unwillkommen war und keinen Platz hatte, um verantwortlich und erwachsen zu sein. Und seitdem musste ich die Kunst der Freude wiedererlernen.

Denke über deine eigene Geschichte nach:

REFLEXION

Wie viel Genuss und Freude, Leichtigkeit und Festlichkeit waren in deinem frühen Leben präsent? Welche Einstellungen hinsichtlich Schönheit, Dankbarkeit, Segen und Vergnügen hast du in deiner Familie aufgeschnappt? Wie haben sie sich auf dich ausgewirkt und wie beeinflussen sie dich womöglich noch immer?

Die Art des Vergnügens

Wie bei anderen Herzqualitäten wächst das, was du nährst. Wenn du nicht die Fähigkeit des freien Herzens für Freude kultivierst, dann endest du damit, dich ausschließlich auf gröberes Vergnügen zu verlassen, wobei du versuchst, Glück zu *konsumieren* als Versuch, deinen ruhelosen, bedürftigen Hunger zu stillen – du bist zu beschäftigt, dem Vergnügen nachzujagen, um die Freude, *lebendig zu sein,* wahrzunehmen. Neurologisch gesprochen: Ein konsumorientierter Lebensstil und ein auf Belohnung ausgelegtes Nervensystem lassen uns dem schnellen Genuss eines Dopaminausstoßes hinterherjagen, auf Kosten von Serotonin, dem Neurotransmitter, der mit genuinem Wohlbefinden, Ruhe und Entspannung verbunden ist. Freude wirkt erhebend auf den Geist, wogegen Belohnung das unermüdliche Hamsterrad des Verlangens verstärkt: Streben – Belohnung – Verlust – Hunger – Wiederholung.

Schau dir die Welt an. Frage Menschen, was sie wollen, und sie werden dir sagen: glücklich sein. Sieh dir an, was sie tatsächlich *tun* im Streben nach Glück, und du wirst eine Welt voll von Menschen sehen (häufig im Namen des *Spaßhabens*), die verzweifelt versuchen, sich selbst in Ordnung zu finden, indem sie kaufen, shoppen, essen, ficken und trinken. Hohler Materialismus, Verlust der Seele und eine brutal erniedrigte Umwelt sind die unvermeidbaren Folgen unseres unermüdlichen, leeren Suchens nach Vergnügen.

Wie würde sich dein Leben transformieren, wenn du zufrieden sein könntest? Wenn dein Herz von dem Wunder genährt würde, überhaupt diese menschliche Erfahrung zu haben, vom erstaunlichen und tiefen Rätsel genährt würde, dass es ein Universum gibt und du darin lebendig und bewusst bist! Mudita ist Glücklichsein ohne einen guten Grund. Wir sind erfreut, hier zu sein, weil wir keine Ahnung haben, wie lange es andauern wird. Wertschätze, dass es eine Welt gibt (von Wesen bevölkert!) und dass wir diese außerordentliche Ausrüstung haben – menschlicher Körper, Geist und Seele –, mit der wir dem ständigen Alltagswunder, hier zu sein, begegnen.

Freude kultivieren

Um dich für die Freude zu öffnen, musst du deine Stimulationssucht ablegen. Du musst durch deine halb geschützte, halb abgelenkte Aufmerksamkeitsbarriere stoßen. Du musst dein Handy ablegen und hochschauen. Leg deine Gewohnheiten ab und *fühle*. Langsamer zu machen ist eine Möglichkeit, dies zu tun.

Nimm dir nun einen Moment Zeit für die folgende Reflexion.

REFLEXION

Zunächst innerlich: Spüre in das natürliche Gefühl hinein, hier zu sein. In Atmung und Körper und die grundlegende natürliche Wachheit, bewusst zu sein. Halte all das nicht für selbstverständlich. Spüre sie frisch als das Wunder, das sie sind.

Fühle die Luft auf deiner Haut. Die Berührung deiner Kleidung – all die empfindlichen Nervenenden, die die Berührung des Lebens aufnehmen.

Nun äußerlich: Blick dich um, während du im verkörperten Gewahrsein bleibst. Nimm den Raum wahr, in dem du bist, oder den Himmel über dir. Lausche den sich entfaltenden Geräuschen der Welt. Was für ein Wunder es ist, dass du sehen und hören und fühlen kannst!

Verweile so eine Weile. Welche Wirkung hat dies auf dein Herz?

Du kannst ganz einfach Freude kultivieren, indem du dich Quellen von Freude zuwendest. Beginne mit dem, was auch immer für dich einfach ist – es könnte Musik oder Kunst oder die Natur sein. Es könnte sein, dass du dir Zeit nimmst, im Gras zu liegen und zu sehen, wie die Wolken sich am Himmel bewegen. Es könnte darin bestehen, Kindern beim Spielen zuzuschauen – oder Regentropfen, die am Fenster hinabrinnen.

Sich mit Alltagsdetails zu befassen war üblicher in diesen fernen Prä-Smartphone-Tagen. Es braucht heute eine gewisse Disziplin, die endlose Quelle des Dopaminvergnügens, der Information und Unterhaltung in unserer Tasche wegzulegen, um für das sinnliche Leben, das uns umgibt, offener zu sein. Kulturell wie individuell erfahren wir schon den Preis digitaler Ablenkung, und ich frage mich, wie sich dies in den kommenden Jahren entwickeln wird. Ich liebe Technologie – und da ich mehr als sechs Monate im Jahr unterwegs bin, ist mein iPhone für mich unglaublich nützlich, um zu navigieren, Tickets zu kaufen, mit meiner Familie in Kontakt zu bleiben und so weiter. Aber ich nehme zunehmend wahr, welchen Preis meine Aufmerksamkeit zahlt.

Da es so viel gibt, was uns ablenkt, ist es wichtig, uns darin zu üben, uns von unstimulierter Freude ganz tief erfüllen zu lassen. Dies macht den großen Wert aus, ein Meditationsretreat zu besuchen. Wir widerstreben der Idee, ohne Komfort oder Sprechen oder was auch immer auszukommen – aber wenn wir uns tatsächlich in einer einfachen Umgebung wiederfinden, ohne Stimulierung und Ablenkung, ist es häufig eine tiefe Erleichterung.

Wie bereits gesagt, bin ich aufgrund des vielen Reisens häufig allein, wobei ich in Restaurants und Parks Pärchen und Gruppen beobachte, die die Gesellschaft miteinander genießen. Einsamkeit und Selbstmitleid zu erzeugen ist in gewisser Weise einfach, aber es ist auch möglich, sich am Zusammensein und der Freude anderer Menschen zu erfreuen, sie mit Augen zu betrachten, die Freude an ihrer Freundschaft haben, ihr Vergnügen teilen und die für den Umstand froh sind, dass andere Menschen sich finden, sich umeinander kümmern und sich gegenseitig lieben.

Freude ist eine der *grenzenlosen* Qualitäten, was bedeutet, dass unsere Fähigkeit, begeistert zu sein und sich zu freuen, keine Grenzen hat. Nutze jede Gelegenheit, die sich dir bietet. Tanze und feiere und bedanke dich für das, was da ist. Die Segnungen deines Lebens sind zahllos, wie auch immer deine Umstände sind. Deine Existenz an sich ist die Bestätigung dessen, wie sehr dich das Leben liebt, dich unterstützt, dich segnet. Du bist die grundlegende Freude des Lebens an sich selbst.

Upekkha: Die Liebe, die erlaubt

Ich ziehe es vor, den klassischen buddhistischen Begriff *upekkha* als Weite des Herzens zu übersetzten anstatt mit »Gleichmut« – als eine grenzenlose Umarmung, eine köstliche Fähigkeit, Raum zu schaffen für das, was in der Erfahrung erscheint, das zu lieben, was ist, *ob wir es mögen oder nicht.*

Das ist eine Liebe, die sich im Herzen wie ein unendlicher Raum anfühlt. Dein Brustbereich fühlt sich buchstäblich unbegrenzt in seinem Willkommen an. Was immer geschieht – es ist Raum dafür da. Alles fühlt sich gestaltbar, brauchbar, verarbeitbar, nachvollziehbar an. Es mag süß oder sauer sein, angenehm oder schmerzhaft und deswegen Freude oder Mitgefühl evozieren, aber was immer es ist – ihm ist gestattet hier zu sein, schlicht *weil es ist.* Es ist eine Möglichkeit, dem Leben den tiefsten Respekt zu zollen, indem dem, was hier ist, erlaubt wird, gefühlt zu werden – und entsprechend seiner Natur zu erscheinen und zu vergehen.

Weit wie das Meer

Das Bewusstsein ist wie ein Meer, weit und unergründbar, mit Fluten und Ebben, die sich formen und wieder vergehen, jede Erfahrung ist wie eine Welle – auf einzigartige Weise sie selbst für einen kurzen Augenblick des Seins, dennoch untrennbar Teil des ganzen Meeres und es widerspiegelnd. Jede Welle ist wichtig, würdig der Fürsorge und Aufmerksamkeit. Dennoch ist sie auch nur ein Tropfen, verschwindend klein in einem weiten und im Wesentlichen sanften Meer des Seins, würdig der Aufmerksamkeit, aber niemals wert, sich darauf zu fixieren oder sich deswegen anzuspannen. Das freie Herz ist mit jeder Welle innig vertraut. Es umarmt, ohne ein Drama daraus zu machen, sorgt sich, ohne sich zu identifizieren, und würdigt jede Welle, während es ihre Natur als das ganze Meer kennt. In dieser weit offenen Liebe gibt es kein Drama. Jede Welle drückt die grundlegende Freiheit der Erfahrung aus und selbst die verblendeten Gedanken – das bedürftige, habgierige, faule, verrückte Karussell des alltäglichen Affengeistes – drücken diesen Frieden aus. Wellen bilden sich, präsentieren sich und branden an der Küste an oder sinken in das Meer zurück. Es gibt keine Störung, und das freie Herz schafft Raum für alles, frei von neurotischem Ziehen und Drücken, frei von Verzerrungen des Optimismus und Pessimismus, leichtherzig, wenn das Angenehme und Bequeme unvermeidbar dem Unangenehmen und Unbequemen weicht, frei von Anspruch, Forderungen und Abwehr, frei zu lieben, was ist, ob wir es mögen oder nicht.

Der Bodhisattva von Bodhgaya

> *Ich nahm Zuflucht darin, zu verstehen, dass nichts erreicht werden kann. Jedes Phänomen, einschließlich verblendeter Gedanken, offenbart die eine wahre Natur von Buddha wie auch der Menschen.*
>
> *Aus der Stille manifestiert sich die Fähigkeit, im Einklang mit dem unbeschreiblichen Dharma zu reagieren. Und all mein Ringen mit ablenkendem Denken endet wieder und wieder in der unmissverständlichen Umarmung der Vergeblichkeit allen Suchens.*
>
> THOMAS JOST, in seinem letzten Brief einige Tage vor seinem Tod auf einem Retreat in Burma, Juni 2000

Thomas war ein guter Freund, mit dem ich die ganzen 1990er-Jahre hindurch jedes Jahr einen Monat in einem Thai-Kloster in Bodhgaya, Indien, verbrachte. Er lebte in einer kleinen Hütte auf dem Gelände des burmesischen Vihara für viele Monate im Jahr in Bodhgaya, wobei er verschiedene Nichtregierungsorganisationen unterstützte und den Aufbau und die Aufrechterhaltung der interreligiösen Schule Prajna-Vihar (»Abode der Weisheit«) während der jährlichen, einen Monat dauernden und von meinem Lehrer Christopher Titmuss geleiteten Retreats im Thai-Kloster beaufsichtigte. Thomas war ein Beispiel für die weiträumige, liebende Qualität von *upekkha*. Er widmete allen, denen er begegnete, eine sanfte, weiträumige Aufmerksamkeit. Ich sah ihn niemals ungeduldig oder gehetzt, gleichgültig oder unempfänglich. Er ging mit ausladenden, leichten Schritten, die implizierten, dass er *viel Zeit hatte*, obwohl er viel Verantwortung trug. Er ging alles locker an – und starb so leicht und offen, wie er gelebt hatte, sanft seinen Körper abhäutend, nachdem er auf einem langen Solo-Retreat in Burma krank geworden war. Ich bin von der Erinnerung an seine Präsenz berührt, während ich über die Weite des Herzens schreibe, die er so frei ausdrückte.

Antihaftbeschichtetes Bewusstsein

Die Offenheit eines freien Herzens bedeutet, dass nichts haften bleibt. Was immer aufsteigt, kann tief gefühlt werden, ohne Leidenschaft, ohne Ablehnung. Der gewöhnliche Zirkus von Zusammenziehen, Fixierung, Ablehnung, Bewertung und Ego-Drama sieht unnötig und erschöpfend aus, dumm und vergeblich – sogar krankhaft.

Der Himmel macht aus dem durchziehenden Wetter kein Drama. Das weit offene Herz schafft ähnlich mühelos und weit geöffnet Raum für den Stoff des Alltagsgeists. Es gibt keine Auseinandersetzung mit Erfahrung. Keine Reibung. Die Abwesenheit von Angstgefühlen in Bezug auf Unvollkommenheit. Du kümmerst dich tiefgehend, aber es ist dir egal. Was immer geschieht.

In einem weit offenen Herz erzeugen Wechselfälle keine Erregung. Sie fühlen sich normal an und sind willkommen. Schwierigkeiten sind eine Erinnerung an die natürliche Ordnung der Dinge, die unvermeidlichen Böen der weltlichen Winde. Was für eine Erleichterung es ist, wenn das

Unangenehme keine Überraschung oder kein Problem ist, sondern vielmehr einfach ist, was es ist, gerade eben. Wenn wir nicht länger erwarten, dass die Dinge »richtig laufen«, dann ergibt es nicht länger Sinn, dass Dinge »falsch laufen«. Es gibt keine Probleme mehr, weil wir aufgehört haben, durch diese Linse zu sehen. Stattdessen gibt es nur die Soheit der Dinge, einfach wie sie sind. Wie Ajahn Sumedho es prägnant ausgedrückt hat: »Gerade jetzt ist es so.«

Erweitere deine Komfortzone

Wenn mein Geist voller Sorgen über mich selbst ist – meine Wünsche, meine Einwände, meine Überzeugungen, meine Rechtfertigungen, meine Präferenzen und meine Bedürftigkeit –, dann ist es unmöglich, weiträumig zu verweilen. Wenn *ich/mir/mein* sich ansammeln und verstärkt werden, bis sie komplett undurchsichtig sind, kann ich nicht nur nicht hindurchsehen, ich kann sogar nicht einmal erkennen, dass jenseits davon etwas *ist.*

Ein ungeschulter Geist fixiert sich auf diesen Bereich, das anziehend, was er mag, und das wegdrückend, was unangenehm ist. Die heilige Dreieinigkeit der Fixierungen ist: »Ich möchte das, was ich mag« (an Verlangen klammern), »Ich möchte recht haben« (an Ansichten und Meinungen klammern), »Ich möchte mich sicher fühlen« (an einem Ich-Erleben klammern).

Bei den meisten Menschen werden diese habituellen Sorgen blind verstärkt *(was immer du nährst, wächst),* zunehmend mit dem Alter, wobei die Komfortzone dessen, was sich händelbar oder akzeptabel anfühlt, schrumpft. (Aus diesem Grund tendieren alte Menschen dazu, stärker an ihren Gewohnheiten und Vorlieben anzuhaften, politisch intoleranter zu sein, starrere Ansichten zu haben und so weiter.)

Wir behandeln diese Sorgen fast als ein »gottgegebenes« Recht. Pathologisch (und hochgradig unwahrscheinlich) erwarten wir, dass unsere Interaktionen mit Menschen, Orten und Situation uns gefallen *(gib mir, was ich möchte),* unsere Ansichten bestätigen *(lass mich recht haben)* und uns beruhigen *(ich muss mich sicher fühlen)*. Je mehr wir dies erwarten, desto weniger offen sind wir, und als Folge geraten wir in Konflikt und Polarisierung.

Dies zeigt sich am extremsten in der spezifisch US-amerikanischen Kultur mit ihrem Anspruchsdenken, in der ich regelmäßig Menschen ihre Empörung ausdrücken höre: »Ich fühle mich damit nicht wohl.« Darauf antworte ich häufig innerlich: »Na und?« Unannehmlichkeiten sind ein Teil des Menschseins. Wie das alte Sprichwort sagt: Du kannst versuchen, die ganze Welt mit Leder zu bedecken, oder du kannst dir ein Paar Sandalen anschaffen. Zu erwarten, dass sich das Leben selbst auf dein Vergnügen, deinen Komfort und deine Bestätigung ausrichtet, bedeutet, dich für Enttäuschung, Beleidigung und Elend einzurichten.

REFLEXION

Wie wäre es, wenn du nicht so abhängig davon wärst, das zu bekommen, was du möchtest?

Wie könnte es sich anfühlen, wenn du nicht recht haben musst?

In Angesicht dessen, dass du eine Einbahnstraße in Richtung deines sicheren Todes hinabrast – wie befreiend würde es sein, die grundlegende Unsicherheit des Lebens zu umarmen?

Die weltlichen Winde

Genuss und Schmerz, Gewinn und Verlust, Erfolg und Versagen, Lob und Schuld – dies sind Strömungen, die unser aller Leben durchziehen. Du magst auf die Illusion eines perfekten Lebens bestehen, aber schau dich um – niemand hat jemals eines gelebt. Denkst du wirklich, du würdest der oder die Erste sein?

Du stimmst vielleicht philosophisch zu, aber unsere Erwartungen an Vergnügen, Komfort und Bestätigung sind tief verankert. Wenn die »Dinge falsch laufen«, tendieren wir dazu, Schuld zu verteilen und in Panik zu geraten, statt zu erkennen, dass *es nicht falsch ist*, dass die Dinge falsch laufen – *es ist vollkommen natürlich!*

Meine Mutter hatte die Angewohnheit, wenn Dinge falsch liefen, auszurufen: »Das ist typisch!« Als ob dies irgendwie ihre Sichtweise bestätigte, dass sie dem Leben ausgeliefert war. Andere rufen, wenn sie mit Unglück oder etwas Unangenehmem konfrontiert werden, aus: »Das ist nicht fair!« Nun ja, das ist es nicht. Die unendliche, sich frei entfaltende Natur des Lebens, in diesem Augenblick und immer, ist weder fair noch unfair, sie ist einfach … *so*.

Ein weiträumiges Herz kultivieren

In jedem einzelnen Moment hast du die Möglichkeit, dich mit den sich wandelnden Wechselfällen des Lebens vertraut zu machen. Übe dich darin, dich insbesondere mit dem vorübergehenden Flackern des Vergnügens und des Schmerzes zu befassen, als Übung, dich mit den größeren Wellen zu befassen, die sicher irgendwann auf dich zukommen. Den natürlichen Fluss des Angenehmen und Unangenehmen anzuerkennen und zu integrieren schafft Offenheit und Weiträumigkeit – die Fähigkeit inmitten dem, was auftaucht, beständig zu sein.

Sitzmeditation ist vielleicht die kraftvollste und fokussierteste Form, diese Beständigkeit zu kultivieren. Manche Menschen sagen, sie meditieren, wann immer ihnen danach ist. Das ist schön. Aber wie wäre es zu meditieren, wenn du dich *nicht danach fühlst?* Vielleicht brächte es den größten Gewinn, da du lernst, in einer unangenehmen Erfahrung wohlwollend und weiträumig zu sein – da du lernst, inmitten von Rastlosigkeit, Langeweile, Irritation etc. beständig zu sein. Für einen, der eine Wohlfühlmeditation möchte, sehen diese Zustände wie Hindernisse einer guten Praxis aus – in Wirklichkeit *sind* diese Zustände, wenn sie aufsteigen, genau die Praxis.

REFLEXION

Nimm wahr, was geschieht, wenn eine angenehme Erfahrung bitter wird. Welche Geschichten erzählst du dir selbst? Welche innere Rhetorik hast du in Bezug auf Enttäuschung, Selbstmitleid, Schuld oder Anspruch entwickelt?

Weiträumigkeit ist eine unbegrenzte Qualität des Herzens. Was immer auch auftaucht, die Tatsache, dass es *gekannt und gefühlt* werden kann, zeigt dir, dass Raum dafür da ist. Nichts muss aus deinem Herzen ausgeschlossen werden. Upekkha ist das Herz, das so weit wie die Welt ist, eine geräumige Liebe in deiner Brust, eine tiefe, anmutige Verneigung vor den verschiedenen Dramen und Details, die durch dein Leben wehen.

KAPITEL 8

Dieser Körper, diese Welt

Frag mich nicht, wohin ich gehe,
während ich in dieser grenzenlosen Welt reise,
in der jeder Schritt, den ich mache, mein Zuhause ist.

DOGEN

Ich begann als Teenager, ernsthaft zu meditieren, nachdem ich vom Gewahrsein sowohl fasziniert als auch frustriert war. Ich wurde von seiner Rätselhaftigkeit fasziniert und von der scheinbaren Unmöglichkeit frustriert, meinen eigenen Geist und seine Natur zu verstehen.

Auf dem Gymnasium führte mein Heimweg von der Bushaltestelle zu Fuß eine Viertelstunde entlang einer viel befahrenen Hauptstraße. Autos rasten an mir vorbei, und ohne einen Bürgersteig wurde ihre gefährliche Nähe zu einer täglichen Kontemplation über Leben, Tod und das Wesen des Geistes: Was würde geschehen, fragte ich mich, wenn ich vor ein Auto treten würde? Ich fühlte mich so lebendig – so bewusst, auf so rätselhafte und unmissverständliche Art *hier*. Und doch wäre ein einziger Schritt zur Seite ganz sicher tödlich. Was würde geschehen? Wohin würde dieses Bewusstsein gehen? Jenseits der körperlichen Auslöschung schien der »Tod« ein vages Konzept zu sein, das dennoch irgendwie verlockend und mysteriös war. Was würde geschehen? *Was würde enden?*

Natürlich konnte mir das niemand sagen. Du müsstest die Toten selbst fragen (und sie reden natürlich nicht). Eltern, Lehrer und Freunde ermutigten mich sanft (und langatmig), mich zu immatrikulieren („BWL vielleicht?) und, ähm, diese Straße nicht mehr entlangzugehen, sowohl im wörtlichen Sinne als auch metaphorisch. Sie nahmen an, ich hätte eine bedenkliche Todessehnsucht, aber tatsächlich fühlte ich mich niemals so lebendig, wach und bewusst.

Diese täglichen Meditationen formten sich selbst zu zwingenden Fragen über die Natur des Selbst und der Welt, der Subjektivität und der Wirklichkeit:

- Was ist Bewusstsein?
- Was ist der Unterschied zwischen Bewusstsein und Geist?
- Wer bin ich?
- Bin ich mein Geist, oder bin ich das, was sich meines Geistes bewusst ist, oder bin ich ein Produkt dessen, einen bewussten Geist zu haben?

Und gleichermaßen:

- Was ist die Welt?
- Ist das, was ich sehe, real und »da draußen«, oder ist meine Sicht der Welt lediglich ein Produkt meiner eigenen Interpretation? Eine Art Traum?
- Ist »meine Welt« dieselbe wie die anderer oder unterscheidet sie sich von ihr?

Diese Fragen begannen, alle Sorgen und Interessen zu verdrängen. Ich schaffte gerade so das Abitur, arbeitete einige Monate als Milchmann, um ein bisschen Geld zu sparen, und reiste im ausgehenden Jahr 1988 mit einer einfachen Fahrkarte und exakt keinem Gepäck nach Kairo. Ich bin mir nicht ganz sicher, wieso Ägypten (ich denke *Jäger des verlorenen Schatzes* hatte damit etwas zu tun – Indiana Jones war für mich eine Art Fantasie-Alter-Ego), aber ich wusste, ich wollte rauskommen. Raus aus Europa, raus aus dem Weg, raus aus der Zwangsherrschaft des Angenehmen und Vertrauten. Ich wollte mich selbst erforschen, indem ich die Welt erforschte.

Aus all den wichtigen Erfahrungen dieser ersten Monate auf Reisen ragen zwei Erfahrungen besonders heraus: Die erste war am Berg Sinai, wo Moses die Zehn Gebote empfangen hatte.[4] Ich verbrachte eine kalte, wunderschöne Nacht unter einem intensiven Sternenhimmel auf dem Gipfel, und als ich am nächsten Morgen hinabstieg, war ich überwältigt von meiner verschwindenden Kleinheit und Unwichtigkeit. In einer sich selbstverstärkenden Schleife *(ich, ich, ich!)* erschufen die vertrauten Geschichten meines Geistes gewöhnlich die Grenzen, durch die ich mich selbst definierte. Doch diese Begrenzungen schienen grob und unbeholfen in der weiten, grenzenlosen Wüste. Der leere blaue Himmel war unendlich offen, die Realität wurde zeitlos in der antiken Landschaft und biblischen Geschichte.

Jemand, mit dem ich hinabstieg, nahm einen Brief aus seiner Tasche. Er las laut vor, wie seine Mutter sich über eine kaputte Waschmaschine, einen Familienstreit, die Verzögerung einer Hochzeit beschwerte. Diese Dinge bedurften in ihrer Welt der Aufmerksamkeit, doch vor dem Wüstenhintergrund eines unendlich rätselhaften Universums erschienen sie plötzlich sinnlos – ein grotesker Beweis, wie wir uns in unserem selbst errichteten Gefängnis einsperren, kleingeistig und selbstsüchtig, während sich die grundlegende Freiheit überall entfaltet, um uns herum – in uns – *als uns*. Als ich das klar sah, flammte das Feuer einer Intimität, nach der ich mich immer gesehnt hatte, auf und verwandelte meine übliche

4 War das der erste Download aus einer Cloud auf ein Tablet?

Selbstbezogenheit in Asche, die von der Wüstenluft fortgeweht wurde. Ich war für einen kurzen, zeitlosen Moment gegangen, für mich selbst verloren, doch gefunden in jedem Sandkorn, jedem Windstoß. Erledigt, dekonstruiert und doch beschwingt. Umgekrempelt. Gegangen.

Als ich mit dem Abstieg fortfuhr und sich langsam eine gewöhnlichere Selbstbewusstheit wiederherstellte, kristallisierte sich nichtsdestotrotz ein Schwur in meinem Herzen heraus: Waschmaschinen würden mich nicht beanspruchen, persönliche Sorgen würden mich nicht kontrollieren. Wüste und Sterne, grenzenloser Raum, weit offenes Mysterium würden mein einziges Zuhause sein.

Ich reiste acht Monate lang durch Ägypten, Jordanien, Israel, die Türkei. Ich begegnete oft Menschen, die in Indien gewesen waren. Ihre Beschreibungen beschworen ein Fantasieland des Rätsels und Mystizismus. Eines Tages sagte ein Typ in einem Beduinenkamp in Dahab zu mir: »Wenn du nach Indien gehst, Mann, krempelt dich das um.« Und das war der zweite zentrale Moment.

Umgekrempelt! So hatte ich mich gefühlt, als ich den Berg Sinai hinabgekommen war. So wollte ich leben, mit meinem Herzen dem Leben ausgesetzt wie der hinduistische Affengott Hanuman, der seine Brust aufriss, um darin Rama und Sita zu enthüllen.

Ich wusste nichts über Indien und hatte nur vage Eindrücke von Turbanen und Tempeln (*Indiana Jones* schon wieder?), die jetzt durch Fantasien von Fakiren und Gurus, Einsiedlern im Himalaya, in Höhlen hausenden Asketen ersetzt wurden – Menschen, die sich der Kontemplation verschrieben hatten, Gott zu kennen, *das Bewusstsein zu verstehen!*

Ich kehrte für drei Monate nach England zurück und arbeitete in einem Büro für Lebensversicherungen (ich fühlte mich eindeutig so unfrei wie noch nie) und ging im Dezember 1989 nach Delhi. Die Berliner Mauer war gerade gefallen. Freiheit war in der Luft. Ich hatte über den Buddhismus und über Meditation gelesen (und über beides äußerst inakkurate Vorstellungen konstruiert). Nach einem Monat in Goa, in dem ich mich mit Tanzen, Flirten und LSD (getrennt und zusammen) ablenkte, ging ich nach Dharamsala in den Ausläufern des Himalayas, um es ernsthaft anzugehen.

Und dann setzte ich mich schließlich mit mir selbst nieder. Ich wusste, dass ich meinen Weg gefunden hatte, als ich zum ersten Mal meine Beine in einer Meditationshalle überkreuzte, in den ersten Minuten der ersten Lehrrede, die ich jemals hörte, bei der ersten Verbeugung vor dem goldenen Buddha-Bildnis, in einem sanften Dunst aus Weihrauch und Weihegaben. Wie Wasser in der Wüste war hier ein ganzer Strom von Lehren und Praktiken, um den eigenen Geist zu erforschen, zu trainieren und zu verstehen – um die Mysterien der Realität zu durchdringen. Hier waren Werkzeuge und Lehren für die endlosen Abenteuer, mich meinem inneren Mangel an Freiheit zu stellen und ihn zu transformieren.

Was ist real?

Wir schauen auf ein Universum, das angeblich »dort draußen« sein soll – eine Welt, die von Menschen, anderen Wesen und unzähligen Objekten bevölkert ist, von einer Teetasse vor mir bis zu unendlich weit entfernten Planeten und Galaxien. Wir begegnen dieser Welt an unseren Sinnespforten – wir sehen, hören, riechen, schmecken und berühren, was immer auch in unserer Reichweite ist. Das alles ist so normal und gewöhnlich, dass es unbestreitbar erscheint. *Ich bin ein sich in der Welt umherbewegendes Selbst. Ich erfahre sie mit meinen Sinnen und erzähle mir selbst hiervon mit meinem Geist.*

Aber ist das die *Wahrheit* – oder einfach eine Wahrnehmungsgewohnheit? Eine bequeme Reduzierung, um die unendlichen Wahrnehmungsdaten zu verwalten? Angesichts der weiten, unergründlichen Natur des Lebens ist es kein Wunder, dass unser mentaler Apparat die Erfahrung in bewältigbare Stücke teilen würde: Selbst und Welt – Zeit, Raum und Objekte.

Selbst und *Welt* sind die grundlegendsten Bezugspunkte für unseren Realitätssinn. Es gibt nichts Primäreres. Gerade jetzt, während du diese Worte liest: Das Ich-Erleben ist unmittelbar und offensichtlich – *ich bin*. Du kannst deinen Körper fühlen. Du erkennst instinktiv die Wachheit deines Geistes. Sinneswahrnehmung, Gedächtnis, Vorstellung und Gedanken füllen die Lücken und konstruieren ein kohärentes Erleben sowohl des inneren Selbst als auch der äußeren Welt. Erstaunlich!

Die gewöhnliche Erfahrung jedes Moments ist eine *außer*-gewöhnlich komplexe wechselseitige Beziehung zwischen Erfahrung, Wahrnehmung und Interpretation. Die meditativen Traditionen fordern uns auf, diese infrage zu stellen. Statt sich in Spekulationen wiederholt im Kreis zu bewegen (was nicht dazu führt, dass sich das Erleben des Selbst und der Welt verändert), können wir direkt über diese zwei Pole der Wirklichkeit nachdenken. Wenn wir das tun, stellen wir fest, dass sie in allen möglichen unterschiedlichen Formen erscheinen können. Es gibt (mindestens) vier Hauptmodi der Wahrnehmung – in anderen Worten: vier Arten, wie das Ich-Gefühl und die Wahrnehmung der Welt entstehen, vorgehen und interagieren. Ich nenne sie der Reihenfolge nach: *selbstzentriert, selbsteingenommen, selbstlos* und *darüber hinausgehend*.

Selbstzentriert: Das ist der Modus der Alltagswahrnehmung – es gibt eine klare Wahrnehmung eines inneren Subjekts (Selbst) und äußeren Objekts (Welt): *Ich sitze hier, sehe die Welt um mich herum und interagiere mit ihr.* Das ist der Realitätsmodus des Alltags – die Beziehung, die du dazu hast, gerade hier zu sein und diese Worte zu lesen. Die subjektive Position des Selbst als Beobachter scheint offensichtlich zu sein und fühlt sich real an (überprüfe das jetzt in deiner eigenen Erfahrung) wie auch die objektive Welt um mich herum (schau dich um, um sicherzugehen!). Wir verstärken diese Wahrnehmung durch unsere Gedanken, Sprache und Weltsicht. All dies festigt ihre scheinbare Offensichtlichkeit, so sehr, dass sie ontologisch wahr zu sein scheint: *Da ist ein Selbst und eine Welt*, die irgendwie beide existieren und interagieren. Dieser Modus ist so wesentlich, dass er sich in der *wahren* Version der Wirklichkeit konkretisiert. Die Existenz des Selbst und der Welt werden nicht infrage gestellt.

Selbsteingenommen: Hier gilt *alles ist Selbst, nichts Welt.* Wir alle kennen diese Erfahrung: Du kannst völlig davon eingenommen werden, den gestrigen Streit mit einem Freund zu wiederholen, oder dich in Zweifel oder Selbstverurteilung zu verfangen. Du könntest gänzlich von einer Fantasie verführt werden oder dir über eine zukünftige Situation Sorgen machen, so sehr, dass die Welt tatsächlich verschwindet. Du hörst keine Geräusche, du nimmst das Vergehen der Zeit nicht wahr – du bist ganz und gar gefangen in einer Beschäftigung mit dir selbst. Dieses Gefühl, von deinen Gedanken absorbiert (oder in ihnen *verloren*) zu sein, kann sowohl tiefgehend unangenehm sein als auch Angstgefühle erzeugend (obsessiv-kompulsive Gedanken, Paranoia). Es kann auch angenehm (Tagtraum, Fantasie) sein, aber selbst wenn man in einer köstlichen Träumerei verloren ist, beginnt der Prozess selbst, sich unbefriedigend anzufühlen. Einer der häufigsten Gründe, um mit der Meditation zu beginnen, ist »Ich bin zu viel in meinem Kopf«.

Das geschieht besonders intensiv bei Jugendlichen. Ihr Ich-Erleben ist immer noch nebulös, und sie investieren viel Zeit und Energie, um herauszufinden, wer sie sind, oder *was dieses Selbst ist.* Die eigene Selbst-Identität infrage zu stellen ist eine normale, wichtige und psychologisch angemessene Sorge von Teenagern, während sie über die Schwelle der Kindheit ins Erwachsenensein taumeln. Aber in einer Kultur aufzuwachsen, die vornehmlich und zunehmend *materialistisch* (es gibt nichts jenseits dessen, was gesehen und berührt werden kann) und *atheistisch* (es gibt keinen Sinn oder Existenz jenseits des eigenen Lebens) ist, verschärft die Selbstabsorption. Und wenn *alles sich um mich dreht,* dann übt das einen schrecklichen Druck auf das betroffene *mich* aus. Immer mehr Jugendliche finden diesen Druck unaushaltbar, was zum Anstieg von selbstverletzendem Verhalten bei Heranwachsenden beiträgt (22 Prozent der 14-jährigen Mädchen nach einer aktuellen Studie aus England). Junge

Menschen verletzen sich selbst körperlich, um ihre Aufmerksamkeit von ihrem emotionalen Schmerz abzulenken. In ihrem inneren Drama gefangen, verursachen sie körperlichen Schmerz als Möglichkeit, *zur Sinneswelt zurückzukehren,* von der die Selbstabsorption sie fortgeführt hatte. Es ist betrüblich zu sehen, wie der Individualismus, Säkularismus und Materialismus der gegenwärtigen Kultur eine Selbsteingenommenheit von pathologischer Stärke ermutigt, wie alt wir auch immer sind.

Selbstlos – alles ist Welt, nichts Selbst: Hast du dich jemals in einem Sonnenuntergang oder einem Musikstück verloren? Getanzt, bis du verschwunden bist? Vielleicht hast du eine Weile gesessen, von einer Bergansicht eingenommen, wie der chinesische Dichter Li Bai aus dem 8. Jahrhundert n. Chr.:

Wir sitzen hier zusammen
Der Berg und ich, bis nur noch
Der Berg bleibt.

Es gibt viele Möglichkeiten zu verschwinden. Verschiedene Trancezustände können dieses Gefühl induzieren, und Meditationspraxis kann auch eine Wahrnehmungsveränderung herbeiführen, bei der sich die Dualität von Selbst und Welt auflöst. Manchmal werden die Menschen von dieser Art des Selbstverschwindens geängstigt und desorientiert. Wenn das geschieht, macht die Angst dich unsicher und zieht dich schnell zurück in ein vertrauteres Ich- und Welt-Erleben. Öfter allerdings erfahren Menschen diese Selbstvergessenheit als eine große Erleichterung – eine segensreiche Ruhepause von dem unablässigen Blabla ihres inneren Diskurses. Wenn das Selbst verschwindet, ist die Welt friedlich, still und irgendwie auf inhärente Weise gut und schön. Die Realität scheint das Ganze der Existenz sowohl mühelos als auch sanft zu halten, wie in einer sanften, mütterlichen Umarmung. Die Welt ist gut und das Selbst im Frieden.

Darüber-hinausgehend: Kein Selbst, keine Welt. Das ist der am wenigsten verbreitete Zustand und der am schwersten zu beschreibende. Aber er ist eine Realität der Natur des Bewusstseins. Der verständlichste Weg über ihn zu sprechen ist, wenn man den Schlaf heranzieht. Was geschieht mit dem Selbst, wenn deine bewusste Erfahrung gegangen ist? Was geschieht mit der Welt? Du kannst *philosophisch* über ihre fortgeführte Existenz spekulieren, aber *erfahrungsgemäß* verschwinden beide. Wenn du im Tiefschlaf bist, bist du gegangen. Die Welt ist gegangen. Nichts ist geblieben. Und dann rekonfigurieren sich erstaunlicherweise beide Bezugspunkte von allein am nächsten Morgen, wobei sie das Gefühl von Kontinuität verstärken, als ob beide die ganze Zeit hier gewesen wären.

Die Meditation eröffnet andere Wege des Verschwindens sowohl vom Selbst als auch der Welt. Im Zustand von *nirodha* oder Erlöschen gibt es ein Anhalten der Wahrnehmung. Das Selbst und die Welt sind gegangen. Für einen zeitlosen Moment nehmen keine Bezugspunkte der Wirklichkeit Einfluss auf das Bewusstsein. Man kann nicht einmal sagen, dass es ein Bewusstsein gibt. Interessanterweise ist die meditative (Nicht-)Erfahrung von *nirodha* ausnehmend erfrischend, als ob dein Nervensystem gänzlich erfrischt wäre und einen Reset erfahren hätte.

Das Selbst und die Welt umgestalten

Trotz unserer Annahmen über das Selbst und die Welt als stabile Entitäten haben wir gerade gesehen, dass beide in unserer Erfahrung sowohl auftauchen als auch verschwinden können. Angesichts dieser Formbarkeit könnten wir uns fragen: *Was ist eine wahre Erfahrung des Selbst und der Welt*? Aber dann bewegen wir uns in eine philosophische Sackgasse. Ich würde stattdessen vielmehr fragen: Was sind *nützliche* Arten, diese beiden Bezugspunkte der Realität zu erfahren? Wie kannst du die Wahrnehmung von Ungleichheit, Abwehr und Trennung zwischen beiden auflösen? Wie kannst du das Selbst und die Welt auf Arten erfahren, die Harmonie, Offenheit und Liebe kultivieren?

Wir haben unsere Erfahrung seit sehr langer Zeit gestaltet (oder ließen sie für uns gestalten). Hast du eine der großen europäischen Kathedralen wie Canterbury oder Notre Dame besucht? Tritt ein und es gibt eine sofortige Umgestaltung des Selbst und der Welt – ersteres schrumpft, indem seine Kleinheit und Bedeutungslosigkeit verstärkt werden. Letztere nimmt weite, mächtige und göttliche Dimensionen an. Wenn du von Ehrfurcht ergriffen wurdest, als du in einen weiten religiösen Raum eintratst, dann stell dir vor, wie es vor tausend Jahren für einen vom Lande kommenden Bauern gewesen ist. Mit groben Steinwänden und einem strohgedeckten Dach vertraut, müssen sich diese gewölbten Decken wie der inkarnierte Beweis von Gottes Existenz angefühlt haben. (Es ist auch ein Machtspiel. Mache die Welt der Kathedrale riesig und mächtig und du bewirkst, dass sich der arme eintretende Sünder klein und schwach vorkommt. Dasselbe spielt sich bei der heutigen Bauplanung ab, obwohl unsere Kathedralen heute die aus Glas und Stahl gebauten Konzerntürme sind, in denen wir dem Materialismus huldigen und mit unserem Geld beten.)

Wir können unsere Erfahrung des Selbst und der Welt auf intimere, eher dem menschlichen Maßstab entsprechende Art gestalten. Vor einigen Jahren verbrachte ich eine Woche in London, wobei ich zu Pendlerzeiten unterwegs war. Die morgendlichen U-Bahnfahrten fühlten sich trostlos und beklemmend an. Mein Ich-Erleben fühlte sich von der schweren Stille bedrückt, mein Welt-Erleben nahm ein graues, monotones Gefühl an. Als ich erkannte, wie wenig hilfreich das war, suchte ich nach einer Möglichkeit, meine Erfahrung von Selbst und Welt in dieser bestimmten Situation *neu zu gestalten* – der Erfahrung auf eine Weise zu begegnen, die ein harmonischeres, ein intimeres, ein *hilfreicheres* Erleben des Selbst und der Welt erzeugen würde.

Ich begann, auf diesen Fahrten Choralmusik zu hören – vor allem Arvo Pärt und Hildegard von Bingen –, und dies transformierte die Erfahrung vollständig. Die ätherischen Klänge erzeugten eine Art energetische Kathedrale genau dort und in dem, was zuvor ein schmutziger Zug gewesen war. Vor dem Hintergrund exquisiter Gesangsharmonien sah jedes Wesen engelsgleich aus. Die Türen öffneten sich an einer Station – *und schwupps!* –, Engel glitten aus dem Zug, während andere hineinglitten. Alles schien mühelos zu sein, göttlich orchestriert. Die Welt war umgestaltet – ein Bereich der Reinheit und Schönheit, der von Wesen der Anmut bevölkert war. Das Selbst war transformiert in den strahlenden, reinen Zeugen dieses großen engelsgleichen Spiels und verweilte als Frieden und klares Gewahrsein.

Welche Version dieser Zugreise war die »wahre«? Natürlich spielt das keine Rolle. Die erste Art des Erfahrens kultivierte Gefühle des Frusts und der Depression. Die zweite kultivierte Liebe für andere Wesen, ein Gefühl des Staunens über die Welt und der Intimität mit allen Dingen.

Betrachte die unterschiedlichen Situationen in deinem Leben, insbesondere jene, in denen du dich in einem schwierigen oder nicht hilfreichen Erleben deines Selbst oder der Welt verfängst. Wie nähren deine Gewohnheiten diese vertrauten Sichtweisen, und wie könntest du ihnen anders begegnen? Freier?

Die ganze Welt ist genau hier

Alle Erfahrung ist genau hier. Alles, was wir das Selbst (körperliche, mentale und emotionale Erfahrung) nennen und alles, was wir die Welt (das Gesehene, Gehörte, Gefühlte und Vorgestellte) nennen – all das geschieht *hier,* in diesem Körper der Erfahrung. Und *hier* ist unendlich. Kannst du entweder innerlich oder äußerlich die Ränder von *genau hier* finden? (Nicht in deinen Vorstellungen – in deiner tatsächlichen Erfahrung.) Wir schaffen Maßstäbe der Distanz wie Millimeter oder Kilometer und Kategorien, die als »innen« oder »außen« bezeichnet werden, aber wo zeigt sich all diese Erfahrung? Wo fand alles, was du jemals gesehen, gehört und dir vorgestellt hast, statt? Genau hier. Hier im Gewahrsein – hier in diesem Bewusstseinsfeld, das wir den Geist nennen. Hier in diesem Körper. *Genau hier* ist der Ort, wo das ganze Leben in Erscheinung tritt.

Du hattest niemals eine einzige Erfahrung, die irgendwo anders war als genau hier. Du *kannst nichts* anderes erfahren als das. Du magst einwenden und auf alle möglichen Arten von Externalitäten verweisen: »Nun, im Moment schaue ich auf dieses Buch in meiner Hand und in den Raum um mich herum. Sie sind nicht mein Körper, sie sind *da draußen!*« Aber wo findet das *Schauen* statt? Sei einen Augenblick lang ganz beim Sehen und dem Gesehenen. Innen und außen, Buch und Augen, Selbst und Welt sind alle genau hier. Es gibt hiervon kein Entkommen. Du warst niemals irgendwo sonst. Es gibt keinen anderen Ort. Es ist, wie der Titel von Jon Kabat-Zinns klassischem Buch prägnant sagt: *Wherever you go, there you are.* Wo immer du hingehst, dort bist du. Alles begrüßt dich in der profunden *Hierheit* deines Lebens.

REFLEXION

Halte für einen Moment inne, genau hier. Lausche den dich umgebenden Geräuschen – ob Vogelgesang oder Verkehr, Menschen auf der Straße oder andernorts in deinem Gebäude, das Brummen des Kühlschranks, der ruhige Rhythmus deiner Atmung. Höre gut hin. Erlaube dir, die »Genau-hier-heit«, die Unmittelbarkeit der Geräusche zu spüren. Nimm dir ein paar Augenblicke Zeit, um wirklich zuzuhören, sowohl innerlich als auch äußerlich.

Wenn du auf diese Weise hörst, nimmst du wahrscheinlich wahr, wie schnell und leicht sich das Denken aufdrängt. Wir beschreiben und analysieren wie ein Sportkommentator, der das Spiel seines eigenen Lebens sieht. »Oh, da sind die Schritte meiner Nachbarin auf dem Flur über mir, ich kann ihre High Heels hören.« Wir fragen, wobei wir das Unbekannte zum Vertrauten zu reduzieren versuchen: »Was ist das für ein Geräusch? Woher kenne ich es?« Wir erschaffen Schichten konditionierter Bilder, Ideen und Reaktionen, die unsere vertraute Welt verstärken. Doch dieser voreingestellte Modus – der Erfahrung Sinn verleihen durch einen konstanten Strom des Denkens über uns, einander und die Welt – ist nur eine Station auf dem Weg eines sich immer noch entwickelnden menschlichen Bewusstseins, wenngleich eine, bei der die meisten Menschen sich niederlassen, sie für das Ziel haltend.

Der Buddha wird oft mit den Worten zitiert: »Wenn du eine einzelne Blume verstehen könntest, würdest du das ganze Universum verstehen.« Tatsächlich ist dies falsch wiedergegeben, vielleicht im Zusammenhang mit der Zen-Anekdote über den Buddha, der eine einzelne Blume hochhält. Diese Zeile geht auf Tennysons Gedicht *Blume in der rissigen Mauer* zurück, aber sie ergibt dennoch Sinn. Öffne alles und alles öffnet sich. Durchdringe jedwede Erfahrung und wir beginnen, die Natur aller Erfahrung zu sehen. Das Selbst und die Welt und das ganze Universum mit all ihren Rätseln sind genau hier in deiner gegenwärtigen Erfahrung verfügbar.

Dein unendlicher Körper

Ich suchte nach Gott und fand nur mich selbst.
Ich suchte nach mir und fand nur Gott.

SUFI-SPRICHWORT

Als ich als Teenager anfing, mich für das Bewusstsein zu interessieren, schrieb ich ein Gedicht über die Vorzüge des Nichtstuns, teilweise von der Lektüre von Camus' *Die Pest* inspiriert. Hier macht eine der Figuren eine ganze Kunstform aus dem Nichtstun; ich wollte seiner Erfahrung näher sein. Hier ist ein Teil dessen, was ich schrieb:

> *Du verbringst also den ganzen Tag auf einem harten Holzstuhl*
> *in einem namenlosen Wartezimmer.*
> *Oder du sitzt draußen auf deinem Balkon*
> *den ganzen Nachmittag.*
>
> *Und die Ratten, sie verlassen dein sinkendes Schiff.*
>
> *Deine Freunde gehen an dir vorbei,*
> *aber immer noch schaust du und wartest darauf zu sehen,*
> *was hinter das Ich blickt.*

Welche unendlichen Mysterien *liegen hinter dem Ich?* Der Alltagsgeist verstärkt das vertraute Erleben des Selbst und der Welt, von Subjekt und Objekt, innen und außen. Aber wenn ich das Vertraute beiseitelege und mit meditativer Aufmerksamkeit zuhöre, kann ich nicht feststellen, wo ein Geräusch endet und dessen Hören anfängt – wo die äußere Welt aufhört und die innere beginnt. Die Teilung zwischen dem *Ich* und *Nicht-Ich* fängt an, nachgiebiger zu werden. Geräusche sind genau hier, in der Intimität des Gewahrseins.

Sehen ist der dominanteste Sinn, um Vertrautes zu verstärken, obwohl verschiedene optische Illusionen uns die Beliebigkeit der visuellen Wahrnehmung – eine Vase kann auch zwei Gesichter sein, das Kleid, bei dem manche ganz sicher sind, dass es blau und schwarz ist, wird von anderen klar als weiß und gold gesehen. Wahrnehmung ist unsicher, ambivalent, konditioniert.

Schau dich auf dieser Seite und in deiner Umgebung um. Stelle fest, was du wahrnimmst. Habituell fokussiert sich die Aufmerksamkeit auf das Erkennbare, das *Objektivierbare.* Gerade jetzt richtet sich mein Blick auf das Leuchten des Bildschirms, auf dem ich schreibe, die Tasse grünen

Tee, die schwach auf meinem Tisch dampft, meine Finger, die gerade ruhen, während ich denke, und jetzt diese Wörter tippen, auf die Bäume in ihren verschiedenen Formen und Grünschattierungen draußen vor meinem Fenster und auf die wenigen kleinen Wolken, die in der blauen Weite des Himmels schweben.

Je näher und greifbarer das Objekt ist, desto mehr zieht es die Aufmerksamkeit auf sich. Mit der Teetasse kann man sich sehr direkt in Beziehung setzen. Ich kann sie berühren, schmecken und hin und her bewegen. Die Kontrolle über sie übernehmen. Auf diese Weise verstärkt dies leicht mein Erleben einer Welt, die ich beeinflussen kann, einer, die ich kontrollieren kann und *will.* Weiter entfernte Objekte wie auch jene, die mich nicht so direkt beeinflussen, haben eine viel geringere Auswirkung auf meine Sinne. Es wäre leicht, sowohl die Bäume als auch den Himmel zu ignorieren, es sei denn, es käme beispielsweise plötzlich ein Sturm auf, sodass sie sich stärker auf mich auswirken.

Sich mit weniger verlockenden Objekten zu befassen kann ein intimeres Wissen offenbaren. Kontemplatives Schauen ermöglicht dir, den *Raum zwischen* Objekten wahrzunehmen. Was immer du auch siehst, wie sehr du dich auch auf unterschiedliche Objekte fixierst – die große Mehrheit deines gesamten Sichtfelds ist nicht objekthaft: leerer, offener Raum. Du könntest erkennen, dass du nur Objekte identifizieren kannst *aufgrund* des Raums, der sie umgibt.

Raum ist unendlich. Nach außen blickend, nennen wir diese Unendlichkeit »die Welt« oder »das All«. Wenden wir uns nach innen, nennen wir sie »Bewusstsein« oder »innerer Raum«. Ob wir uns nach außen oder innen richten – wir finden jedoch dieselbe weiträumige Natur, unendlich und unfassbar.

Offener Raum ist ein wertvoller Fokus für das Gewahrsein. Blicke eine Weile ins *Nichts.* Schaue in die Zwischenräume, und du fängst an, die *Qualität* der Geräumigkeit selbst zu fühlen. Diese ist ein inhärentes Merkmal sowohl des Bewusstseins als auch der Welt der Objekte. Spüre die Nichtstimulierung, die Nichtanforderung eines Nichtobjekts. Leerer Raum ist in kontemplativen Traditionen schon immer wichtig gewesen. Wüstenweiten, Bergansichten, der offene Himmel. Über den unendlichen Raum zu meditieren bedeutet jenseits der Beschränkungen des Alltagsgeists zu blicken, in der unbegreiflichen Unendlichkeit zu ruhen.

Blicke in einen Nachthimmel und du wirst die gewaltige Reichweite des Universums der »äußeren Unendlichkeit« sehen. Blicke in deinen Geist und du siehst die gewaltige Reichweite der »inneren Unendlichkeit«, die wir Bewusstsein nennen. So oder so ist es Unendlichkeit. Kein Rand oder Zentrum. Kein innen oder außen. Nur das!

Tore in die Unendlichkeit

Buddha erklärte brillant die unterschiedlichen Prozesse, die die menschliche Erfahrung bilden. Die fünf *khandas*, ein Pali-Wort, das »Mischungen« bedeutet, sind eine Möglichkeit, sowohl Erfahrung zu verstehen als auch – wichtiger – in deren Fluidität, ihre *Nicht-Dingheit* hineinzuspüren. Alles, was du jemals erfahren hast oder erfahren könntest, wird von diesen fünf miteinander verflochtenen Prozessen beschrieben und umfasst. Sie zu betrachten leitet einen Übergang ein von einer Welt separater Objekte, die von einem bewussten Subjekt gekannt werden, zu einem unendlichen Bereich der Präsenz und Prozesshaftigkeit, wo sich alles durchdringt. Spüre in deiner eigenen Erfahrung in diese Elemente hinein, während wir sie betrachten:

Körperliche/sinnliche Erfahrung: Alles, was gesehen, gehört, gefühlt, gerochen, imaginiert und ersonnen wird. Zum Beispiel dieses Buch, das jetzt gerade gesehen wird.

Affektive Erfahrung: Die Reaktion auf Genuss oder Schmerz, die angenehme, unangenehme oder neutrale Auswirkung all dessen, was Eingang in das Bewusstsein findet. Beispielsweise das Mögen oder Nicht-Mögen (oder gleichgültig sein) dessen, was du gerade liest.

Wahrnehmende Erfahrung: Augen treffen auf Ansichten, Ohren auf Geräusche. Das Gedächtnis und die Kognition benennen und definieren die Fluidität der Erfahrung und sagen uns, was geschieht. Zum Beispiel: erkennen, dass dies ein Buch ist, fähig sein, die gedruckten Zeichen zu verstehen, sie in Wörter zu übersetzen und ihnen Bedeutung zu entnehmen, in diesem Augenblick.

Mentale/emotionale Erfahrung: Einstellungen, Stimmungen, Gefühle. Die Art, wie wir die Erfahrung interpretieren und ihr Schichten hinzufügen, wobei wir ihr persönliche Wichtigkeit und Bedeutung geben. Beispielsweise: was du über dieses Buch, seinen Autor oder die darin enthaltenen Lehren denkst und welche persönliche Beteiligung du an dem hast, was du gelesen und worüber du nachgedacht hast, deine Zustimmung oder Ablehnung der Ideen, die du liest, in diesem Moment.

Bewusstsein: Die Unmittelbarkeit dessen, bewusst zu sein – das Wissen, das als das Erkennen jedes Moments, jeder Erfahrung aufsteigt. Bewusstsein hat keinen Ort, außer *hier*. Wir können es nicht lokalisieren (obwohl wir häufig überzeugt sind, dass es in unseren Köpfen lebt). Es ist unauffindbar, dennoch unglaublich *verfügbar*, wobei es jeden Aspekt der Erfahrung untermauert: Dieses *khanda* ist in dem Umstand sichtbar, dass du überhaupt jede Erfahrung erkennen kannst, in diesem Augenblick umfasst es das grundlegende Wissen, hier zu sein, dieses Buch zu halten und diese Worte zu lesen.

Das Konstante ist die Erfahrung. Alles, was wir als das Selbst und die Welt bezeichnen, und die ganze Realität erscheint als körperliche, affektive, wahrnehmungsorientierte, mental-emotionale, bewusste *Erfahrung*. Mache dies zu deinem Zuhause – den unendlichen Bereich der Erfahrung, die immer verfügbare offene Tür, um das, was immer auch gerade hier geschieht, zu vertiefen, zu öffnen und zu befreien. In der direkten Erfahrung lösen sich außen und innen ineinander auf. Die Lücke zwischen dem Selbst und der Welt löst sich in der unendlichen Umarmung der Erfahrung auf.

Dein Körper ist das Universum.

KAPITEL 9

Dieser sterbende Körper

Irgendjemand gab mir einmal einen Comicstrip, den ich eine Zeit lang in meinem Büro im Moulin aufhängte. Die erste Zeichnung zeigt ein spielendes Kind mit der Beschriftung: *zu jung, um zu meditieren*. Die nächste zeigt junge Liebende, unter ihnen steht: *zu verliebt, um zu meditieren*. Es geht weiter mit dem Bild von einer Person an ihrem Computer, die *zu beschäftigt ist, um zu meditieren*. In dieser Manier werden weiter verschiedene Lebenssituationen und -stufen dargestellt. Das letzte Bild zeigt einen Grabstein – und die Beschriftung? *Zu spät, um zu meditieren …*

Entspann dich! Bald wirst du gegangen sein

Wie das alte Sprichwort sagt: »Die Friedhöfe sind voll von Menschen, die einst unentbehrlich waren.« Wir alle wissen sehr genau, dass wir mit unbekannter Geschwindigkeit eine Einbahnstraße in Richtung unseres sicheren Untergangs hinabrasen. Dennoch vermeiden wir das Thema und die Realität des Todes. Über unsere vergängliche Natur nachzudenken wird als morbide und deprimierend betrachtet, wogegen das genaue Gegenteil wahr sein kann. Wenn du wirklich siehst, wie fragil und wertvoll dieses Leben ist, dann wertschätzt du jeden Moment, du hältst nichts für selbstverständlich, du lebst im Lichte dieser Erkenntnis, über jeden Tag und das Wunder staunend, dass du hier bist.

In einem Kloster in Thailand, wo ich mich aufhielt, hing ein raues, handgemachtes Schild an einem Baum. Auf ihm stand geschrieben: *Entspann dich! In hundert Jahren sind alle Menschen neu.*

Vielleicht kann es auf kontraintuitive Weise tatsächlich entspannend und erleichternd sein, den Tod zu betrachten. Indem wir unser Leben so ernst nehmen, erschaffen wir Anspannung und Druck, an die wir so gewöhnt sind, dass sie normal erscheinen, obwohl sich zeigt, dass beide nicht hilfreich sind. Wenn du in Betracht ziehst, dass du bald gegangen sein wirst – eines Tages oder Jahrzehnts –, ist die erste Schicht der Reflexion häufig eine der Angst vor dem Unbekannten, der Nichtexistenz. Doch wenn du damit vertraut wirst, kann das klare Anerkennen deiner Sterblichkeit dein Freund werden.

Als ich einmal mit meinem Lehrer durch einen Friedhof einer alten englischen Kirche ging, blickten wir zusammen auf die Grabsteine. Einige waren uralt, auf den Boden gestürzt und zerbrochen. Einige waren teilweise von Flechten und Efeu bedeckt, während andere gut gepflegt waren. Wieder andere hatten immer noch die frische Erdaufschüttung, wo sie erst kürzlich gefüllt worden waren, die Blumen begannen gerade am Sockel zu welken. Christopher zeigte auf all die Geburts- und Sterbedaten, die auf den verschiedenen Grabsteinen eingraviert waren, und auf die kleine Linie zwischen den beiden Daten. »Diese Linie«, sagte er, »ist das, worauf unser ganzes Menschenleben reduziert wird.«

In einer Generation oder zwei ist das alles, was bleibt. All das Drama und die Details, die Liebe und der Verlust, die Freude und Trauer – reduziert auf diesen kurzen Gedankenstrich zwischen Geburt und Tod.

Maranasati

Du wirst niemand finden, der dir viel über den Tod sagen kann. Ich mag Ram Dass' Vermutung, den ich einmal sagen hörte, dass dies seine liebste Ahnung sei: Sterben ist, als würde man am Ende eines langen Tages seinen engen Schuh ausziehen. Eine süße Erleichterung, sich jenseits der engen Grenzen dieser drei Kubikmeter Knochen, Blut und Fleisch auszudehnen. Während wir den Tod nicht wirklich antizipieren können, gibt es verschiedene Betrachtungen, die wirklich hilfreich sind, um sich hellwach dem offenen Mund von König Yama, der buddhistischen Darstellung des Todes (ein wenig wie der Sensenmann), zuzuwenden.

Altern: Ja, es passiert uns allen, trotz einer Multi-Milliarden-Industrie, die den Menschen mit allen möglichen Anti-Aging-Produkten hilft, diese Tatsache zu leugnen. Anti-Aging! Ernsthaft? Kannst du einen Tag daran hindern zu vergehen? Wir fetischisieren die Jugend genau in dem Ausmaß, indem wir uns weigern, uns der Wahrheit unserer sich verändernden, alternden, verfallenden körperlichen Realität zu stellen. Schüler:innen erzählen mir oft von ihrer Angst oder ihrer Beunruhigung über die erschlaffende, grau, steif und schwach werdende Wahrheit des körperlichen Wandels – die unaufhaltsame Verkümmerung all dessen, was einst fest, geschmeidig und glatt war. Dies wird dadurch vergrößert, dass wir nostalgisch zurückblicken auf das, *wie wir waren* (obwohl die Chancen gut stehen, dass wir es damals nicht wirklich wertgeschätzt haben – wie uns Oscar Wilde erinnert »Die Jugend ist an der Jugend verschwendet«), und indem wir ängstlich nach vorne blicken, *wie wir sein werden*. Die Dharma-Praxis fordert dich auf, klar in die Gegenwart zu schauen, in der du vielleicht erkennst, dass du *in diesem Moment so jung bist, wie du es niemals mehr sein wirst. Dies ist der jüngste Moment deines restlichen Lebens. Genieß ihn.*

Befasse dich mit der Wahrheit des Alterns. Schau dir dein sich wandelndes Gesicht, dein Haar, deine Haut genau an (du brauchst vielleicht eine Brille!). Lasse zu, in die Angst oder Ambivalenz oder Abscheu hineinzuspüren, die in manchen Momenten vielleicht aufsteigt. Lasse auch zu, in der Fülle deiner gesammelten Lebenserfahrung auszuruhen. Dir gefällt vielleicht die Idee, deinen 20 Jahre alten Körper wiederzubekommen, aber möchtest du wirklich den 20 Jahre alten Geist haben, der damit einhergeht? Es ist viel Gutes in dem Leben, in das du dich hineingelebt hast. Nicht wissend, wie lange es noch währen wird, ist es dir möglich, dieses Gute zu fühlen und ihm zu vertrauen?

Kürzlich sprach ich mit einem betagten Schüler, dem es nach einem Schlaganfall nicht möglich ist, sich körperlich um sich selbst zu kümmern. Immer noch klaren Geists, kämpft er mit der Akzeptanz, gewaschen, gefüttert, gesäubert und angekleidet zu werden. Wie Shakespeares sieben Alter eines Menschenlebens enden wir manchmal, wie wir begonnen haben: hilflos wie ein Baby, von anderen abhängig, um unsere Grundbedürfnisse zu stillen. Das kann entweder quälend oder berührend sein, je nachdem, wie du dem begegnest. »Mach weiter«, sagte ich ihm, »und es wird sich demütigend anfühlen. Lass los und du kannst aufgrund all der Fürsorge, Liebe und Aufmerksamkeit, die du erfährst, demütig werden.«

Das ist der Unterschied zwischen nachtragendem und freiem, zwischen demütigendem und demütig machendem Altern. Altern geschieht täglich, ungeachtet der Hautcremes, Haarfärbungen und Botox. Gut zu altern wird nicht an Falten gemessen, sondern daran, mit Anmut in deinem Körper zu leben, so wie er ist, von Moment zu sich wandelndem Moment. Von Tag zu Tag deinem letzten Tag näher.

Sich mit Enden zu befassen ist eine kraftvolle Übung – der letzte Bissen eines Essens, das Ende jedes Tages, das Ausklingen jedes Ausatmens. Es gibt unzählige Gelegenheiten, den natürlich erscheinenden, auftauchenden und wieder vergehenden Kreislauf aller Phänomene zu betrachten. Wenn du das zu einem Bestandteil deiner Praxis machst, entfaltet sich das gewöhnlich in zwei Teilen. Zunächst geht es ganz um den Tod. Du siehst und fühlst seine Schärfe überall. Jede Blume verwelkt. Jeder Augenblick vergeht. Jedes Leben endet. Du kannst sehr stark ein Gefühl des Verlusts und der Tragödie spüren – jeder einzelne Ausdruck des Lebens gleitet davon und kollabiert. Das kann zunächst deprimierend oder nihilistisch erscheinen, aber wenn du bei diesem herzzerreißenden Verlust bleibst, rückt genau hier der zweite Teil in den Fokus: Leben ist immer neu. Sich selbst erzeugend, fruchtbar, dynamisch, unablässig, unbändig kreativ – alles erfindet sich andauernd neu. Du kannst den Glanz des Lebens in jeder Zelle deines Körpers spüren wie auch in allen Dingen, die ins Bewusstsein treten. Du findest heraus, dass *du* in Wirklichkeit der Glanz des Lebens *bist*. Alle *Dinge* werden vergehen – dieser Tag, dieser Körper, dieser Planet, dieses Sonnensystem. Aber das Leben ist ungebrochen, nicht vereitelt, unaufhaltbar – es ist das unendliche Behältnis allen Kommens und Gehens. Das Leben *selbst* ist der grundlegende Boden deines Seins. *Du* bist auf deinem Weg hinaus, aber das Leben, das dich beseelt, ist gänzlich unbezähmbar. Fühle es. Vertraue ihm. Lebe es. Oder vielmehr: Lasse es dich leben.

Himmlische Botschafter

Die Lebensgeschichte des Buddhas erzählt, wie er, verwöhnt aufgewachsen in einem privilegierten, reichen Umfeld, existenziell aufgeschreckt wird, als er einer alten Person, einer kranken und einer toten begegnet. Er realisiert, dass auch er dieses unvermeidbare Schicksal teilt, und fühlt sich veranlasst, sein Leben tiefer zu erforschen.

Die buddhistische Tradition nennt diese drei Erinnerungen *die himmlischen Botschafter*, da sie uns zu einer tieferen Art des Lebens rufen. Altern, Krankheit und Tod werden für uns alle kommen, aber wir müssen von einem Leben, das unbewusst und reaktiv gelebt wird, nicht mitgezogen werden. Nachdem Buddha die ersten drei Menschen gesehen hatte, begegnete er einem vierten himmlischen Botschafter, einem wandernden Yogi-Meditierenden, der ihn aufforderte, sich auf seine eigene transformatorische Reise zu begeben.

Jemand fragte mich danach, in den Himalaya zu gehen, um dort zu praktizieren, aber die Person war besorgt wegen der Unannehmlichkeiten und Schwierigkeiten. Ich sagte ihr, wenn du wirklich den Ruf danach spürst, mach es. Und wenn du übermäßig wegen Unannehmlichkeiten und Schwierigkeiten besorgt bist, dann gehe nicht. Du kannst dich damit quälen, dir über Dinge Sorgen zu machen, die schiefgehen, oder du kannst klare Schritte in die Richtung gehen, die dir wirklich wichtig erscheint. Und wenn du das tust, was ist das Schlimmste, was wirklich geschehen könnte? Du würdest sterben, während dein Herz auf dein tiefstes Verlangen gerichtet ist. Das mag dramatisch klingen, aber der Tod ist ganz grundlegend nicht tragisch. Er ist natürlich und er erwartet dich ohnehin früher oder später. Du kannst versuchen, dich zu schützen und beschwerdefrei zu bleiben – und morgen von einem Bus überfahren werden. Oder du kannst das tun, was dein Herz zum Strahlen bringt und dich mit dem ruft, was dir als das Tiefste, Wahrste und am meisten von Sinn Erfüllte erscheint – und schauen, was auf dem Weg geschieht.

In anderen Worten: Wach auf oder stirb beim Versuch. Es ist ohnehin das, was wir alle machen. Wir alle sind zukünftige Leichen. Du kannst in Verleugnung deines bevorstehenden Todes leben oder hellwach hierfür sein. Der Tod ist keine Tragödie – er ist das natürliche Schicksal aller lebenden Wesen. Und es gibt keine garantierte Zeit. Aufgrund von Unfall, Verletzung oder Krankheit zu sterben ist ebenso natürlich wie nach einem langen Leben. Die Tragödie liegt im Schmerz der Zurückgebliebenen, wenn wir versuchen, unserem Verlust Sinn zu geben durch das eindrückliche Gefühl unserer eigenen unaufgelösten Angst vor dem Tod. Wie auch durch unser Unwohlsein mit dem Umstand, dass wir keine Möglichkeit haben, unser Schicksal zu kontrollieren, während wir uns unmerklich, aber mit absoluter Sicherheit in Richtung unseres finalen Untergangs bewegen.

Eine innere Ruhe und Wachheit gegenüber der Sterblichkeit zu kultivieren ist auch für andere hilfreich. Wenn beispielsweise ein Familienmitglied oder eine andere geliebte Person dem Tod nahe ist, ist es eine immense Unterstützung für die gehende Person, wenn du ohne Angst, sanft und beruhigend präsent sein kannst, insbesondere wenn andere »psychisch lärmend« mit ihrer Unfähigkeit sind, ihre eigene Angst und Trauer willkommen zu heißen und zu verarbeiten. Die Hand eines Menschen zu halten, während er mit seinen letzten Atemzügen kämpft, mit der Hand durch das Haar zu streichen, während er unbewusst daliegt, sanfte Worte der Würdigung darüber zu sprechen, wer er gewesen ist, selbst wenn du unsicher bist, ob er dich hören kann, jemand zu sagen, wie sehr er geliebt wird, oder ihn wissen zu lassen, dass er frei ist zu gehen – diese weisen und sorgenden Gesten können eine unschätzbare Unterstützung sein.

Ich hatte eine enge Freundin, die mit 32 Jahren an Krebs starb, während ihre Kinder zwei und vier Jahre alt waren. Ich kam Stunden nach ihrem Tod im Haus an und saß, sang und sprach mit ihrem Ehemann zu ihr, wir meditierten, chanteten und verweilten mit dem, was in dem Zimmer, in dem ihr Leichnam lag, in den nächsten drei Tagen vor sich ging. Wir versuchten, nicht zu rationalisieren, in welchem Zustand sie gewesen sein mochte. Ihre Präsenz schien am ersten Tag im Raum greifbar. Dann wandelte sie sich und wurde innerhalb der nächsten 72 Stunden schwächer. Wir blieben einfach präsent bei dem, was auch immer kam. Unsere Erinnerungen an sie, unsere Liebe für sie, die Trauer und Traurigkeit, die von Zeit zu Zeit durch uns ging, durch unsere eigenen Herzen und jene, die vorbeikamen, um ihre Aufwartung zu machen. Wir sprachen über ihre wundervollen Qualitäten. Ihre Freundinnen kamen und badeten und kleideten sie an, lackierten ihre Fingernägel und kämmten ihr Haar. Wir kümmerten uns um sie in ihrem Ableben und kümmerten uns auf diese Weise um unsere geteilte Traurigkeit und den Verlust. Wir begegneten dem Tod direkt, wie sie selbst es getan hatte. In ihren letzten Wochen hatte sie ihren eigenen Sarg aus Weiden geflochten und ihre eigene Beerdigung geplant, die ich leiten sollte. In ihrem Ableben waren große Traurigkeit und Schmerzlichkeit, aber auch ein tiefes Wissen, dass dies das ist, was geschieht. Niemand von uns kommt hier lebend raus.

Vollständig leben, frei sterben

Spüren wir Anspannung oder Unruhe, wenn wir unsere Vergänglichkeit betrachten, dann geschieht dies aus dem Unbehagen darüber, unser Leben nicht gelebt und nicht geliebt zu haben – all dem, was nicht ausgelebt und unaufgelöst ist –, über all die Wege, die wir unbewusst gegangen sind, wie wir uns vor uns selbst verstecken und nicht wagen, der oder die zu werden, die wir uns insgeheim so sehr wünschen, zu sein. Wenn du andererseits weißt, dass du dein Leben vollständig gelebt hast, fühlt sich der Tod wie ein natürlicher Abschluss des Kreises an. Je vollständiger und offener du dem Leben begegnest, desto freier bist du, dich mit Anmut zu verabschieden.

Ich erinnere mich daran, wie tief es mich inspirierte, als ich hörte, wie Mahatma Ghandi reagierte, als er aus kürzester Entfernung angeschossen und mit vier Kugeln im Körper zum Sterben da lag. Er legte eine Hand auf seine Brust und sagte: »Hari Ram, Hari Ram.« Das bedeutet: »Preise Gott, preise Gott.« Es ist eine Form des Mantras, die genutzt wird, um die eigene Aufmerksamkeit von einer Beschäftigung mit sich selbst wegzulenken und stattdessen darauf zu richten, sich dem Göttlichen zu ergeben und mit ihm zu verschmelzen.

Das ist das Gefühl, das ich habe. In Augenblicken der Gefahr, als sich der Tod nah anfühlte, gab es eine kurze Alarm- oder Panikreaktion, wenn der natürliche Überlebensinstinkt aktiviert und das Nervensystem mit Adrenalin geflutet wurde. Doch sobald die Kontrahierung und der Stress erkannt wurden, kamen eine gewisse Entspannung und Frieden über mich – eine Art der Kapitulation. Ich fühlte: Wenn das mein Moment zu gehen ist, dann lass mich frei gehen, ich habe versucht zu leben. Ich vertraue darauf, mich tiefgehend zu ergeben, aber ich täusche mich nicht selbst, indem ich glaube, dass dies *ist*, wie ich sterbe. Das ist unmöglich zu wissen. Ich werde es erst herausfinden, wenn der Moment kommt, und dann werde ich nicht fähig sein, davon zu berichten. In intensiven Momenten aber habe ich bei mir selbst und anderen sehen können, wie die gewohnten Reaktionen hervortreten. Wenn du dich vor allem mit Drama und Neurosen, Vermeidung und Erregung, Verlangen und Ablenkungen befasst hast, dann ist es das, was hervortritt. Wenn es andererseits deine Gewohnheit ist, Geräumigkeit und Weisheit, Geduld und Hingabe, Güte und innere Ruhe zu kultivieren, dann ist es das, was hervortritt. *Was immer du nährst, wächst.*

Kümmere dich um dein wertvolles menschliches Leben – du weißt nicht, wie lange es währen wird. Diese Seiten enthalten Lehren und Praktiken, um eine *unvorstellbare* Fähigkeit, vollständig zu leben und frei zu sterben, kennenzulernen. Wie mein Lehrer Christopher Titmuss mir zu sagen pflegte: »Lehren und Praktiken, Praktiken und Lehren, die Befreiung ist unaufhaltbar.«

Beachte dies, bevor es zu spät ist.

NACHWORT

Ein freier Körper

Im Wesentlichen wollen wir alle frei sein und eine authentische Freiheit des Seins kennen und kosten. Da wir nur ein äußerst vages Gefühl haben, was diese sein könnte, suchen wir vergeblich und hoffen, sie in unserer Verbindung mit Menschen, Orten und Erfahrungen zu finden. Doch die Freiheit des Seins lässt sich nicht in irgendwelchen bestimmten Erfahrungen finden, aber wir hoffen weiter. Manche von uns werden durch einen vorübergehenden Schauer des Hochgefühls verführt, der einen Hauch von Freiheit hat. Das kann durch Sport oder Sex oder irgendetwas anderes geschehen, was zu einem ordentlichen Dopaminausstoß führt. Andere werden weniger von der Erfüllung ihrer Genussverfolgung motiviert, sondern versuchen vielmehr, sich von sich selbst zu befreien, indem sie vor ihrem Schmerz, ihrer Verletzung und Verwirrung davonlaufen.

Doch die ganze Zeit über, wenn wir versuchen, Vergnügen anzuziehen und Schmerz wegzudrücken, gibt es unvermeidbar ein gewisses Maß an Konflikt und Reibung. Was *ist,* ist niemals genug. Was *gerade* ist, reicht nicht. Ich muss irgendwohin gelangen, etwas bekommen, jemand werden, etwas beweisen. Und dann … vielleicht. Hoffentlich. Wenn ich einmal genug bin, gemacht, genug geschaffen, aufgelöst, kontrolliert, erreicht und eliminiert habe, werde ich vielleicht frei sein, im Frieden sein. Ich werde okay sein.

Und so laufen wir im Hamsterrad des Samsara. Hast du schon einmal einen Hamster in seinem Rad beobachtet? Er sieht sehr ernsthaft aus. Er ist überzeugt, dass er wirklich irgendwohin gelangt. Die Menschen auch. Wir suchen Vergnügen und flüchten vor dem Schmerz, wir fordern, verteidigen uns und lenken uns von uns selbst ab in deprimierend vertrauten Kreisen. Und die Sehnsucht des Herzens nach Freiheit wird auf tragische Weise nicht gestillt, anerkannt, erfüllt.

Wie wäre es also, frei zu leben?

Frei von Gewohnheiten und Konditionierungen.

Frei von den Scheuklappen und Vorurteilen, die unseren Blick auf andere färben.

Frei von unseren Ängsten und Neurosen, unserer geheimen Scham, unserem Neid, den Vergleichen und Bewertungen.

Frei, dem Leben so zu begegnen, wie es ist, in jedem Augenblick.

Frei, uns selbst zu lieben, während wir uns selbst immer noch zur Verantwortung ziehen.

Frei, andere zu lieben, selbst wenn wir sie nicht mögen.

Frei, das Leben zu lieben, so sehr, dass wir uns in seiner Umarmung verlieren.

Frei, unsere Herzen der Welt zu öffnen, mit ihrer grenzenlosen Schönheit und Tragödie.

Frei, mit einem weit offenen Herzen zu sterben, wann immer die Zeit dafür kommt.

Das ist ein Weg, den ich dich zu gehen einlade. Es ist ein Weg, der von Menschen die ganze Geschichte hindurch gesucht, entdeckt und erforscht wurde – von jenen, die sich mit Konvention und Konformität nicht zufriedengeben konnten, jenen, die erst gewagt haben zu träumen und dann zu handeln, einen Weg zu finden und ihm zu folgen, der uns von einer engen Vision von uns selbst und der Welt, Vergnügen und Schmerz, Gewinn und Verlust zu unvorstellbaren Aussichten und neuen Bereichen der Freiheit führt.

Es ist in meinem Fall ein Weg, der unterschiedliche wichtige Aspekte hatte: Da ist in erster Linie mein über 30 Jahre währendes Erforschen verschiedener spiritueller Wege und Traditionen – vor allem buddhistische, aber mit sehr durchlässigen Grenzen. Zum zweiten bin ich Partner und Vater und habe in den letzten 25 Jahre im intensiven Labor des Familienlebens praktiziert. Und schließlich ist da ganz wesentlich natürlich der Weg des Menschseins mit seinen Rätseln, seinem Staunen und seinen Möglichkeiten, und ich lauschte der Sehnsucht des Herzens nach wirklicher Erfüllung und antwortete.

Etwas autobiografische Unfreiheit

Ich wollte immer frei sein.

Ich konnte es nicht immer so ausdrücken, aber selbst als Kind zerrte das, was an meiner Psyche zog und drückte, in Richtung einer ganz essenziellen Sehnsucht – einen freien Moment zu erleben, eine ungezwungene Erfahrung, ein befreites Leben.

Als Erstes war es das Schwimmen. Asthma in der Kindheit machte mich unbeholfen und kurzatmig, wenn ich mich auf Land abmühte. Während die Freunde in der Straße, in der ich wohnte, Fußball oder Cricket spielten, blieb ich drinnen und las Romane, die mir in der Vorstellung einen Einstieg in eine freiere Welt vermittelten. Und dann besuchte ich das Schwimmbad im Ort und entdeckte eine ganz neue Welt – ein Reich der Freiheit, ein Gefühl der Leichtigkeit und Anmut meines Körpers im Wasser. Ich entdeckte, wie ein Schlenker mit dem Fuß mich antreiben konnte, wie ich den Lärm der Welt verschwinden lassen konnte, indem ich meinen Atem anhielt und unter der Oberfläche verschwand. Diese Momente im Wasser waren wie ein plötzliches Pendeln in Richtung der wahren Freiheit. Und wenn ich nun zurückblicke, kann ich sehen, wie dieser erste Geschmack den Kurs des Kompasses meines Herzens setzte.

Das Theater war die nächste große Leidenschaft meiner Jugend. Meine ganze Jugend hindurch fühlten sich die Schule und das Zuhause vor allem unterdrückend an. Das Schulsystem schien um die Leidenschaften und Inspirationen des Herzens einen Bypass zu legen, Daten, Diagramme und Stumpfheit favorisierend. Mein Zuhause war liebevoll, stabil und sicher, doch meine Eltern konservativ und konformistisch, und so sehnte ich mich nach dem Abweichenden, anderen, Fremden und Exotischen (allesamt Chiffren für Freiheit). Das Theater gab mir die Chance, mein Innenleben zu erforschen, mit Möglichkeiten des Seins zu spielen und zu experimentieren – die Freiheit, eine Rolle zu spielen, ein anderer zu werden und vor allem eine Freiheit von mir selbst zu finden. Ich hatte das große Glück, verschiedene hilfreiche Mentoren in der Schule und in der Theatergruppe zu haben, die ich am Wochenende besuchte. Inmitten meines Mittelklasse-, Mittelengland-, mittelmäßigen Lebens waren hier auf einmal Menschen mit einer Vision, mit Kunstsinn, mit starken politischen Überzeugungen, mit umfangreichen und weiten Ansichten über das Leben und Möglichkeiten, die mich wachriefen.

Die Freiheit beim Schauspielen hielt an und nährte mich, bis ich etwa 17 Jahre alt war und die Dinge anfingen auseinanderzufallen. Ich besuchte im Sommer eine Theaterschule, in der man auch wohnte, und feierte mit einer Gruppe, wir lagen in den Betten der anderen und tranken Alkohol. Da wir minderjährig waren, hatten das Personal und vor allem der Direktor der Theaterschule natürlich die Sorgepflicht über uns. Sie drohten uns, redeten von schlechten Zukunftsaussichten, wollten uns gefügig machen – und plötzlich fühlte sich auch das Theater unterdrückend, konformistisch und unfrei an. Das, was sich für mich so sehr nach Öffnung angefühlt hatte, war auf einmal ein geschlossener Bereich. Ich ging am nächsten Tag in der Mitte einer Szene von der Bühne und kam niemals zurück.

In den kommenden Jahren belastete mich das Menschsein, es bedrückte mich, jung und voller Möglichkeiten zu sein und doch offensichtlich und auf schmerzhafte Weise unfrei. Ich hatte Hunger nach Tiefe und Bedeutung und wusste nicht, wo auf der Erde ich danach suchen sollte. Der Kompass schlug wild aus und ich konnte den Norden nicht sehen.

Ich beschrieb im 8. Kapitel, wie diese jugendliche existenzielle Angst in mir ein tiefes, ruheloses Fragen hervorrief – wie auch die Unruhe, die mich antrieb zu reisen und Buddhas Lehren und den Weg der Praxis zu entdecken. Seitdem gehe ich diesen Weg so aufrichtig wie ich kann. Die buddhistischen Lehren zeigen diesen Weg klar auf, und Lehrer, Mentoren, Freunde und Familie halfen allesamt, den Weg freizumachen, selbst dann (vielleicht insbesondere dann), wenn ich dachte, dass sie ihn versperren.

Die buddhistischen Ursprünge dieses Buches werden offensichtlich für alle sein, die mit der Tradition vertraut sind. Ganz grundlegend kann ich allerdings nicht sagen, dass es ein buddhistischer Weg war, den ich gegangen bin. Noch ist es das, was ich hier anbiete. Traditionen und Lehren, ob buddhistische oder andere, beanspruchen häufig den Weg als ihren eigenen. Sie sagen uns, dass sie den sichersten Weg oder den authentischsten haben. Den reinsten oder ältesten oder mystischsten, jenen, mit dem man am schnellsten auf den Berg steigt oder der am weitesten führt.

Quatsch. Wirkliche Freiheit ist von ihrem Wesen her zu frei, um an eine bestimmte Tradition, einen Lehrer, eine Lehrerin, oder ein Glaubenssystem gebunden zu werden. Freisein ist zu frei, um auf eine bestimmte Methode reduziert zu werden. Wenn es wahr ist, dass es nur einen Weg gibt, dann ist es nicht dieser Weg oder jener. Der einzige wirkliche Weg ist der, den du zu deinem eigenen machst.

Während ich dich durch diese Seiten führte, war es nicht meine Absicht, ein wenig Wahrheit zu vermitteln oder einen Anspruch auf einen bestimmten Weg zu erheben. Es geht darum, wieder und wieder im Land deiner eigenen direkten Erfahrung anzukommen, die Landschaft deines eigenen Herzens und Geistes, dein Ich- und Welt-Erleben, deine Erfahrung und Freiheit zu erforschen. Ich teile gern, was ich gefunden habe und weiter finde, und hoffe, dass ich dich dabei unterstütze, deine eigenen Schritte zu gehen.

Das Hauptziel war, dich in die Freiheit des Seins einzuladen, die deine menschliche Erfüllung ist. Diese bedruckten Seiten mögen dir dazu dienen, ein vollständigeres, fließenderes und freieres Leben zu führen.

Möge es so sein.

Dank

Welche Lehren und Praktiken ich im Lauf der letzten 30 Jahre auch kennengelernt und erfahren habe – es geschah durch die Güte, Weisheit und Gnade meiner Lehrer. Mein tiefer Dank gilt ihnen allen, aber insbesondere meinen formalen Lehrern: Ajahn Buddhadasa, Christopher Titmuss, Sukhanta Giri Babaji und Sandra Maitri.

Ich danke Bhikkhu Bodhi, der freundlicherweise einige Pali-Übersetzungen mit mir diskutierte. Dank gebührt auch anderen Autorenfreunden für ihre guten Ratschläge zur mysteriösen und herausfordernden Kunst des Schreibens: Stephen Batchelor, Cassandra Pybus, Mark Coleman, Jaya Aylward.

Ich danke allen, die halfen, dieses Buch Wirklichkeit werden zu lassen. Besonders Catherine Meyer, meiner endlos großzügigen und ermutigenden Lektorin, die einen festen Glauben in mein Schreiben an den Tag legte, ohne dafür unterstützende Beweise zu haben. Josh Bartok danke ich dafür, mir klare Erklärungen gegeben und meine Position verfochten zu haben. Dem Team von Wisdom Publications danke ich für seine Geduld und Nachsicht.

Und meiner Familie. Ihnen allen, aber besonders Gail, meiner Ehefrau, deren große Unterstützung meiner Lehraktivitäten wie auch meines Lebens generell so viele Dimensionen hat.

Über den Autor

Bereits als Jugendlicher hatte Martin Aylward prägende spirituelle Erlebnisse und reiste mit 19 Jahren nach Indien, um die Meditation zu erforschen. Die nächsten fünf Jahre verbrachte er in Klöstern, Ashrams und Meditationszentren in Indien und Thailand, darunter zwei Jahre in einer Einsiedelei im Himalaya mit einem seiner Lehrer. Dabei hatte er nicht nur das Glück, von vielen verschiedenen asiatischen und westlichen Lehrern zu lernen und mit ihnen zu praktizieren. Er verbrachte auch viel Zeit in der Natur, die für ihn eine wichtige Ressource für das Erwachen wurde.

1995 gründete er zusammen mit seiner Frau Gail die Tapovan Dharma Community in den französischen Pyrenäen. Nachdem dieses Zentrum bald sehr viele Menschen anzog, bauten Martin und Gail 2005 ein ehemaliges Zen-Kloster in Le Moulin in der Dordogne im Südwesten Frankreichs als Meditationszentrum auf, den Moulin de Chaves. Zusätzlich zur Leitung der Dharma-Praxis in Le Moulin leitet Martin Aylward seit 1999 Retreats auf der ganzen Welt, um den Dharma zu lehren.

Sein Ansatz stützt sich auf eine umfassende Praxis in der buddhistischen Theravada-Tradition sowie auf den Einfluss der nicht-dualen Lehren und des Diamant-Ansatzes.

Martins Lehre ermutigt und inspiriert zu einer spirituellen Praxis, die Meditation und alltägliche Aktivitäten verbindet und das Erwachen zu unserer wahren Natur in die Mitte unseres persönlichen Lebens bringt.

Weitere Literatur aus dem Arbor-Verlag

ISBN 978-3-86781-237-5

DANIEL SIEGEL

Gewahr sein

Was es heißt, präsent zu sein –
Die Grundlagen einer wissenschaftlich fundierten Meditationspraxis

Mit dem Bewusstseinsrad hat Daniel Siegel ein Werkzeug geschaffen, das Ihre Meditationspraxis und Ihr Leben verändern könnte. Es vermittelt das grundlegende Prinzip: Wohin die Aufmerksamkeit geht, dort feuern die Neuronen und bilden sich neuronale Verbindungen. Bereits Tausende konnten mit dem Bewusstseinsrad ihre Konzentration und Präsenz stärken und inneren Frieden finden.

Dieses Buch beschreibt die wissenschaftlichen Erkenntnisse, die dieser Meditationspraxis zugrunde liegen, und zeigt, wie sie ganz praktisch im täglichen Leben angewendet werden kann. Dies hilft dabei, die Aufmerksamkeit zu fokussieren, das Gewahrsein zu öffnen und eine wohlwollende Absicht zu kultivieren. Entwickeln Sie mit diesen Fähigkeiten nachhaltig ein gesünderes Gehirn und reduzieren Sie Angst, Unruhe und Stress in Ihrem Leben.

ISBN 978-3-86781-215-3

SAYADAW U TEJANIYA

Wie Gewahrsein selbstverständlich wird

Achtsamkeit im täglichen Leben entwickeln

Die Praxis der Achtsamkeit kann überall kultiviert werden, wo Leiden ist. Tejaniya weiß, wovon er spricht: Aus einer Jugend mit Drogen und schlechtem Betragen, einem Job in der hartumkämpften asiatischen Textilindustrie, nach Zwangsheirat und Glücksspiel erwuchs er zu einem der meistgeachtetsten Meditationsmeister Myanmars mit weltweiter Lehrtätigkeit.

Freundlich und ehrlich nimmt er uns an die Hand und zeigt uns, wie wir uns als ganz normale Menschen auf den Weg zu innerer Ausgeglichenheit begeben können. Selten wurde buddhistische Vipassana-Meditation so lebensnah und befreit von allem mythisierenden Anspruch als Praxis für den Alltag präsentiert.

Arbor Verlagsprogramm

Umfangreiche Informationen zu unseren Themen, ausführliche Leseproben aller unserer Bücher, einen versandkostenfreien Bestellservice und unseren kostenlosen Newsletter. All das und mehr finden Sie auf unserer Website.

www.arbor-verlag.de

Mehr von Martin Aylward

www.arbor-verlag.de/martin-aylward

Arbor Seminare

Die gemeinnützige *Arbor-Seminare gGmbH* organisiert regelmäßig Seminare und Weiterbildungen mit führenden Vertreter*innen achtsamkeitsbasierter Verfahren. Zudem informiert sie über aktuelle Entwicklungen in diesem Bereich und trägt Achtsamkeit auf diese Weise nachhaltig in die Gesellschaft. Nähere Informationen finden Sie unter:

www.arbor-seminare.de

Arbor Online-Center

Mit dieser Plattform hat Arbor einen virtuellen Ort der Inspiration und des Lernens rund um das Thema Achtsamkeit geschaffen. Lernen Sie die Autor*innen unserer Bücher und die Referent*innen unserer Veranstaltungen kennen: in Interviews, Vorträgen, Meditationsübungen, Webinaren, Podcasts sowie Online-Kursen und zahlreichen weiteren Ressourcen.

www.arbor-online-center.de